Minerva Shobo Librairie

教育課程を学ぶ

山田恵吾／藤田祐介
貝塚茂樹／関根明伸
[著]

ミネルヴァ書房

は じ め に

　「教育課程」という言葉から何をイメージするだろうか。学校の卒業証書には「あなたは○○学校の課程を修了したのでこれを証します」と書かれている。一定期間，学校で学ぶ内容が教育課程である，といえば，国語，数学，社会，英語などの教科を真っ先に思い浮かべる人も多いだろう。

　現在，大学では，教員免許取得のための教職科目として「教育課程（論）」が開講されているところが多い。他にも各教科の指導法や内容研究などの教育課程に関する科目があるのに，わざわざ「教育課程」について学ぶ必要はどこにあるか考えてみよう。「なぜ学校の教育内容は，教科ごとに分かれているのか」「教科の内容は誰がどのようにして決められているのか」「教科書は誰がどこでつくっているのか」などの問いに答えることはできるだろうか。先頃，「道徳の教科化」が話題となったが，教科と教科でないものの違いは何か。部活動問題が騒がれているのはなぜか。「教育課程（論）」は，教育内容の仕組みを学ぶとともに，教育内容をめぐる様々な事柄や問題について総合的な理解を深めることを目指す科目なのである。

　さらに学問としての「教育課程」の特徴として，他の様々な領域との関連性が強く，守備範囲も広いことが挙げられる。たとえば，何を教育内容とするかは，現代社会や人間関係のあり方，必要とされる資質や能力といった目指すべき人間像，すなわち教育目的と深く関わってくる。また，それを決定する政治や教育政策，法律，制度，地方行政と深く関わってくる。教科書の編集・採択も同様である。さらに学校経営の一環として教育課程が編成されるのであるから，児童・生徒の指導にも直接関わってくる。つまり，「教育課程」は単に学校の教育内容の問題にとどまらず，様々な分野との連関を前提として成り立っている。教育学分野の「扇の要」とも言えるのが，学問としての「教育課程」なのである。

　ところで「教育課程」の学びを深める有効な手立ての一つが歴史である。教

i

育課程は時代によりその姿を変えており，この30年間を見ても，「生活科」(1989年)，「総合的な学習の時間」(1998年)，「外国語活動」(2008年)，「道徳科」(2015年)，「小学校英語」(2017年) といった教科や領域が生まれているし，総授業時間数も増減している。それは教育課程が，学校の中だけで完結するものではなく，政治・経済・文化などの様々な社会的な要因に規定されるからである。歴史を繙くことによって，自明と思われた教育の考え方や実践も，社会の変化で変わり得るものであること，変更可能なものであることが理解できる。また，現代の教育課程とその実践にも，歴史的状況の中でなされた先人たちの工夫と努力，批判と反省の結果が反映している。歴史というものさしをあてることで，「現在」に対する見方は深く鋭いものになる。

　本書は，そのような観点から書かれた「教育課程」の入門書である。歴史的観点から「現在」を相対化しながら教育課程の課題に応え，自らの専門性を活かした教育課程を創造できる教師の育成を目指している。

　本書は，全9章構成とした。前半は，教育課程の基礎的な知識と理論，後半は教育課程の経験，すなわち歴史的な展開を通じて各時代の教育課程の特質と課題を捉えることで，教育課程の理解を深める構成となっている。大学の半期の講義で学習できるように，1〜2回の講義で1章分としている。各章に記された「ねらいと課題」で目的を明確にしながら，講義に臨んでほしい。

山田恵吾

教育課程を学ぶ　目　次

はじめに

第1章　教育課程とは何か………………………………………………1

1 教育課程と学校教育………………………………………………1

2 教育課程とは何か………………………………………………6

3 現代社会と教育課程………………………………………………9

第2章　教育課程の構造と理論………………………………14

1 教育課程の構造と理論………………………………………14

2 様々なカリキュラム………………………………………………17

3 学問と生活からみたカリキュラムの類型………………25

第3章　教育課程行政と学習指導要領………………………31

1 教育課程行政の仕組み………………………………………31

2 教育課程の編成………………………………………………34

3 学習指導要領………………………………………………41

第4章　学校における教育課程の編成と教育評価……………48

1 教育目標と全体計画──『学校要覧』をてがかりに………48

2 学習指導案の作成………………………………………………54

3 教育評価の特徴と課題………………………………………56

第5章　教科書の制度と沿革………………………………………63

1 教科書とは何か………………………………………………63

2 日本の教科書制度──教科書検定・採択の仕組み………68

3 教科書制度の沿革………………………………………………73

iii

4 戦後の教科書問題……………………………………………………………77

第6章　日本の教育課程改革の展開①……………………………………84
──「学制」から国民学校まで
1「欧化」のための教育課程──明治期の教育課程……………………84
2「児童中心」の教育課程──大正期の教育課程…………………………91
3「生活」と「郷土」の教育課程──昭和戦前期の教育課程……………96
4「皇国民錬成」の教育課程──昭和戦中期の教育課程…………………99

第7章　日本の教育課程改革の展開②……………………………………103
──「墨塗り教科書」から「教育内容の現代化」まで
1 戦後教育改革と教育課程……………………………………………………103
2『第一次米国（アメリカ）教育使節団報告書』と「新教育指針」………108
3『学習指導要領』の作成と教育課程………………………………………112
4「新教育」批判と「教育内容の現代化」…………………………………116

第8章　日本の教育課程改革の展開③……………………………………123
──「ゆとり」から「確かな学力」まで
1「現代化」路線から「ゆとり」志向へ……………………………………123
2「個性重視」と新学力観……………………………………………………125
3「生きる力」と「ゆとり教育」……………………………………………128
4「ゆとり」路線から「確かな学力」へ……………………………………132

第9章　日本の教育課程改革の展開④……………………………………140
──現在の教育課程の特質と課題
1 未来社会と学習指導要領の改訂……………………………………………140
2 新学習指導要領の方針………………………………………………………141
3 新学習指導要領の実際………………………………………………………145
4 新学習指導要領の外国語教育と道徳教育…………………………………148

目　次

資料編

索　引

コラム

遺伝か，環境か──「狼に育てられた子」をめぐって…4

約10年ごとの学習指導要領の改訂は妥当なのか否か…28

伝習館高校事件…43

南北朝正閏問題と教科書の修正…76

ある教師の 8 月15日…106

PISA 調査…138

韓国の道徳科の過去・現在・未来…156

第1章

教育課程とは何か

ねらいと課題

　教育改革の重要な課題の一つは教育課程に関するものである。本章のねらいは，教育課程についての定義を整理しながら，学校教育における教育課程の基礎的な内容と役割を整理することである。これらの点を的確に理解することは，現在進められている教育改革の動向とその意味を正確に捉え，これからの社会に求められる教育のあり方を考察するためにも必要不可欠のことである。

1　教育課程と学校教育

（1）教育内容の拡大と高度化

　人間とはどのような存在か。これは教育を考えるためには重要な課題である。たとえば，人間が生きていく上で，食べることと寝ることは不可欠である。それを促す食欲や睡眠欲は動物の本能として先天的に備わっている欲求である。しかし，私たちはそれだけでは社会の中で生きていくことはできない。たとえば本を一冊買うという簡単な行為は，いくつもの学習の積み重ねがあって初めて達成できる。本が人にとってどのように有用なものであるか，文字は読めるか，どこに行けば買うことができるか，本屋に行くにはどういう道順でいかなる交通手段を用いればよいのか，買うという行為はどういうことか，お金とは何か，という社会的な知識や慣習の習得がなければ，私たちは一冊の本を買うことすらできない。

　つまり，現代社会を生きるために必要なことの多くは，後天的な教育によっ

て育成される能力なのである。その意味で人間は社会的な存在であり，教育の主要な機能は**社会化**であるということができる。18世紀の代表的なドイツの哲学者である**カント（I. Kant）**は，「人間は教育されなければならない唯一の被造物である」「人間は教育によってはじめて人間となる」と述べている。これは，人間にとっての教育の必要性と可能性を象徴的に表現した言葉であるといえる。

　私たちは，最初は親子関係や血縁集団，地縁集団といった小さな人間関係の中で，衣食住を満たすために必要な内容を教育される。これは社会化といわれる教育の重要な機能である。社会化のために必要な内容と範囲は成長するに従って徐々に拡大し，生産技術や知識の教育，自己の集団を結束させるための教育内容へと展開していく。

　また，成長過程での活動範囲が拡大し，異なる人びとや文化との交流などを必要とする国家規模になると，外交術（コミュニケーション能力）や戦力など，必要とされる教育内容はさらに拡大していく。そこでは，国民として必要とされる知識・技術・態度，あるいは言語や身体のあり方など，多くの教育課題と内容が求められるようになる。その質と量は，親子関係や地域社会における教育的関係の範囲を超え，ある一定の年齢集団を対象とした組織的・計画的な教育機関が必要となる。これが学校，特に近代学校の成立を促す要因でもあった。

　一方，教育内容の量的拡大の背景には，経済的な発展が大きな要因となったことはいうまでもない。18世紀の西洋において引き起こされた産業革命は，科学と技術の大幅な発達を促した。産業革命によって教育内容は急速に増加し，また高度化することになった。たとえばこのことは，全米教育協会が，1965（昭和40）年に刊行した『教育の現代化』において，「キリストの生誕から1750年目に知識が最初に倍増したと見られ，1900年には第2の倍増，1950年には第3の倍増がおこり，第4の倍増はわずか10年後の1960年におこった」と表現したことにも象徴されている。

　ところが，コンピューターの普及を経て，AI（人工知能）の進展・普及が日常的となった現代社会は，こうした状況をはるかに超える規模とスピードで未知の段階へと進もうとしている。高度情報化社会といわれる現代では，知（情報）は日々あらゆるところで生み出され，グローバルな範囲で伝達され交差し

ている。その進展がどこまでの範囲に及び，そのことが将来の社会にどのような変化と影響を及ぼすかを予想することは極めて困難である。

こうした教育内容の量的拡大と高度化は，必然的に学校のあり方にも変化と新たな対応を求めることになる。なぜなら，学校教育とは重要な社会的機能の一つであり，社会のあり方と緊密に結びついているが，その社会は常に変動するために，教育は未来の社会を想定しながら計画を立てることが求められるからである。つまり，より望ましい未来の社会を築くために，教育は絶え間なく改革され続けることを宿命づけられているのである。

しかし，私たちは何世代何万年と人間が蓄積してきた文化情報のすべてを学べるわけではないし，学校がそれら全てを教えられるわけでもない。量的に拡大し，高度化した社会とそれがもたらす情報空間の中で大切なことは，本当に必要となる情報とは何かを的確に判断し，必要な情報と不必要な情報とを取捨選択できる資質・能力である。したがって，その資質・能力を育成するために必要となる教育内容は何か，またそれを効果的に教える方法とは何かが学校教育の課題として切実に問われることになる。こうした学校教育の課題に直接に関わるのが教育課程である。

（2）学校教育の役割

教育とは何かという問いは，教育学の根幹であり原点となる課題である。教育の定義をめぐって，これまでに激しく夥しい議論が繰り返されてきたのはそのためである。そして，この追究はこれからも限りなく続くことになる。

教育の定義を明確に述べることは基本的に困難である。それは，教育をどの範囲と角度から捉えるかによっても違ってくるし，時代やそれぞれの国家が抱えている課題や状況によっても異なってくる。しかし，一般には教育の主要な役割が，子どもにしっかりとした学力を身に付けさせることと，子どもを自立した人間に育てることの二つに集約されるといえる。

特に近代以降は，こうした教育の役割と機能の多くを学校が担うことが期待された。その意味で，学校とは，「すべての国民に対して，その一生を通ずる人間形成の基礎として必要なものを共通に修得させるとともに，個人の特性や

コラム：遺伝か，環境か——「狼に育てられた子」をめぐって

　人間の成長にとって主要な要因となるのは，遺伝的なものか，それとも環境（教育）によるものなのか。教育を考えるにあたって「遺伝か，環境か」（日本では，「氏か育ちか」と評される場合もある）は議論の対象となってきた。では，仮に教育を受けなかった人間はどうなるのか？　この疑問に対して，かつて教育学では，人間にとって教育が必要である根拠として「野生児」の事例を紹介することが一般的であった。有名なのは，「アヴェロンの野生児」や「狼に育てられた子」と称される事例である。

　たとえば，「狼に育てられた子」は，1920年のインドのカルカッタに近い森で，アマラ（推定1歳半）とカマラ（推定8歳）と名付けられた2人の少女が発見されたというものである。2人の少女は狼に育てられたとされ，狼の習性が身についてしまったと報告された。2人には熱心な教育が施されたが，アマラは1年後に亡くなり，カマラも言葉の習得や歩行に困難を生じたとされた。

　この事例は，成長のある過程において人間的な教育を受けなければ，人間としての社会的な発達が困難であることの根拠とされた。しかし，現在では信憑性の無いものと考えられている。その後の調査において，①2人の少女が狼に育てられたという確かな根拠がないこと，②カマラの孤児院時代の仲間の証言では，狼のような異常さを記憶していないこと，などが理由であった。また，精神科医のベッテルハイムは，これは野生児ではなく，遺棄された自閉症児の可能性が高いとし，このような野生児神話が生まれた背景には，野生児の人間性を認めたくないという人びとの自己愛的な感情があったことを指摘した（『野生児と自閉症児』福村出版，1978年）。

　このように野生児の事例には疑問がもたれているものの，これが必ずしも教育の大切さを否定するものではない。2人の子どもが遺棄されたという日本の事例でも，その後の教育による献身的な働きかけで大きく回復したことが報告されているからである（藤永保ほか『人間発達と初期環境』有斐閣，1987年）。人間形成における「遺伝か，環境か」は，今なお旧くて新しい教育学の課題であるが，その学問的追究には客観的で実証的な研究が基盤とされることが必要である。

能力の分化に応じて専門的教育を施す組織的・計画的な教育機関」（天野，1993）と一応は定義できる。

学校についての捉え方も一様ではないが，現代の学校教育に即していえば，学校の役割は次のように整理することができる（天野，1989）。

① すべての子どもは，学齢に達すると学校に入り，教科・教材の学習を通して人類の文化遺産を学び，科学や芸術・文化の今日的達成を身につけることを通して，身体的・知的・道徳的発達をとげていく。なかでも，**学力**の形成は教科教育（授業）の基本的役割である。

② 児童・生徒が現実の諸問題にとりくみ，生活に必要な知識や技術を学ぶなかで，自主的精神と探求の態度や方法を身につけさせていく。さらに，学級・学校集団での自治的諸活動を通して，ゆたかな人間性・道徳性が育つことが期待されている。学力と人格との統合は，学校教育の究極の目的である。

③ それぞれの個性に応じて，将来の進路を選択する能力を養う。進路の選択とは，単に，どの職業にしたらよいかとか，高校や大学のどのコースにするかの決定の問題にとどまるのではなく，生徒自身が将来に向って人生設計をたて，みずからの責任で生き方をつくり出す能力・態度を育てることである。これは中等教育全体を通して追求されねばならない課題である。

④ 今日の学校は，給食や身体検査，各種の予防接種などにみられるように健康管理を通して子どもの生活と健康を守る仕事に大きな役割を果たしている。その意味では，学校全体が，教育と同時に福祉的機能を担っているといえる。

教育基本法において，教育の目的は「人格の完成を目指し，平和で民主的な国家及び社会の形成者として必要な資質を備えた心身ともに健康な国民の育成」（第1条）にあると定められている。この目的を達成するために，学校教育においては，教育制度の充実とともに，教育内容に関する明確な計画とプログ

ラムを必要とする。教育課程とは，この教育内容に関する計画とプログラムに関わる概念である。

2　教育課程とは何か

（1）教育課程の意味

　教育課程とは，**カリキュラム**（curriculum）の訳語として使われている用語である。カリキュラム（curriculum）の語源は，ラテン語の「currere」であり，もともとは，競馬場，あるいは「競争路」を意味し，「人生の来歴」という意味も含んでいた。

　教育課程という用語は多様な概念をもっているが，**学習指導要領**においては一般に，「学校教育の目的や目標を達成するために，教育の内容を児童・生徒の心身の発達に応じ，授業時数との関連において総合的に組織した学校の教育計画」（文部省，1978）と定義される。

　教育課程という用語がわが国で一般的になったのは，第二次世界大戦後であり，戦前までの教育内容の実施計画は，小学校では「教科課程」，中学校以上では「学科課程」と称されていた。

　正確に言えば，戦後の日本で教育課程という用語が使用されたのは，1949（昭和24）年の**文部省設置法**においてであり，**昭和26年版学習指導要領一般編（試案）**において教育課程に統一された。たとえば，**昭和22年版学習指導要領**では，「どの学年でどういう教科を課するかを決め，またその課する教科と教材との学年的な配当を系統づけたものを，教科課程という」と規定していた。

　しかし，昭和26年版学習指導要領一般編（試案）では，「児童や生徒がどの学年でどのような教科の学習や教科以外の活動に従事するのが適当であるかを定め，その教科や教科以外の活動の内容や種類を学年別に配当づけたものを教育課程という」と変更されている。

　つまり，昭和26年版学習指導要領一般編（試案）において教育課程は，教科活動とともに，学校行事，学級活動，生徒会活動，クラブ・部活動などの教科外の諸活動（extra-curricular activities）を含み持つ概念として提示され，児童

生徒の望ましい成長と発達には，両者の構造的な連関性を基礎とした教育内容の編成が必要とされたのである。

こうした教育課程の捉え方は，学校教育とは，主として教科指導が中心となるという理解が根強い欧米諸国とは違いがあり，それがまた日本の特徴ともなっている。

（2）教育課程の定義

教育課程をどのように捉えるかの解釈は多様であるが，一般的には「子どもたちの成長と発達に必要な文化を組織した，全体的な計画とそれに基づく実践と評価を統合した営み」（田中，2009）と定義することができる。田中耕治によれば，この定義には概ね以下の3つの意味が込められている。

① 教育課程とは何よりも子ども達の成長と発達に必要な文化を意図的に「組織」したものである。ここでは，子どもたちの学習経験や学校体験の総体であるとは考えずに，教える側の目的意識性を明確にしようとしている。

②「子どもたちの成長と発達に必要な文化」という場合，必要な文化をめぐって教育課程のあり方は大きく異なる。また，その文化は教科のみならず教科外活動を射程に入れることになる。

③ 教育課程とは「計画（Plan）」することのみならず，その計画に基づいて「実践（Do）」し，「評価（Check）」し，「改善（Action）」する「**PDCAサイクル**」である。

特に「PDCA サイクル」は，本書第9章で説明される「**カリキュラムマネジメント**」の内容と密接に連動するものであり，**平成29年版学習指導要領**のめざす中心的な特徴の一つである。

（3）教育課程の基本問題

教育課程の研究では，「学校で何を，いつ，どのような順序で教え，学ぶの

か」という問題に関わる教育学の実践的な観点が重視される。しかし、教育課程は、必ずしも授業研究のみでは解消されない固有の検討課題を持っている。

　たとえば、学校論（学校・学級経営のあり方、地域連携のあり方など）、共通・選択論（教科と教科外、選択必修、選択などの区分など）、教科論（それぞれの教科の存在理由と新しい教科の可能性など）、編成論（各教科の内容の系統性など）、進級論（履修原理、進級・卒業原理など）、接続論（各学校階梯のカリキュラムの接続など）、施設・設備論（学校建築、校具・教具の設置など）である（田中, 2009）。

　この点を踏まえると、教育課程の基本問題としては、大きく以下の４点を挙げることができる（柴田, 2000）。

　　① 「だれが学校の教育課程を編成するのか」という編成主体のあり方、その組織や権限の所在に関する問題。
　　② 「何を教育内容として選択し、構成するか」という内容選定の基準とか原理に関する問題。
　　③ 学校の教育活動を全体としてどのように構成するかという教育課程の全体構造に関する問題。
　　④ 学校の教育課程をどのように客観的に評価し、改善に役立てていくかという教育課程の評価・改善に関する問題。

　教育課程は、国・学校・教師という３つのレベルにおいて構成される複雑な重層構造をなしている。そのため、教育課程研究それ自体が独自の研究領域を持つわけではなく、教育行政・政策、教育方法、教育心理、教育社会学などといった分野との有機的かつ構造的な関係性の中で形成されることになる。

3 現代社会と教育課程

（1）潜在的カリキュラム（かくれたカリキュラム）論

　教育課程は，教育目的を達成するための組織的な学校の教育計画である。そのため，学校教育においては学習指導要領や教材としての教科書に基づいた学校や教師の意図的・計画的な教育課程編成のあり方が重要な課題となる。

　しかし，こうした学校や教師による意図的・計画的な学習活動とは別に，学校生活それ自体が，児童生徒の人格形成にさまざまな形で影響を与えていることも否定できない。つまり，児童生徒は，教師の意図的かつ明示的な指導による知識や価値観の獲得とは別に，実際には仲間や教師との人間関係，学校や教室の雰囲気，学校の風土や伝統，さらには教師集団の雰囲気や個々の教師の態度・言葉づかいによって，知らず知らずのうちに人間形成的な影響を受けているのである。これが，「**かくれたカリキュラム**（hidden curriculum）」または，「**潜在的カリキュラム**」といわれるものである。これは，意図的・計画的な教育計画を意味する「**顕在的カリキュラム**」あるいは，「**公式的カリキュラム**（official curriculum）」とは対概念になるものである。

　「潜在的カリキュラム」が教育学において注目され始めたのは，1970年代に入ってからである。これは，第2章で説明する1960年代までの「**学問中心カリキュラム**」に対する批判と反省を背景としていた。たとえば，ジャクソン（P. W. Jackson）は，「公式的カリキュラム（official curriculum）」と「かくれたカリキュラム（hidden curriculum）」を対概念としながら，教室の生活は，それ自体が「かくれたカリキュラム」として生徒の社会化に不可避の影響を与えていると指摘している。また，ブルーム（B. S. Bloom）は，「顕在的カリキュラム」と「潜在的カリキュラム」の概念を用いて，学習者が経験する無意図的で非明示的なカリキュラムが生徒の態度や価値観の形成に強力な影響を及ぼすことに言及している。

　「潜在的カリキュラム」は，教師――生徒の権力関係によって規定されるなどマイナスに作用する場合もある。しかし，基本的に学習とは，こうした「顕

在的カリキュラム」と「潜在的カリキュラム」の両者が整合し，相互に補完関係にある時に最も強力となり，児童生徒の態度や価値観が効果的に形成される。

ただし，意図的な教育内容としての教育課程の概念には，「かくれたカリキュラム」「潜在的カリキュラム」を含めることはできない。したがって，教える側と学ぶ側の関係，教育内容における意図的・計画的な側面と無意図的・非計画的な側面に関する教育概念の再構成とともに，「潜在的カリキュラム」の分析によって明らかになったものを，いかに適切な形で「顕在的カリキュラム」の中に組み込んでいくかの検討が今後の教育課程研究の課題である（天野，1993）。

（2）学力問題と教育課程

日本の教育課程に関わる議論の多くは，**学力問題**を中心として推移してきたといえる。戦後の教育課程の歴史については，本書の第7章から第9章で詳しく述べるが，本章では学力問題との関わりに限定して簡単に触れておきたい。

戦後日本の学力問題は，大きく3つの時期に分けることができる。まず第1の時期は，1950年代前後の経験主義的な「**新教育**」が，子どもたちの「読・書・算」能力の低下をもたらしているとして論議された「**基礎学力論争**」や「**問題解決学習論争**」を中心として展開した。

第2の時期は，1970年代後半からの「教育荒廃」を背景とした学力論であり，これを契機に学習指導要領の基調は，いわゆる「**ゆとり**」路線へと転換した。それは，**昭和52年版学習指導要領**が「ゆとりと充実」をスローガンとして掲げたことに象徴されるが，これによって教育課程は，「学問中心カリキュラム」から「人間中心カリキュラム」へと転換することになる。

第3の時期は，1999（平成11）年からの「学力低下論争」を端緒とするものである。これは，昭和52年版学習指導要領の「ゆとり」路線の是非へと発展するものであり，2003（平成15）年の学習指導要領の一部改正による「**確かな学力**」観への転換を伴うものとなった。

このように，戦後日本の教育課程をめぐる論争は学力問題を中心として，およそ25年（四半世紀）周期で大きく転換していった。この間，学習指導要領は，

時計の振り子のように「学力重視」と「ゆとり」路線の間を大きな振幅の中で揺れ動いていった。このことは，学校の教育課程において，学力問題がいかに重要な要素であるかを示している。

（3）日本の学力問題と「文化的再生産論」

　高度経済成長に伴う教育の量的拡大と進学率の上昇した1970年代半ばの時期に，日本ではいわゆる「**大衆教育社会**」が完成した。教育社会学者の苅谷剛彦によれば，「大衆教育社会」とは，「教育が量的に拡大し，多くの人びとが長期間にわたって教育を受けることを引き受け，またそう望んでいる社会」，あるいは「教育の大衆的拡大を基盤に形成された大衆社会であり，メリトクラシー（業績主義）の価値が，大衆にまで広く浸透した社会」（苅谷，2001）を意味する。

　メリトクラシー（meritocracy）とは，才能や努力，業績によって人びとの選抜が行われる社会制度のことであり，人が「何であるか」ではなく「何ができたか」が重要な基準となる。つまり，多くの人びとが教育を通じて個人の努力と能力によって社会的な成功を獲得しようとすることが「大衆教育社会」の特徴であった。もちろんそのためには，どのような家庭に生まれたかではなく，一人ひとりを公平に扱い，評価するという「平等」の教育システム（学校）が不可欠であった。

　教育が，階層，性差，伝統や習慣などに関わる社会的な性格をもつことはこれまでにも指摘されてきた。この点で1970年代以降に注目されたのが，「**文化的再生産論**」である。たとえば，フランスの社会学者であるブルデュー（P. Bourdieu）は，教育内容の編成が，支配階級の「文化的恣意性」に基づいているとし，学校教育は，特定の階級の文化的資本を偏って子どもに習得するように配分し，結果的に文化的再生産の中心的な役割を果たしていると指摘した。そのため，教育内容の習得に有利な階級と不利な階級とに分化し，結果として学校教育のカリキュラムは，階級そのものの再生産に寄与するものとして機能すると述べている。

　また，バーンスタイン（B. Bernstein）は，言語と階層の関係についての指摘を行っている。バーンスタインによれば，知識階層が用いる言語水準と労働者

階層の用いる言語水準を比べた場合，学校教育では前者の方が主要なものとなるために，知識階層の子どもの方が労働者階層の子どもよりも有利であると指摘した。つまり，知識階層の子どもは，日常の家庭生活の中で論理的に構造化された表現（複文など）を使用しているために，学校の授業にすぐに馴染むことができる。しかし，単文や重文などの単純な単語の会話が日常的である労働者階層の子どもは，学校の教育内容を難しいものと捉え，授業についていくことができず，結果的に両者には学力格差が生じるというものである（安彦，2002）。

　ところが，日本の「大衆教育社会」では，ともすれば形式的な「平等」に注意が注がれる傾向が強かったために，実際には親の学歴や職業の社会階層間の格差がもたらす不平等は見えにくくなっている。実際に日本は，すでに1970年代には文化的再生産の状況が進行していたにもかかわらず，日本の「大衆教育社会」はそれを隠蔽するように作用していった。「子どもには無限の可能性がある」「やればできる」という子どもの能力の「平等」が強調される一方で，子どもの学業成績と家庭環境を結び付けて論じること自体が差別的であるかのように理解された面もあった。

　学力問題と親から子どもへと伝達される階層分化を媒介として，社会的な不平等の構造が再生産されるメカニズムをどのように構造的に捉えるかは，教育課程の問題としても重要な課題である。

　以上のように，教育課程の編成にあたっては，めざすべき人間像や教育の目的・目標，国家や社会の要請と期待，子どもの願い，学力と評価，学習の方法，学校の教員組織，生徒指導の問題などが複合的に関連して考慮される必要がある。教育という営みが，常に改革を求められるという性格を有する以上，教育課程は教育の本質と将来の社会変化を想定しながら，両者の有機的な関連性と緊張関係を視野に入れることで絶えざる改革と再編が求められることになる。

参考文献

天野正輝『教育課程編成の基礎研究』文化書房博文社，1989年。

天野正輝『教育課程の理論と実践』樹村房，1993年。

第 1 章　教育課程とは何か

柴田義松『教育課程――カリキュラム入門』有斐閣，2000年。

安彦忠彦『教育課程編成論――学校で何を学ぶか』放送大学教育振興会，2002年。

田中耕治編『よくわかる教育課程』ミネルヴァ書房，2009年。

［貝塚茂樹］

第2章

教育課程の構造と理論

―ねらいと課題―

　学校では何を目標に，どんな内容をどのように教え，どう評価していくべきなの
か。そのために学校ではどのような理念の下でいかなるカリキュラムを準備すべき
なのだろうか。

　本章ではこうした視点から，様々な教育課程＝カリキュラムの原理的な構造や構
成について概観していく。特に現代のカリキュラムの基本類型については，その特
徴を課題点とともに押さえておきたい。

1　教育課程の基本構造

（1）タイラーの原理による枠組み

　教育課程＝カリキュラムの語源的な解釈には諸説があり，論者の教育観や思
想，カリキュラム研究の立場の違いによって様々なカリキュラム論が存在して
いる。だが一般にカリキュラムとは，教育の目標に即して学習指導のために文
化遺産の中から選択し，計画的・組織的に編成した児童生徒に課する教育内容
の全体計画を意味している。

　このような考え方の背景となる代表的な理論には，タイラー（R. W. Tyler）[1]
をはじめとするアメリカの経験主義的な教育観に基づく行動主義的カリキュラ
ム論がある。そこではカリキュラムに対し，「目標」「内容の組織」「教授と学
習の方法」「評価」という4つの要素でその基本的な構成を捉えるのが特徴と
なっている。はじめに学習者に到達させようとする目標を設定し，次にその目
標を達成するにはどのような内容を学習すればよいのか選択して組織し，続い

14

て授業として実際に実践した後に，当初の目標が達成できたかどうかを最後に評価していく。つまり，「目標」「内容」「方法」「評価」の4つの観点からカリキュラム全体を捉えようとする考え方である。

　こうしたカリキュラムの構成法は，一般に「タイラーの原理」と呼ばれており，わが国の学習指導要領をはじめ，全世界的に現代のカリキュラム構成法に基本的な原理を示したことで多大な影響を与えてきた。そもそも教育の内容とは教育目標を具体化させるための要素であり，それを実践的に現実化するのが方法である。目標なしに内容の選択は不可能であり，逆に内容なしに目標を立てることもできない。内容を考えずに方法を考えれば形式的になり，方法を考慮しないで内容だけを組織しても実現化は困難である。そして評価には一過性の単なる評定の意義だけでなく，成果をチェックすることで指導や改善の手掛かりとする目的も含まれているのである。こうした考え方に見られるように，国レベルの学習指導要領から教室レベルの学習指導案まで，多くのカリキュラムは「タイラーの原理」に基づいて構成されている場合が多い。

（2）スコープとシークエンス

　スコープ（scope）および**シークエンス**（sequence）は，カリキュラムを構成する場合に，学習内容を決定する際の指標となる用語である。スコープとは，カリキュラム全体の中でのいわば横軸としての学習内容の決定原理を指しており，学習の領域または範囲を意味する。これに対して，シークエンスとは学習内容の配列に関する決定原理であり，縦軸となる系列性ないし配列性の指標を意味している。つまり，スコープでは子どもに与える生活経験内容の領域や範囲をいかに決定すべきなのかに関心が払われるが，一方のシークエンスでは，子どもの身体的・精神的な発達段階や興味・関心を考慮しながら，どのような学習内容の系列性と配列にするのかが考慮されることになる。

　こうした縦横からなるスコープとシークエンスによるカリキュラム構成を原理とした典型例には，1930〜40年代のアメリカのヴァージニア州で実施された**ヴァージニア・プラン**がある。ヴァージニア・プランでは，生活の改善と社会への適応のための「人格の統合」をその目的としていたが，学習内容としての

対象には子どもを取り巻く社会生活が設定されていた。そのためスコープには，「社会生活の主要機能（major function of social life）」による構成法が採用されており，学習内容には子どもの社会生活を成り立たせている「生産」「流通」「消費」「教育」「衛生」「宗教」等など，各種の社会的機能とそれらが内包する課題が選択されている。このようなスコープの構成原理は，**社会機能法**（social-function procedure）と呼ばれている。

またシークエンスでは，「興味の中心（center of interests）」による系列性が採用されており，子どもの段階的な成長・発達と興味・関心の高まりに合わせて内容の配列が決定されている。たとえば小学校の各学年のテーマでは，1年生（家庭と学校の生活），2年生（村や町の生活），3年生（自然環境への順応），4年生（開拓者の生活への適応），5年生（発明発見が私たちの生活に及ぼす影響），6年生（機械生産が私たちの生活に及ぼす影響），7年生（共同生活のための社会施設）となっている。低学年では身近な社会生活を取り上げつつ，中学年以降ではアメ

表2-1　ヴァージニア・プランのスコープとシークエンス（抜粋）

シークエンス／スコープ	第1学年 家庭と学校の生活	第2学年 村や町の生活	第3学年 自然環境への順応
生活や財産，天然資源の保護保全	私達は家庭や学校で生命や健康をどのように保護しているか	私達は社会において生命や健康や財産をどのように保護しているか 動植物は人びとをどのように助け，またどのように保護されているか	異なる自然環境のもとで，人間や動物はどのようにして自然の成力から私達を保護しているか
物や施設の生産と分配	私達がつくったり飼育したり，栽培したりするものはどのように私達を助けているか	私達の郷土では物や施設を生産するためのどんなことがなされているか	自然環境は各地の生産物にどんな影響を与えているか
物や施設の消費	おうちの人はどのようにして衣食住を整えているか	私達は私達の国で与えられる物や施設をどのように使っているか	私達とは著しく違った社会は，なぜ私達の生産できない品物を供給できるのか

（出所）倉澤剛『近代カリキュラム』誠文堂新光社，1947年，36頁より一部抜粋。

16

リカの社会生活の発展過程の内容が段階的かつ系統的に配列されている。このような構成原理に基づくヴァージニア・プランでは，表2-1の通り，社会的機能によるスコープと興味の中心であるシークエンスの交点上に学習単元が設定されるのである。

　元来，スコープとシークエンスは，経験主義教育思想に基づいたカリキュラム構成の基本的な枠組みを指す用語である。しかし，現代においては，これらは特定の教育思想や主義主張からは脱した概念として一般化されており，それぞれカリキュラム構成原理の一般的な用語として使用されている。

2　様々なカリキュラム

（1）カリキュラムの類型化

　第1章で述べたように，現代のカリキュラム概念は意図的で計画的な顕在的カリキュラムだけでなく，無意図的で非明示的な潜在的カリキュラムにまで拡大して捉えられており，カリキュラムの構造もこれまで様々なものが提案され，開発されてきた。その類型化も進められているが，カリキュラムの編成や性質は，基本的にはどのような教育目的に価値を置いて内容を選択し，組織する原理をどこに求めるかによって大きく異なっていく。

　たとえば教育目的に着目するならば，カリキュラムは教科カリキュラムと経験カリキュラムに分類される。教育の目的を人類が築いてきた文化遺産の次世代への伝承と捉える系統主義教育の立場に立てば，その内容は体系的な学問的知識や技術等で構成される前者となる。だが一方で，その目的を個人の発達や成長に置くことで生活体験を重視する経験主義教育的な立場に立つならば，そのカリキュラムは体験的な生活のトピックを中心に編成される後者となるのである。

　また，教科間の内容の関連性に着目すれば，カリキュラムは分化カリキュラムと統合カリキュラムに分類される。児童生徒の認識の発達は，一般には諸概念が統合された未分化の状態から分化された状態へと徐々に進行していくが，学習内容そのものは必ずしも分化された知識や技術の状態になってはいない。

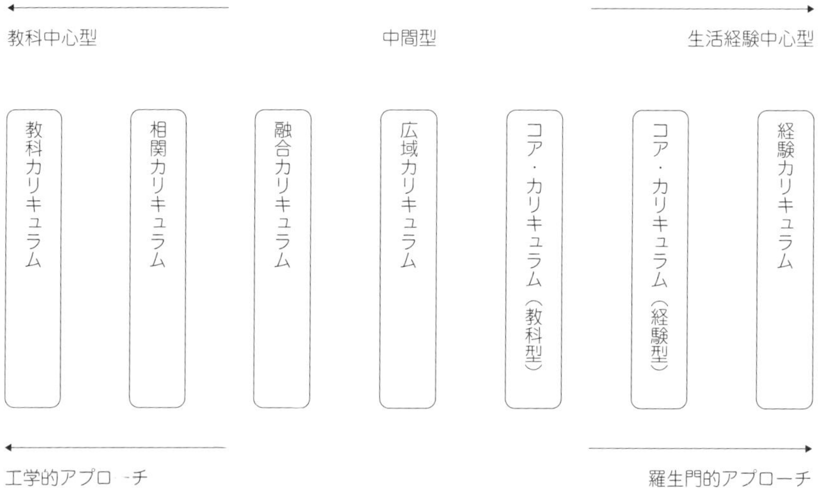

教科中心型　　　　　　　　　　中間型　　　　　　　　　　生活経験中心型

| 教科カリキュラム | 相関カリキュラム | 融合カリキュラム | 広域カリキュラム | コア・カリキュラム（教科型） | コア・カリキュラム（経験型） | 経験カリキュラム |

工学的アプローチ　　　　　　　　　　　　　　　　羅生門的アプローチ

図2-1　分化と統合にもとづくカリキュラム類型

（出所）加藤（2015，60）より。

むしろ，関連づけや統合により総合的に学習される場合も多く，学際的に関連する他教科との内容と相互に関連させることで発展的な学習の展開や成果も期待されるのである。

　ここでは，これらの2つの軸の組み合わせによる編成原理に基づき，カリキュラムの類型化を試みたい。すなわち，教科カリキュラムと経験カリキュラムを両極に置きながら，相関カリキュラム，融合カリキュラム，広域カリキュラム，コア・カリキュラムに類型化し，その特徴について述べていくことにする。

（2）教科カリキュラム（subject curriculum）

　文化遺産や学問的な客観的知識の中から選択された教育内容をもち，教授する教材の目的や性質によって，国語，算数（数学），生物，化学，物理，歴史，地理などのような教科あるいは科目を分立させるカリキュラムを教科カリキュラムという。

　教科カリキュラムの歴史は古く，その起源はギリシャ・ローマ時代まで遡ると言われる。中世にかたちづくられた七自由科（seven liberal arts）（文法，修辞

学，弁証法，算術，幾何，天文学，音楽）もその代表的なものとしてあげられる。このカリキュラムでは，背景となる学問体系が教科や科目の内容を規定しており，内容はその枠組みで構成されている点に特徴がある。たとえば，歴史ならば歴史学，生物ならば生物学というように，各教科には母体となる学問分野が存在し，その学問分野の分類が教科あるいは科目，そして教育課程編成原理の根拠となっているのである。

　また，このカリキュラムは教科あるいは科目によって区分されていることから，学問分野で重視されている知識を効率的かつ計画的に教授しやすく，系統的で論理的に整理されている特徴をもつ。しかも学習の目標は特定の知識の獲得という点で共通理解を得やすく，多数の学習者に対して比較的短時間で効率的に教授することが可能であるだけでなく，到達目標や指標が明確なために客観的な評価もしやすい。

　しかし，一方では学問的成果としての体系的な知識の教授を目的とするために，注入的で画一的な指導になりやすく，子どもの現実生活に基づいた興味や関心への対応は不十分になりがちな側面もある。とりわけ，学習の動機づけについては授業者の工夫が求められることになる。

（3）相関カリキュラム（correlated curriculum）

　相関カリキュラムとは，学習効果の向上という目的のために，教科カリキュラムとしての教科区分や枠組みは崩さないままで，性格的に近い複数の教科・科目間の相互関連に配慮して編成したカリキュラムである。基本的には教科カリキュラムに近いが，これらの複数の教科間の垣根を低くすることで，積極的に内容の関連性をもたせながら学習させていくのが特徴となっている。

　具体的には，わが国の高等学校の「地理・歴史科」（「地理」「歴史」）や「公民科」（「現代社会」「政治経済」「倫理」），「理科」（「物理」「化学」「生物」「地学」）などが例としてあげられる。科目そのものは教科カリキュラムだが，各教科は科目間の相互の関連性を密にしながら教科としての枠組みを形成している。

（4）融合カリキュラム（fused curriculum）

　融合カリキュラムは，相関カリキュラムの考え方をさらに進めて発展的に広げ，関連の深い複数の教科や科目を融合して広い領域を編成したカリキュラムである。教科の境界の枠は撤廃され，教科の内容は学習する時事問題や社会問題のような問題解決学習やテーマ学習の範囲に関連させて再編成されており，より広い視点から総合的に教科の統一性が確保されている。

　具体的にいえば，わが国の小学校社会科（「歴史」・「地理」・「公民」の融合），小学校理科（「物理」・「化学」・「生物」・「地学」の融合），中学校の理科における第一分野（「物理」・「化学」の融合），第二分野（「生物」・「地学」の融合），そして国語科（「読み方」「書き方」「つづり方」「聞き方」「話し方」「文法」）などをあげることができる。

（5）広領域カリキュラム（broad-field curriculum）

　広域カリキュラムともいう。個々の知識や教科間の関連の統合を目指す融合カリキュラムの理念をさらに進展させ，より少数の広領域によって教育内容を統合・再編成したカリキュラムである。

　この広領域カリキュラムは，組織や編成の仕方によって大きく2つの型に分けられる。一つは教科の各領域を一度すべて解体し，それを全体として意味あるものとする「教科型」であり，もう一つは学習者自身の経験や活動を重視して，社会生活の分析により得られた領域によって組織される「経験型」である。前者の例としては，わが国の大学1～2年次生が一般教養として学ぶことが多い「人文」，「社会」，「自然」の各領域に分類されたカリキュラムを，後者には，幼稚園教育要領における「健康」・「人間関係」・「環境」・「言葉」・「表現」の領域などをあげることができる。

（6）コア・カリキュラム（core curriculum）

　コア・カリキュラムは，学習者が生活現実の中で生じる自らの課題や興味・関心のある事柄について問題解決的な学習をする「中核課程」と，そこから派生して必要とされる知識や技能を学習していく「周辺課程」から構成されてい

る。**中核カリキュラム**ともいう。1930年代のアメリカの初等教育で普及したカリキュラムだが，その成立の背景には20世紀以降に顕著となった教科数増加の課題があった。当時のアメリカでは，「美術」「音楽」「手芸」「家事」「商業」などが小学校や中学校でも正規の教科や科目に次々に加えられたことで，相対的に減少した3R's（読・書・算）の時間数の確保が問題とされていた。そこで，学習者自身の課題や要求，能力に基づいて再構成しようとした編成原理により，教育の内容は「最小限の基本的なもの」が柱とされたのである。

1920年代以降のアメリカで考案されたドルトン・プランやウィネトカ・プラン，モリソン・プランなどは基本的にこのカリキュラムに属する。なかでも1934（昭和9）年にヴァージニア州教育委員会が小学校のカリキュラムとして発表した前述のヴァージニア・プランは，典型的なコア・カリキュラムとして名高い。ヴァージニア州では，社会生活上の様々な機能のなかで生きる子どもたちにとって，必要とされる資質育成のための内容領域を設定することでカリキュラムが構想されていた。これは前述のスコープに当たるものであり，ヴァージニア・プランでは表2-1にみられるように，社会機能法によって11の領域が設定されていたのである。

なお，ヴァージニア・プランはわが国では1947（昭和22）年のアメリカ占領下において作成された学習指導要領（『学習指導要領社会科編（1）（試案)』）のモデルとされた点でもよく知られている。戦後のコア・カリキュラム運動の広がりとともに，戦前の教師中心・教科書中心の教育の克服が目指されており，子どもの自発性や興味関心，地域性に配慮した教育計画が各地で展開されるなど，当時の小学校の教育実践において全国的に多大な影響を与えた。

（7）経験カリキュラム（experience curriculum）

子どもの望ましい生活経験を教育内容として，そのような経験を組織的に展開するように編成されたカリキュラムを経験カリキュラムという。主として20世紀前半にアメリカで展開されたデューイ（J. Dewey）の経験主義教育思想に基づいており，教科の体系に基づいて編成される教科カリキュラムと対比される場合が多い。

このカリキュラムの目的は文化遺産としての知識や技能の伝達ではなく，あくまでも個人の発達や成長におくため，学習内容は教え込むための知識や技能ではなく，子ども自身の問題意識や興味・関心を中心に基づく，望ましい生活経験そのものや社会の必要から構成される。伝統的な教科の枠は撤廃され，学習目標や経験（学習内容）の選択と展開もあらかじめ固定されないばかりか，学習活動は子ども自らが選択して展開するように編成される。しかも教師の役割は，一人ひとりの興味・関心や能力差に応じて協力・支援することにある。したがって，一斉教授には適さず，少人数の個別学習やグループ学習の授業形態が一般的であり，学習の動機づけを高める点では他の類型に比較して極めて有効である。

だが，その一方で自由や創意を重視するあまり，人類が創造してきた文化的な知識体系や遺産，本人の努力や規律は重視しないことから，子どもの自発性・自主性に対する教師の指導は不十分であるなどとの批判を受ける場合がある。また，到達目標が子どもによって異なるために教育評価は個別的で主観的にならざるを得ず，確実な知識や技術の習得が困難なことからも「学力低下」の批判を受けやすい。さらに教育・学習の展開は常に流動的であり，子どもの変化に応じた柔軟な対応が要求されることから，教員には高い指導力が求められることになる。

（8）工学的アプローチと羅生門的アプローチ

さらに上記の様々なカリキュラムは，カリキュラム開発の観点から見た場合には異なる対照的な２つのアプローチからも捉えることができる。そのうちの一つが，**工学的アプローチ**（technological approach）である[2]。工学的アプローチとは，教育目標の合理的な達成とその実証的な検証を重視しながらカリキュラムの開発を進める立場に立つ考え方を指している。教科目標を具体的な行動のかたちで設定したあとに，教材や教具を計画的に配置して教授過程を展開し，最後に目標に準拠して量的な評価が実施される過程を踏んでいくのである。

たとえば，このアプローチが最も反映されるのが教科カリキュラムだが，その背景には合理主義的で実証主義的な考え方があり，教育とは設定された教育

第2章　教育課程の構造と理論

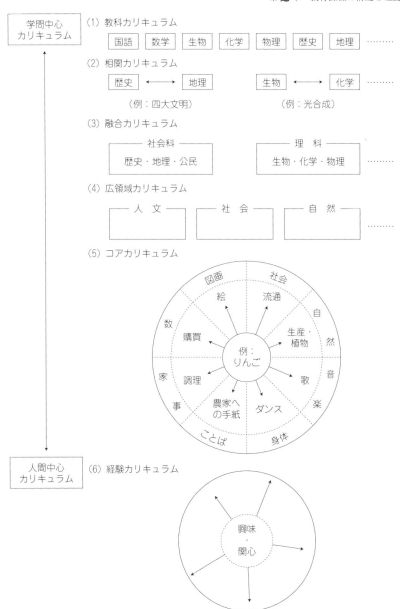

図2-2　教育課程の基本類型
（出所）山田恵吾他『学校教育とカリキュラム』文化書房博文社，2003年，26頁。

工学的アプローチ	羅生門的アプローチ
一般的目標	一般的目標
↓	↓
特殊目標	創造的教授・学習活動
↓	↓
行動目標	記 述
↓	↓
教 材	一般的目標に照らした判断評価
↓	
教授学習過程	
↓	
行動目標に照らした評価	

図 2-3　工学的アプローチと羅生門的アプローチの比較

（出所）田中耕治編著『よくわかる授業論』ミネルヴァ書房，2007年，21頁より一部抜粋。

目的の達成のための合理的な技術的プロセスと捉えられている。はじめに教育活動としての「一般目標」とともに，これを細分化した「特殊目標」が示される。次にこの「特殊目標」には目標が達成された場合にはその状態がどのような具体的な行動で出現すべきなのか，それを具体的な行動で示した「行動目標」が示される。そして，この「行動目標」が達成されるための教材が内容として選択されて教授学習過程のなかに位置付けられ，評価では客観的なテストによって児童生徒の行動的な学習成果を量的に把握したり，データを統計的に処理したりするなどして判定していくのである。このアプローチではカリキュラムの合理性，効率性，計画性がより重視されることになる。

　しかし，教育目標に対する達成度を追求するこのような工学的アプローチに対して，目標にはとらわれず，教室での教師の即興性やそこで生み出される事実，あるいは子どもの姿を重視しながら，一連の教育活動で生成される現象を記述し，質的な評価を行ってカリキュラム開発を進めていく立場がある。これを**羅生門的アプローチ**（rasyomon approach）という。そこでは教師のみならず，保護者や専門家など多様な立場の者が教室で生起する事象について異なる立場で認識し，個々の児童生徒の多様な学習活動を入念に記述しながら教材の価値や一人ひとりの子どもの成長を見出していくことになる。このアプローチでは，評価は「行動目標」に即して量的に測定するのではなく，あくまでも一般的な

目標に照らしながら質的に把握することを目指すものとなる。主として経験カリキュラム編成のための手法であり，即興的な成果や結果を重視してカリキュラム開発を進めていくアプローチなのである。

　以上の2つのアプローチには，目標は「行動目標」で示すべきか，あるいは一般目標にすべきか，教授学習過程は計画的で効率的であるべきか，あるいは教師の即興的で実践的なものであるべきか，評価では目標に準拠すべきか，あるいは目標にとらわれない評価をすべきか等のように，対照的といえる論点が存在する。しかし，実際のカリキュラムや授業の実践では，これらの二者択一的な展開となるわけではなく，相互に重複しつつ補完的であり，カリキュラムの性格もこれら2つのアプローチを両極とした場合の数直線上のどこかに位置づくことになる。

3　学問と生活からみたカリキュラムの類型

　カリキュラムが学校教育での実施を前提に設定される以上，公教育の教育内容の策定は，基本的に政治的な行為の一つとして行われる側面は否定できない。だが，そこには一つに国の存続・発展を所与のものとして直接的に教育内容に反映させようとする立場と，もう一つは国の存続・発展を前提としながらも，学習者個人の特性や生活現実をより重視した教育内容にしていこうとする立場がある。

　前者では，文化的・道徳的な特性や経済を支えている科学技術などの学問を基盤とした知識が教育の内容となるのに対し，後者では学習者側にとって生活上で必要な知識や技術，興味・関心，精神生活の充実などが優先される。つまり，カリキュラムを捉えるもう一つの視点は，学問を基盤としているものなのか否かにより類型化されるのである。この場合，前者のように科学・技術の発展を眼目として学問体系に基づいて編成されたカリキュラムを学問中心カリキュラムといい，後者のように，学習者の視点から編成されたそれを人間中心カリキュラムという。

（1）学問中心カリキュラム

　1950年代から1960年代において，日本を含むアメリカなどの先進諸国では短期間での目覚ましい科学技術の発展を背景に，いわゆる「知識爆発の時代」あるいは「科学の構造的改革の時代」といわれる時期を迎えていた。だが，そのような状況にもかかわらず，カリキュラムの教育内容には科学や学問の発展からの遅れが目立っており，厳しい批判の対象となっていた。こうしたなかで，急速に高度化していく科学技術を背景としながら，その成果を反映させるかたちでカリキュラムの内容の刷新と再編成を試みようとする教育改革運動が世界的に巻き起こった。これを**「教育（内容）の現代化」**運動という。そして，このように現代科学の立場から，教育内容が学問的に洗練されて現代化されたカリキュラムを**学問中心カリキュラム**（学問中心教育課程）という。

　このカリキュラムの考え方を最初に提唱したのは，アメリカのブルーナー（Jerome S. Bruner, 1915～2016）であった。彼は著書『教育の過程』（1961）のなかで，認知心理学の観点から，「どの教科でも知的性格をそのままに保って，発達のどの段階のどの子どもにも効果的に教えることができる」と主張し，教科教育の改造は教科を構成している細かな知識量のすべてをカバーするのではなく，それぞれの教科の根底にある原理に着目し，その教科の構造に対する深い理解を通してカリキュラムを作成すべき点を強調した。さらに，学問の最も基本的な概念や原理を子どもの発達段階に合わせて，発見的，探究的に繰り返し学ぶことの有用性を主張し，それによって本質的で転移可能な理解が得られるとする**「発見学習」**理論を提唱した。学習の本質については，個々の知識の定着よりも学問の方法と探究のプロセスを重視していたのである。

　このような学問中心カリキュラムの考え方は，科学技術を発展させて国際的な地位を高めようとしていた1960年代のわが国に受け入れられ，その結果，1968（昭和43）年の学習指導要領の改訂では小・中学校での集合と関数の概念の導入，そして1970（昭和45）年の高等学校では量子力学や原子物理学の教材の導入などに反映されることになった。「数学的な見方や考え方」や「科学的方法」の育成が重視されたのである。しかし一方で，このカリキュラムでは学問の側から今何が必要であるのかを示したが，子どもが今何を必要としている

のかについては，必ずしも十分な検討がなされていなかったという批判もある。

（2）人間中心カリキュラム（**humanistic curriculum**）

　学問中心カリキュラムは，1960年代の世界的なカリキュラム改革運動を牽引したが，その半ばを過ぎると多様な問題や矛盾を露呈するようになっていった。そして，こうした問題状況は「学問中心」から「児童・生徒中心」へとカリキュラム構成の原理を転換させることで，人間中心カリキュラム出現のきっかけとなっていったのである。

　1960年代後半のアメリカでは，黒人差別を問題とした人権運動や泥沼化したベトナム戦争への反戦運動が興隆し，1964（昭和39）年には公民権法が制定されるなど人種差別撤廃に向けた法的な整備がされた。そうしたなかで経済的差別を再生産すると見なされた学校教育に対しては，「教育の平等化」運動等が批判的な運動のかたちで展開されていった。

　また，教育現場では発見学習や探究学習が十分に機能しないことも多く，多数の「落ちこぼれ」と呼ばれるドロップアウトした子どもたちを出現させていた。そして彼らの多くは学習上での挫折感や劣等感を，暴力や非行，麻薬，性的放縦というかたちで発散させ，さらに深刻な問題を引き起こしていったのである。この傾向は，たとえばシルバーマン（C. E. Silberman, 1925～2011）の『教室の危機』（*Crisis in the Classroom*, 1970）やイリイチ（Ivan Illichi, 1926～2002）の『脱学校の社会』で描写されているように，学校教育への批判として現れることになった。これらはそれまでの学校体制が画一的・管理主義的であり，子どもの主体性や創造性の開花を阻害してきたと主張するものであった。学問中心カリキュラムは，現代科学の最先端の知識や技術を取り入れることで質的高度化と量的拡大を進めたが，一方ではエリート主義的な偏向も生み出し，教育における平等性を追求する立場からは多くの批判を受けることになっていったのである。

　しかも，こうした批判は，児童生徒を単なる認知的な学力育成の対象ではなく，「全体的人格」や「全体的人間存在」としての育成を意図する「人間中心カリキュラム（humanistic curriculum）」の登場を誘引していった。このカリ

コラム：約10年ごとの学習指導要領の改訂は妥当なのか否か

　わが国の国家基準カリキュラム＝学習指導要領は，これまでおよそ定期的に改訂されてきたが，実はその改訂の「定期」に関する明確な規定はこれといってあるわけではない。いわゆる「法的拘束力」を持った1958（昭和33）年版以降は約10年間隔で改訂されてきたのだが，改訂の時期や期間そのものに対する「法的拘束」はないのだ。では「10年」の根拠とは何か。「10年ひと昔」だからなのか，あるいは行政の都合なのか，それとも「そろそろ」だからなのか？　明確な根拠は何一つ示されていないのである。

　しかもカリキュラムの「賞味期限」は実際には10年に満たない。改訂の翌年度は「小1，2と中1」，翌々年度は「小3，4と中2」に適用というように，3年間の段階的な移行期間を経てようやく全面実施となるため，実質的には6～7年のサイクルである。平成26年11月の文科大臣の中央教育審議会への「諮問」がスタートラインと考えれば，「平成29年版」も前回からの6年後には早くも開始されていたことになるのだ。

　市民的な感覚からすれば，「10年」は一つの時代的な区切りかも知れないが，戦後70年近く，ずっと同じリズムや間隔での改訂を繰り返してきたことには一定の検証と再考の余地があるのかも知れない。たとえば IT 環境を例にあげれば，パソコン OS の Windows95（1995年）の登場を皮切りに，たった20年で爆発的に進化を遂げたパソコンやスマホの普及と高度化は予測をはるかに超えており，登場前の時代とは隔世の感がある。社会と人びとが求める知識や技能は，一定の速さとリズムで深化・拡大していくわけではないのである。

　ちなみに，こうした急激な社会変化に敏感に反応しながら積極的に国家基準カリキュラムの開発を推進してきた国の一つに，IT 大国の韓国がある。韓国では「第1次教育課程」（1955年）から「第7次教育課程」（1997年）までは，ほぼ8～10年サイクルで改訂してきたが，それ以降は急激な IT 化や子どもたちの変化に対応するため，「一斉改訂」から「随時改訂」へ方針を切り替えたのである。頻繁な改訂には多少の混乱は見られたものの，1998年創設の韓国教育課程評価院（KICE）による柔軟で果敢な改訂にはスピード感があり，カリキュラムの改善から社会や人びとの生活を改善していこうとする意気込みを感ずる。

　とはいえ，今回は9年ぶりの改訂であったが，わが国でもかつてない手続きが踏まれた点は評価しておきたい。これまでは，文科大臣の中教審への諮問後はすぐに教科別部会（ワーキンググループ）が開かれて縦割りの検討が開始されるのが通例だったが，それに先立って教育課程企画特別部会が立ち上げられたからである。学校はどうあるべきか，今どのような質の学力が求められているのか，そもそも学びや知識とは何なのか。原理的で本質的な次元から議論が開始されたのは画期的であった。しかもその矛先は2030年以降の未来社会を見据え，その時代をたくましく生き抜き，主体的によりよい社会を築く子ども達にとって必要な資質・能力とは何なのか，彼らの目線に立った改訂であった。

第2章　教育課程の構造と理論

> それにしても，実際の10〜20年後にはどんな未来が待っているのだろうか。子ども達がワクワクするような未来社会を描きながら，我々にはこれまでの慣例や通例にとらわれず，さらに柔軟で瞬発力のあるカリキュラム改革を進めていく必要があるのではないだろうか。

キュラムでは，児童生徒中心主義の立場からカリキュラム編成として子どもの興味や関心が強調されており，学習における内発的動機づけが重視されるとともに，地域社会との交流を大切にし，学び方を学び，情意的な側面の充実が主張されたのである。こうしたカリキュラムへの社会的人格的適切性を求めた人間中心カリキュラムの理念は，後にわが国の「ゆとりと充実」を強調した1977（昭和52）年の学習指導要領改訂にも多大な影響を与えた。

しかしながら，このカリキュラム論の重点は教材の学習にあるのではなく，児童生徒の人格的経験の意味にあったわけだが，それが大きな欠点でもあった。すなわち，カリキュラムの目的は，知識，理解，分析力，応用力等の育成につながる認知的学力要因よりも，児童生徒の認知，認識，理解等を方向付ける人格の内面性と情意的側面の充実や，感情，態度，信念，価値観等の心情的要素により重点が置かれていたのである。したがって，相対的に認知的内容の習得や学問的知識の教授活動は後退せざるを得なく，結果として子どもたちには深刻な学力低下問題を引き起こすことになった。

1970年代後半からは，アメリカではこのような子どもの全体的な人格形成を意図した目標と，読み書き算に代表される技能の習得との関係が不明確とみなされ，学力低下問題の顕在化と非行の増大に困惑した教師や保護者は人間中心カリキュラムを批判し，やがては「基礎へ帰れ運動（back to the basics）」を支持するようになっていったのである。

注

（1）タイラー（Ralph W. Tyler, 1902-1995）は，アメリカの教育学者である。行動主義心理学と行動科学をもとにしながら工学的発想によって教育実践を構成し，下記の著書の中でカリキュラム編成の基礎原理を示した。後に教育評価研究のブルームに影響を与えた。

29

Tyler, Ralph W., *Basic Principles of Curriculum and Instruction*, University of Chicago Press, 1949.

（2）1974年，文部省（当時）と経済協力開発機構・教育研究革新センター（OECD-CERI）は，「カリキュラム開発に関する国際セミナーを開催したが，そのなかでイリノイ大学のアトキン（J. M. Atkin）らは，授業とカリキュラムの開発に関連して重要な提案をした。

参考文献

文部科学省『小学校学習指導要領（平成29年告示）』東洋館出版社，2017年。

文部科学省『中学校学習指導要領（平成29年告示）』東山書房，2017年。

広岡義之編著『新しい教育課程論』ミネルヴァ書房，2010年。

細谷俊夫　他『新教育学大辞典』ぎょうせい，1990年。

日本カリキュラム学会『現代カリキュラム事典』ぎょうせい，2001年。

田中耕治編『よくわかる教育課程』ミネルヴァ書房，2009年。

加藤幸次編『教育課程編成論』玉川大学出版部，2015年。

［関根明伸］

第**3**章

教育課程行政と学習指導要領

┌─ **ねらいと課題** ─

　本章では，日本における教育課程行政の概要を押さえるとともに，教育課程に関する諸法令とその内容を整理・確認しながら，教育課程編成のあり方について学んでいく。ここでは特に，教育課程編成において重要な意味をもつ学習指導要領について理解を深めることが重要になる。法令の規定や平成29年版学習指導要領の内容を踏まえながら，学習指導要領の意義や役割等について考えることにしたい。

└────────────────

1　教育課程行政の仕組み

（1）教育課程行政とは何か

　「**教育課程**」は多義的な用語であるが，一般的には，「学校教育の目的や目標を達成するために，教育の内容を児童（生徒）の心身の発達に応じ，授業時数との関連において総合的に組織した各学校の教育計画」（『小学校学習指導要領解説　総則編』，『中学校学習指導要領解説　総則編』）といえる。すべての学校は，学校教育の目的や目標を実現するために，授業の指導計画を立てることになっており，その教育課程は図3-1のような階層構造になっている。

　各学校の教育課程が適切に編成・実施されるために行われるのが，文部科学省と教育委員会による**教育課程行政**である。この教育課程行政（教育課程の基準設定，教育課程の編成・実施に対する指導・助言等）と**教科書行政**（教科書の検定・採択等）の2つは，初等中等教育段階の学校の教育内容に関わる領域を対象にしていることから**教育内容行政**とも呼ばれる。日本の教育課程行政は，①

31

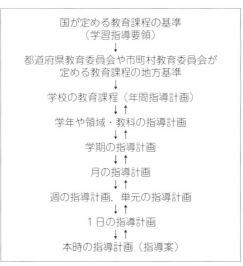

図3-1　教育課程の階層構造

文部科学省による**学習指導要領**の作成と各都道府県への指導・助言，②教育委員会による各学校への指導・助言，③各学校での実際的な教育課程編成への指導・助言，④その実態評価に基づいたフィードバックと新たな学習指導要領作成，という一連の流れとして整理することができる（柴田，2001）。教育課程の基準として学習指導要領を作成するのは国（文部科学省）の役割であり，これに基づいて各学校が独自に教育課程を編成し，その適切な編成・実施のために，各学校に対して教育委員会が指導・助言を行うという仕組みになっている。

　この指導・助言に関わる教育行政の作用または活動内容のことを**指導行政**と呼ぶ。指導行政を通じて，教育課程上の諸問題に関し，教育行政機関（文部科学省，教育委員会）には学校の主体的な取り組みを支援するという姿勢が求められている。

（2）指 導 行 政

　「指導行政」という場合，いわば「作用としての」指導行政と「領域としての」指導行政，という2つの用法があり，これらを区別する必要がある。「作用としての」指導行政とは，強制的な指揮・命令・監督でなく，非強制的な指

導・助言・援助に重点を置く教育行政の作用を意味している。指導行政は教育行政機関相互（文部科学省と教育委員会，都道府県教育委員会と市町村教育委員会）の関係と，教育委員会と学校の関係を包括した概念であり，戦後日本の教育行政の基本原理であると説明されることが多い。「教育行政の重点は（中略）監督による違反の是正よりも，いかにして充実したよりよき教育を行うかに向けられなければならない」とされ，「指導，助言，援助等の非権力的作用にこそ，教育行政の最も大切な仕事がある」と言われる（木田，1962）。

　一方，「領域としての」指導行政とは，教育委員会が学校に対して，その組織的能力を高めるために行う，専門的事項についての指導・助言に関わる活動領域（内容）のことである。これは端的には，**指導主事**の職務活動を意味している。指導主事とは，教育委員会事務局に属し，「上司の命を受け，学校（中略）における教育課程，学習指導その他学校教育に関する専門的事項の指導に関する事務に従事する」（地方教育行政の組織及び運営に関する法律第18条第3項）専門的教育職員である。教育委員会と学校の接点に位置し，指導行政を担う中核的存在として，学校訪問や教員研修の実施，情報の収集・提供，カリキュラム開発などの業務に携わる。指導主事制度は，戦前の権威主義的な視学制度への歴史的反省に基づき，戦後，それに代わって発足したものである。

　「全国の市町村において，津々浦々の学校において営まれる教育に主体性がなく，それが全て命令監督の下に機械的に行われるということは，ありうべからざるところ」（木田，1962）であり，学校の自主性・自律性を確立し，その教育力を高めるためには，学校を支援する指導行政の充実が欠かせない。指導主事の配置拡充や専門性の向上を図ることはもちろん，形式的，前例主義的な指導・助言でなく，学校が抱える問題に真摯に対応し，学校が真に必要とする情報を適切に提供するなど，学校の良きパートナーという立場で指導・助言を行うことが重要である。

2　教育課程の編成

（1）教育課程編成の原則

　教育課程を編成・実施する主体は各学校，具体的にいえば，子どもと日常の教育活動を共にしている教師である。教育課程は，「校務をつかさどり，所属職員を監督する」（学校教育法第37条第4項）立場にある校長が責任者となり，児童生徒の発達段階や特性，学校や地域の実態を考慮し，学校の自主性を発揮しながら，創意工夫を生かして編成することが原則である。もちろん，学校は組織体であるので，校長だけでなく，全教職員が連携・協力し，学校として統一性のある教育課程を編成しなければならない。

　しかし，このことは各学校が恣意的に教育課程を編成することを意味しているわけではない。『小学校学習指導要領』及び『中学校学習指導要領』の「第1章　総則」には，「各学校においては，教育基本法及び学校教育法その他の法令並びにこの章以下に示すところに従い，児童（生徒）の人間として調和のとれた育成を目指し，児童（生徒）の心身の発達の段階や特性及び学校や地域の実態を十分考慮して，適切な教育課程を編成するものとし，これらに掲げる目標を達成するよう教育を行うものとする」と記されている。

　つまり，教育課程編成にあたって留意すべき事項は，①法令及び**学習指導要領**に示すところに従うこと，②児童生徒の人間として調和のとれた育成を目指すこと，③児童生徒の心身の発達の段階や特性を十分考慮すること，④学校や地域の実態を十分考慮すること，の4点である。もちろん，指導行政の趣旨からすれば，教育委員会の基準や指導・助言に従うことも必要である。

（2）教育課程に関する法制

　公教育である学校の教育目的・目標及び教育課程については，法令で様々な定めがなされている。学習指導要領の総則に示されているように，教育課程の編成にあたっては，「教育基本法及び学校教育法その他の法令」に従う必要があり，「その他の法令」とは，学校教育法施行規則や地方教育行政の組織及び

第**3**章　教育課程行政と学習指導要領

表 3 - 1　教育課程に関する主な法令等

名　　称	条　文	内　容
学校教育法	21条	義務教育の目標
	29条・30条	小学校の目的・目標
	34条	教科用図書・教材の使用
	45条・46条	中学校の目的・目標
	49条の2・49条の3	義務教育学校の目的・目標
	50条・51条	高等学校の目的・目標
	63条・64条	中等教育学校の目的・目標
	72条	特別支援学校の目的
学校教育法施行令	29条	学期および休業日
学校教育法施行規則	24条	指導要録
	25条	出席簿
	28条	学校備付表簿とその保存期間
	50条	小学校の教育課程の編成
	51条（別表1）	小学校の年間授業時数
	52条	小学校の教育課程の基準
	59条	学年（4／1～3／31）
	60条	授業終始の時刻
	61条	休業日
	72条	中学校の教育課程の編成
	73条（別表2）	中学校の年間授業時数
	74条	中学校の教育課程の基準
	83条（別表3）	高等学校の教科・科目
	84条	高等学校の教育課程の基準
地方教育行政の組織及び運営に関する法律	21条	教育委員会の職務権限
	33条	学校等の管理
公立義務教育諸学校の学級編制及び教職員定数の標準に関する法律	3条	1学級の児童・生徒数
教科書の発行に関する臨時措置法	2条	教科書の定義
学習指導要領	各総則	教育課程の編成・実施等

運営に関する法律等をさす。これらを整理したものが表 3 - 1 である。

① 教育基本法

　日本の最高法規は，いうまでもなく**日本国憲法**（1946年11月3日公布）である。日本国憲法第26条は，「すべて国民は，法律の定めるところにより，その能力に応じて，ひとしく教育を受ける権利を有する。／すべて国民は，法律の定め

るところにより，その保護する子女に普通教育を受けさせる義務を負ふ。義務教育は，これを無償とする」と規定している。

日本国憲法の規定を受けて，教育の基本理念を定めた法律が**教育基本法**である。同法は1947（昭和22）年3月に制定され，2006（平成18）年12月，約60年ぶりに改正された。同法の第1条は教育の目的について，「教育は，人格の完成を目指し，平和で民主的な国家及び社会の形成者として必要な資質を備えた心身ともに健康な国民の育成を期して行われなければならない」と定めている。また，第2条は「教育は，その目的を実現するため，学問の自由を尊重しつつ，次に掲げる目標を達成するよう行われるものとする」として，以下のように具体的な教育目標を定めている。

1．幅広い知識と教養を身に付け，真理を求める態度を養い，豊かな情操と道徳心を培うとともに，健やかな身体を養うこと。
2．個人の価値を尊重して，その能力を伸ばし，創造性を培い，自主及び自律の精神を養うとともに，職業及び生活との関連を重視し，勤労を重んずる態度を養うこと。
3．正義と責任，男女の平等，自他の敬愛と協力を重んずるとともに，公共の精神に基づき，主体的に社会の形成に参画し，その発展に寄与する態度を養うこと。
4．生命を尊び，自然を大切にし，環境の保全に寄与する態度を養うこと。
5．伝統と文化を尊重し，それらをはぐくんできた我が国と郷土を愛するとともに，他国を尊重し，国際社会の平和と発展に寄与する態度を養うこと。

さらに第5条では，「義務教育として行われる普通教育は，各個人の有する能力を伸ばしつつ社会において自立的に生きる基礎を培い，また，国家及び社会の形成者として必要とされる基本的な資質を養うことを目的として行われるものとする」（第2項）というように，義務教育の目的を定めている。

そして，第14条では「良識ある公民として必要な政治的教養は，教育上尊重されなければならない。／法律に定める学校は，特定の政党を支持し，又はこ

れに反対するための政治教育その他政治的活動をしてはならない」，第15条では「宗教に関する寛容の態度，宗教に関する一般的な教養及び宗教の社会生活における地位は，教育上尊重されなければならない。／国及び地方公共団体が設置する学校は，特定の宗教のための宗教教育その他宗教的活動をしてはならない」というように，学校における**政治教育**及び**宗教教育**について規定している。各学校での教育課程の編成・実施に際しては，当然これらの規定にも留意する必要がある。

② 学校教育法

　日本国憲法・教育基本法の精神に基づいて，学校に関する基本的事項を規定した法律が**学校教育法**である。学校教育法は，教育基本法と同じ1947（昭和22）年３月に制定され，これまでに何度か改正されている。学校教育法では，教育基本法に規定する教育の目的・目標や義務教育の目的に関する規定を踏まえ，学校種ごとの目的・目標，義務教育の目標などを定めている。

　学校教育法第21条では，「義務教育として行われる普通教育は，教育基本法（平成18年法律第120号）第５条第２項に規定する目的を実現するため，次に掲げる目標を達成するよう行われるものとする」として，「学校内外における社会的活動を促進し，自主，自律及び協同の精神，規範意識，公正な判断力並びに公共の精神に基づき主体的に社会の形成に参画し，その発展に寄与する態度を養うこと」，「学校内外における自然体験活動を促進し，生命及び自然を尊重する精神並びに環境の保全に寄与する態度を養うこと」，「我が国と郷土の現状と歴史について，正しい理解に導き，伝統と文化を尊重し，それらをはぐくんできた我が国と郷土を愛する態度を養うとともに，進んで外国の文化の理解を通じて，他国を尊重し，国際社会の平和と発展に寄与する態度を養うこと」，「読書に親しませ，生活に必要な国語を正しく理解し，使用する基礎的な能力を養うこと」など，義務教育の目標を10項目にわたって具体的に示している。

　このように義務教育の目標を規定した上で，たとえば小学校の目的・目標については，第29条で「小学校は，心身の発達に応じて，義務教育として行われる普通教育のうち基礎的なものを施すことを目的とする」，第30条で「小学校

における教育は，前条に規定する目的を実現するために必要な程度において第21条各号に掲げる目標を達成するよう行われるものとする」と規定している。なお，第30条第2項では，「前項の場合においては，生涯にわたり学習する基盤が培われるよう，基礎的な知識及び技能を習得させるとともに，これらを活用して課題を解決するために必要な**思考力**，**判断力**，**表現力**その他の能力をはぐくみ，主体的に学習に取り組む態度を養うことに，特に意を用いなければならない」とされており，この規定は中学校等にも準用されている。

　同様に学校教育法は，幼稚園の目的・目標（第22条，第23条），中学校の目的・目標（第45条，第46条），義務教育学校の目的・目標（第49条の2，第49条の3），高等学校の目的・目標（第50条，第51条），中等教育学校の目的・目標（第63条，第64条），特別支援学校の目的（第72条）を定めている。

③ 学校教育法施行規則

　学校教育法の規定に基づいて，文部科学大臣は，文部科学省令として**学校教育法施行規則**を定めている。ここでは，各学校種の領域構成，教科等の種類とその標準授業時数，学習指導要領の位置付けなどが具体的に規定されている。

　たとえば，学校教育法施行規則第72条では，中学校の教育課程が，国語，社会，数学，理科，音楽，美術，保健体育，技術・家庭及び外国語の各教科，特別の教科である道徳，総合的な学習の時間並びに特別活動によって編成されると定められている。また，第73条では，中学校の各学年における各教科等の授業時数，各学年でのこれらの総授業時数は「別表第二」に定める授業時数を標準とすることが定められている。各教科等の指導は，一定の時間内で行われるものであり，これらに対する授業時数の配当は，教育課程編成の上で重要な要素である。各学校では学校教育法施行規則で定められた年間授業時数の標準や学習指導要領で定められている年間授業週数を踏まえ，授業時数を実質的に確保する必要がある。授業の1単位時間（授業の1コマを何分にするか）については，年間授業時数を確保しつつ，各教科等や学習活動の特質などを考慮して，各学校が適切に定めることになっている。

　さらに，学校教育法施行規則は，学年が4月1日に始まり，翌年3月31日に

終わること（第59条），授業終始の時刻は校長が定めること（第60条），公立学校の休業日が，国民の祝日，日曜日・土曜日，学校教育法施行令第29条の規定により教育委員会が定める日（＝夏季，冬季，学年末，農繁期等における休業日又は家庭及び地域における体験的な学習活動その他の学習活動のための休業日）であること（第61条）などを規定している。

④ 地方教育行政の組織及び運営に関する法律

地方教育行政の組織及び運営に関する法律（地教行法）は，教育委員会の設置・組織・権限をはじめとして，地方教育行政の組織及び運営全般についての基本的事項を定めた法律である。同法では教育委員会が所管する学校の教育課程編成に関わる権限について規定している。

教育委員会の職務権限として，「学校の組織編制，教育課程，学習指導，生徒指導及び職業指導に関すること」（第21条第5号）を規定しているほか，「教育委員会は，法令又は条例に違反しない限度において，その所管に属する学校その他の教育機関の施設，設備，組織編制，教育課程，教材の取扱その他学校その他の教育機関の管理運営の基本的事項について，必要な教育委員会規則を定めるものとする」とされている（第33条第1項）。

このほか第48条では，文部科学大臣又は都道府県教育委員会が，都道府県又は市町村教育委員会の教育に関する事務，たとえば，学校の組織編制，教育課程，学習指導，生徒指導，職業指導，教科書その他の教材の取扱いその他学校運営に関して，指導及び助言を与えることができるとしている。

私立学校については，学校教育法第44条及び私立学校法第4条の規定で都道府県知事が所轄庁となっており，教育課程を改める際には都道府県知事に対して学則変更の届出を行う（学校教育法施行令第27条の2）。また，地方教育行政の組織及び運営に関する法律第27条の5の規定により，都道府県知事が私立学校に関する事務を管理及び執行するに当たり，必要と認めるときは，当該都道府県の教育委員会に対し，学校教育に関する専門的事項について助言又は援助を求めることができるとされている。

（3）教育課程編成上の特例

　教育課程の編成にあたっては，法令及び学習指導要領に基づくことが原則であるが，いくつかの特例がある。

　その一つは，私立学校における「**宗教**」の扱いである。学校教育法施行規則第50条第2項は，「私立の小学校の教育課程を編成する場合は，前項の規定にかかわらず，宗教を加えることができる。この場合においては，宗教をもつて前項の道徳に代えることができる」と規定している（中学校等に準用）。

　二つ目は，**合科的な指導**の実施である。学校教育法施行規則第53条は，「小学校においては，必要がある場合には，一部の各教科について，これらを合わせて授業を行うことができる」と規定している（中学校等に準用）。特別支援学校においても，特に必要がある場合は，各教科又は各教科に属する科目の全部又は一部について，合わせて授業を行うことができるとされ（学校教育法施行規則第130条），知的障害者である児童生徒又は複数の種類の障害を併せ有する児童生徒を教育する場合において特に必要があるときは，各教科や諸領域（特別活動，自立活動等）の全部又は一部について，合わせて授業を行うことができるとしている（同条第2項）。

　三つ目は，**研究開発学校制度**である。この制度は，学校の教育課程の改善に資する実証的資料を得るため，1976（昭和51）年度に導入された。教育実践の中から提起される諸課題や，学校教育に対する多様な要請に対応した新しい教育課程や指導方法を開発するため，学習指導要領等の現行の基準によらない教育課程の編成・実施を認めるもので，学校教育法施行規則第55条に基づいて設けられた制度である。

　四つ目は，**教育課程特例校制度**である。これは学校教育法施行規則第55条の2に基づくものであり，文部科学大臣が学校を指定し，当該学校又は地域の特色を生かして，学習指導要領等によらない特別の教育課程の編成・実施を認める制度である。この制度を活用した取り組みとして，たとえば，「市民科」（東京都品川区）や「言語活用科」（千葉県松戸市）など独自の教科を設定してる例がある。

　五つ目は，特別の配慮・指導を要する児童生徒（不登校や日本語に通じない児

童生徒）を対象とした教育課程の特例である。学校教育法施行規則では，「小学校において，学校生活への適応が困難であるため相当の期間小学校を欠席し引き続き欠席すると認められる児童を対象として，その実態に配慮した特別の教育課程を編成して教育を実施する必要があると文部科学大臣が認める場合」（第56条），「小学校において，日本語に通じない児童のうち，当該児童の日本語を理解し，使用する能力に応じた特別の指導を行う必要があるものを教育する場合」（第56条の2）に，教育課程編成の特例を認めている（いずれも中学校等に準用）。

3　学習指導要領

（1）学習指導要領とは何か

　学習指導要領は，全国的に一定の教育水準を確保するなどの観点から各学校が編成する教育課程の基準として，国が学校教育法等の規定に基づき各教科等の目標や大まかな内容を告示として示しているものである。端的にいえば，教育課程の国家基準が学習指導要領であり，これに基づいて，教科書や各学校の教育計画・指導計画が作成される。

　学習指導要領の種類には，小学校学習指導要領，中学校学習指導要領，高等学校学習指導要領，特別支援学校小学部・中学部学習指導要領，特別支援学校高等部学習指導要領があり，幼稚園には幼稚園教育要領，特別支援学校幼稚部には，特別支援学校幼稚部教育要領がある。

　学習指導要領は1947（昭和22）年3月に初めて刊行されて以来，その時々の社会情勢を反映して，ほぼ10年に一度改訂が行われてきた。近年では，2017（平成29）年3月に小・中学校，2018（平成30）年3月に高校及び特別支援学校の学習指導要領が改訂され，これを含めてこれまでに，8回の全面改訂が行われている。

　学習指導要領の改訂は，**中央教育審議会**（中教審）答申に基づいて行われる。文部科学大臣が中教審に対して教育課程の基準等の改善・あり方について諮問し，これを受けた中教審は初等中等教育分科会教育課程部会での審議を経て答

申を行い，この答申に基づいて学習指導要領が改訂される。2001（平成13）年
1月の省庁再編以前は，中教審ではなく教育課程審議会（教課審）で審議・答
申が行われていた。

（2）学習指導要領の法的性格

　学校教育法第33条は，小学校の教育課程に関する事項は，「文部科学大臣が
定める」と規定している。また，中学校は同第48条，義務教育学校は同第49条
の7，高等学校は同第52条，中等教育学校は同第68条，特別支援学校は同第77
条，幼稚園については同第25条に同様の規定があり，先に述べたように，学校
教育法施行規則において教育課程を構成する各教科・領域，授業時数等が定め
られている。

　学校教育法施行規則第52条は，「小学校の教育課程については，この節に定
めるもののほか，教育課程の基準として文部科学大臣が別に公示する小学校学
習指導要領によるものとする」と規定している（中学校については，同第74条，
高等学校については，同第84条に同様の規定がある）。これは，各学校の教育課程が
学習指導要領を基準として編成されるべきことの法的根拠となっており，学習
指導要領が**法的拘束力**（法的基準性）を有していることを意味する。

　もっとも，学習指導要領は，最初から法的拘束力を有していたわけではない。
戦後改革期に刊行された**昭和22年版学習指導要領**及び**昭和26年版学習指導要
領**は「**試案**」，すなわち「教育課程をどんなふうに生かしていくかを教師自身
が自分で研究していく手引き」（文部省，1947）として作成されたものであった。
しかし，1958（昭和33）年の学習指導要領改訂で「**告示**」という公示形式がと
られて以降，学習指導要領は法的拘束力を有すると解されている。公示とは，
一定の事項について公衆が知ることのできる状態におくことであり，告示とは，
各省大臣，各委員会及び各庁の長官が行う公示の形式である。

　学習指導要領の法的性格をめぐっては，**学力調査（学テ）事件**や**伝習館高校
事件**などの裁判で争われたが，最高裁判所は「国家は必要かつ相当と認められ
る範囲において，教育内容についても決定する権能を有する」（旭川学テ事件判
決）として，学習指導要領の法的拘束力を是認している。

第**3**章　教育課程行政と学習指導要領

コラム：伝習館高校事件

　伝習館高校事件は，学習指導要領の基準性や教科書の使用義務が争点となった事件である。福岡県立伝習館高校の社会科教師3名（茅嶋，半田，山口の3教諭）は，特定思想の鼓吹を図ったこと，長期間にわたって授業で教科書を使用しなかったこと，学習指導要領を逸脱し，「日本史」・「地理B」で「スターリン思想とその批判」や「毛沢東思想」の授業や考査の出題を行ったこと，定期考査を実施せずに一律評価を行ったことなどから，地方公務員法に違反するとして懲戒免職処分を受けた。

　1970（昭和45）年12月，3名はこれを不服として福岡県教育委員会を相手に処分の取り消しと執行停止を求める訴訟を提起した。第一審（福岡地裁）及び第二審（福岡高裁）判決では茅嶋教諭の処分を是認したものの，他2名については違反の程度が軽く，処分に裁量権乱用があるとして，取消を認めた。これに対して，茅嶋教諭と県教委が最高裁に上告した。

　最高裁判決は茅嶋教諭については上告を棄却し，他2名の教諭についても，県教委が行った懲戒免職処分は社会観念上著しく妥当を欠くとまでは言い難く，その裁量権の範囲を逸脱したものとはいえないとして，第二審判決を破棄し，第一審判決を取り消して，2名の訴えを退けた（裁判官全員一致の判断）。この最高裁判決では，高等学校学習指導要領が法規としての性質を有するとした原審の判断を正当と認め，次のような判決理由を示している。

　「高等学校においても，教師が依然生徒に対し相当な影響力，支配力を有しており，生徒の側には，いまだ教師の教育内容を批判する十分な能力は備わっておらず，教師を選択する余地も大きくないのである。これらの点からして，国が，教育の一定水準を維持しつつ，高等学校教育の目的達成に資するために，高等学校教育の内容及び方法について遵守すべき基準を定立する必要があり，特に法規によってそのような基準が定立されている事柄については，教育の具体的内容及び方法につき高等学校の教師に認められるべき裁量にもおのずから制約が存するのである」。

（3）学習指導要領の弾力的運用

　学習指導要領に示している内容は，すべての児童生徒に対して確実に指導しなければならないものである。一方，個に応じた指導を充実する観点から，児童生徒の実態に応じて，発展的内容など学習指導要領に示されていない内容を加えて指導することもできる。つまり，学習指導要領は「最低基準」として弾力的に扱うことが可能となっている。学習指導要領の「基準性」については，2002（平成14）年1月に文部科学省が公表した「**学びのすすめ**」，2003（平成15）

年10月の中教審答申「初等中等教育における当面の教育課程及び指導の充実・改善方策について」，そして同答申を踏まえて同年12月に実施された学習指導要領の一部改訂において，その一層の明確化が図られた。

他にも，各教科等や学習活動の特質に応じ効果的な場合，特定の期間（夏季・冬季・学年末等の休業日など）に授業日を設定できることや，授業の1単位時間を各学校で工夫して定めることなど，弾力的な扱いができるようになっており，各学校の創意工夫が求められている。

（4）教育課程の編成領域と学習指導要領

小学校の教育課程は，学校教育法施行規則第50条で，各教科，特別の教科である道徳，外国語活動，総合的な学習の時間，特別活動の5領域，中学校の教育課程は同72条で，各教科，特別の教科である道徳，総合的な学習の時間及び特別活動の4領域から構成されると定められている。2015（平成27）年3月，学校教育法施行規則の一部改正及び学習指導要領の一部改訂により，小学校，中学校及び特別支援学校小学部・中学部の教育課程における従来の道徳は，**「特別の教科である道徳」**（道徳科）と改められ，小学校は2018（平成30）年度，中学校は2019（平成31）年度から完全実施されることになった。

また，高等学校の教育課程は同83条で，各教科に属する科目，総合的な探究の時間及び特別活動の3領域，特別支援学校（小学部）は同126条で，各教科，特別の教科である道徳，外国語活動，総合的な学習の時間，特別活動，自立活動の6領域から構成されると定められている。小学校と中学校を例として，その編成領域を示したものが図3-2と図3-3である。

各学校種の学習指導要領は，教育課程の編成領域に応じて内容が構成されている。たとえば，平成29年版の『中学校学習指導要領』は，「前文」「第1章　総則」「第2章　各教科」「第3章　特別の教科　道徳」「第4章　総合的な学習の時間」「第5章　特別活動」というように，前文＋5章構成である。「前文」は従来の学習指導要領にはなかったもので，ここで教育基本法に定める教育の目的や目標が明記されるとともに，学習指導要領の意義や役割，**「社会に開かれた教育課程」**の実現などについて述べられている。

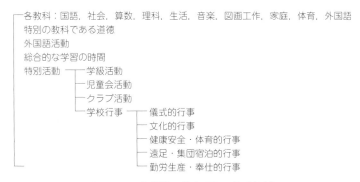

図3-2　小学校の教育課程の編成領域

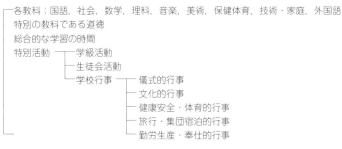

図3-3　中学校の教育課程の編成領域

「第1章　総則」では，中学校教育の基本と教育課程の役割，教育課程の編成，教育課程の実施と学習評価，生徒の発達の支援，学校運営上の留意事項，道徳教育に関する配慮事項について示している。ここでは特に，①知識及び技能が習得されるようにすること，②**思考力，判断力，表現力**等を育成すること，③学びに向かう力，人間性等を涵養すること，の3点が偏りなく実現されるよう**主体的・対話的で深い学び**の実現に向けた授業改善が求められていること，組織的・計画的な教育の質的向上を図る**カリキュラム・マネジメント**の推進が図られていることなどが特徴である。

また，「第1章　総則」では，学校における**道徳教育**の目標が示されている。ここで道徳教育については，「特別の教科である道徳（中略）を要として学校の教育活動全体を通じて行う」ことを前提に，「教育基本法及び学校教育法に

定められた教育の根本精神に基づき，自己の生き方を考え，主体的な判断の下に行動し，自立した人間として他者と共によりよく生きるための基盤となる道徳性を養うことを目標とする」とされている。

　これに基づき，「第3章　特別の教科　道徳」において，特別の教科である道徳は「よりよく生きるための基盤となる道徳性を養うため，道徳的諸価値についての理解を基に，自己を見つめ，物事を広い視野から多面的・多角的に考え，人間としての生き方についての考えを深める学習を通して，道徳的な判断力，心情，実践意欲と態度を育てる」ことが目標とされている。道徳の内容項目は，「主として自分自身に関すること」，「主として人との関わりに関すること」，「主として集団や社会との関わりに関すること」，「主として生命や自然，崇高なものとの関わりに関すること」の4つに整理され，その内容を実現するために，各学校においては，校長や教頭などの参加，他の教師との協力的な指導などを工夫して，道徳教育推進教師を中心とした指導体制を充実することを求めている。

　「第4章　総合的な学習の時間」では，**総合的な学習の時間**の目標を「探究的な見方・考え方を働かせ，横断的・総合的な学習を行うことを通して，よりよく課題を解決し，自己の生き方を考えていくための資質・能力を次のとおり育成することを目指す」とし，①探究的な学習の過程において，課題の解決に必要な知識及び技能を身に付け，課題に関わる概念を形成し，探究的な学習のよさを理解するようにする，②実社会や実生活の中から問いを見いだし，自分で課題を立て，情報を集め，整理・分析して，まとめ・表現することができるようにする，③探究的な学習に主体的・協働的に取り組むとともに，互いのよさを生かしながら，積極的に社会に参画しようとする態度を養う，ことの3点を挙げている。

　「第5章　特別活動」では，**特別活動**の目標を「集団や社会の形成者としての見方・考え方を働かせ，様々な集団活動に自主的，実践的に取り組み，互いのよさや可能性を発揮しながら集団や自己の生活上の課題を解決することを通して，次のとおり資質・能力を育成することを目指す」とし，①多様な他者と協働する様々な集団活動の意義や活動を行う上で必要となることについて理解

し，行動の仕方を身に付けるようにする，②集団や自己の生活，人間関係の課題を見いだし，解決するために話し合い，合意形成を図ったり，意思決定したりすることができるようにする，③自主的，実践的な集団活動を通して身に付けたことを生かして，集団や社会における生活及び人間関係をよりよく形成するとともに，人間としての生き方についての考えを深め，自己実現を図ろうとする態度を養う，ことの3点を挙げている。

なお，中学校の場合，特別活動の内容は，学級活動，生徒会活動，学校行事に大別され，学校行事はさらに，儀式的行事，文化的行事，健康安全・体育的行事，旅行・集団宿泊的行事，勤労生産・奉仕的行事に分けられる。

参考文献

文部省『昭和22年度学習指導要領一般編（試案）』日本書籍，1947年。

木田宏『改訂　逐条解説・地方教育行政の組織及び運営に関する法律』第一法規，1962年。

文部省法規研究会「伝習館高校事件最高裁判決について」『週刊教育資料』第191号，教育公論社，1990年。

柴田義松編『教育課程論』学文社，2001年。

文部科学省『小学校学習指導要領（平成29年告示）』東洋館出版社，2017年。

文部科学省『中学校学習指導要領（平成29年告示）』東山書房，2017年。

文部科学省『小学校学習指導要領解説　総則編』東洋館出版社，2018年。

文部科学省『中学校学習指導要領解説　総則編』東山書房，2018年。

［藤田祐介］

第4章

学校における教育課程の編成と教育評価

─ ねらいと課題 ─

　前章では，各種法令や学習指導要領に準拠しながらも，教育課程編成の主体が最終的に学校・教師にあることを見てきた。本章では，そのことを学校経営の実態に即して確認する。具体的には，学校が作成する『学校要覧』を通じて，「教育課程の編成の主体」で挙げた，教育課程編成上の留意点（①法令及び学習指導要領に示すところに従うこと，②児童・生徒の人間としての調和のとれた育成を目指すこと，③地域や学校の実態を十分考慮すること，④児童・生徒の心身の発達段階と特性を十分考慮すること）に基づいて，学校がどのように教育課程を編成するのかを見る。

　また，教育課程を適切に編成・実施する上で，重要な位置を占める教育評価について，基本的な考え方，種類とその特徴・課題について押さえておきたい。

1　教育目標と全体計画──『学校要覧』をてがかりに

（1）教育目標の設定

　学校の「教育計画」である教育課程は，学校経営計画の中核に位置づくものである。各学校の1年間の経営計画の概要を示す『学校要覧』を見れば，教育課程がいかに学校経営において重要な位置を占めているかがわかる（『学校要覧』は年度初めに各学校が作成・公表するもので，各校の沿革（歴史）のほか，学校目標，教育課程，運営組織（教職員・学校医）などが掲載されている。通常，管轄の教育委員会への提出が義務づけられている）。

　ここでは，埼玉県さいたま市にある公立のS小学校の『学校要覧』を通じて，学校における教育課程の位置づけの具体相をみることにする。近くに荒川が流

れる自然豊かな地域にあるS小学校は，全校児童843名・16学級の比較的規模の大きな学校である。近年急速な宅地化が進んでおり，生徒の増加が見込まれている。

図4-1の「S小学校グランドデザイン」には，「学校教育目標」として「おもいやりのある子（徳）よく考える子（知）たくましい子（体）――豊かな心をもち，進んで学び，たくましく生き抜く，心身共に健康な児童の育成を図る」と定められている。重要なのは，学校目標が，それぞれの学校によって策定される点にある。それでは，学校はどのようにして学校教育目標を定めているのか。

「学校教育目標」の左右をみると，まず右に「法令等」「学習指導要領」（実施）とある。「法令等」とは「日本国憲法」「教育基本法」「学校教育法」などである。法令の実施と聞けば，学校・教員には裁量の余地がないように思うかもしれない。しかし，法令が，大まかな方向性と裁量の範囲を示すものと捉えれば，学校・教師が自らの教育の実現可能性を追究できる根拠ともなる。だからこそ，「学校教育目標」の左側の「保護者」「地域」の「願い」を見極めるという学校・教師の主体的判断が位置づけられているのである。

「学校教育目標」策定において，重要な要素となるのが，下の円形部「目指す児童の姿」である。「◎自ら学び，自ら考え，正しく判断できる子　◎おもいやりの心をもち，正義を愛し，素直に感動できる子　◎進んで心身を鍛える子　◎お互いにかかわり合い，他者を尊重できる子」という児童の姿を目指して，教師たちが具体的な教育活動を設定している。児童の実態把握なくしては，目指す姿の設定も具体的な教育活動の設定も難しい。児童の実態が「学校教育目標」の根拠となると言い換えてもよいだろう。

また「学校教育目標」の上の「さいたま市の目指す子ども像」という自治体の教育目標も意識していること，目指す学校の姿，教師の姿からは，社会や行政当局の方針を受け止めつつ，学校・教師の判断の下で設定がなされていることがわかる。

以上のことから，学校の教育目標の設定には，①法令や学習指導要領の実施を前提としながら，②子どもや保護者，地域の実態把握に基づくこと，③学

図4-1　S小学校のグランドデザイン

（出所）S小学校『学校要覧』2017年。

校・教師の願いの実現を踏まえること，などの教育課程編成上の留意点が押さえられていることがわかるだろう。

（2）全体計画の策定——授業時数の確保と各領域の指導課題の設定

「授業時数との関連において総合的に組織した学校の教育計画」との定義にもあるように，教育課程の編成においては，学習指導要領が定めた各学年・各領域の授業時間数を確実に確保しなければならない。

そのために最初に作成しなければならないのが，「年間行事計画」である。表4-1のように，年間の行事を設定するとともに，4月から翌年3月までの各月ごとの授業日数（登校日数）を確定する。

表4-1　年間行事計画

4月	第1学期始業式，入学式，入学おめでとう集会，通学班編成・一斉下校，定期健康診断，授業参観・懇談会，避難訓練引き渡し訓練，発育測定，個人面談，離任式	7月	一斉下校，8020歯の健康教室123年学校保健委員会，土曜授業日，学校保健委員会，第1学期終業式［夏季休業日］	10月	6年修学旅行，音楽鑑賞会，3年社会科見学，6年つぼみの日，S小まつり	1月	［冬季休業日］第3学期始業式，さいたま市学習状況調査，発育測定，校内書初め展，新入学児童保護者説明会，学校公開日
5月	6年親善球技大会，個人面談，新体力テスト，学校公開日，PTA総会，5年田植え，教育実習，個人面談，5年管弦楽鑑賞教室，4年プラネタリウム学習	8月	［夏季休業日］第2学期始業式，5年社会科見学	11月	小中合同音楽会，小学校駅伝大会，インターネット安全教室，学校公開日，PTAバザー，市教研研修大会，校内持久走会	2月	学校保健委員会，保幼小連絡会，学校評議員連絡会，参観・懇談会
6月	運動会，開校記念日，プール開き，交通安全教室，4年自転車運転免許講習，防犯ボランティア会議，5年舘岩自然の教室，6年社会科見学，学校評議員連絡会	9月	避難訓練，発育測定，5年稲刈り，一斉授業日，1年遠足，2年遠足，4年社会科見学	12月	授業参観・懇談会，一斉下校，第2学期終業式［冬季休業日］	3月	授業参観・懇談会，通学班新編成，卒業おめでとう集会，吹奏楽お別れコンサート，卒業証書授与式，修了式［学年末休業日］

（出所）S小学校『学校要覧』2017年。

表 4 - 2　日課表

項目	通常日課	木曜日課・特別日課
登校	8：00～8：10	8：00～8：10
朝の活動	8：20～8：35	
朝の会	8：35～8：45	8：20～8：30
第1校時	8：45～9：30	8：30～9：15
休み時間	9：30～9：35	9：15～9：20
第2校時	9：35～10：20	9：20～10：05
業間休み	10：20～10：45	10：05～10：20
第3校時	10：45～11：30	10：20～11：05
休み時間	11：30～11：35	11：05～11：10
第4校時	11：35～12：20	11：10～11：55
給食・歯みがき	12：20～13：10	11：55～12：40
清掃	13：10～13：25	12：45～13：15
昼休み	13：25～13：45	（S小タイム）
第5校時	13：45～14：30	13：15～14：00
休み時間	14：30～14：35	14：00～14：05
第6校時	14：45～15：20	14：05～14：50
下校	～15：30	～15：00

（出所）S小学校『学校要覧』2017年。

　次に作成するのが，月曜日から金曜日まで，1日がどのようなスケジュールで行われるかを示す「日課表」（表4-2）である。1時間目は何時から始まるのか，朝の会，休み時間，給食，清掃，帰りの会などの時間を確保しながら，1週間に確保できる授業時数を確定する。この他，「朝の活動計画」（表4-3），「S小タイムの活動計画」（表4-4）など，各校独自の活動を織り交ぜる。授業の開始時刻をはじめとするスケジュール決定の最終的な権限は，「授業終始の時刻は，校長がこれを定める」（学校教育法施行規則第60条）とあるように，校長にある。

　こうして，年間の授業日数や1週間の授業数が確定すると，学習指導要領が定めた授業時間数（第3章及び資料編を参照のこと）を，各教科や総合的な学習の時間などの各領域に配当することができる。おおよそ1週間に1時間が設定

第4章　学校における教育課程の編成と教育評価

表4-3　朝の活動計画

曜日	月曜日	火曜日	水曜日	木曜日	金曜日
週行事等	朝読書	全校朝会 体育朝会 音楽朝会 児童集会 表彰朝会	たけのこ タイム		たけのこ タイム

（出所）S小学校『学校要覧』2017年。

表4-4　S小タイムの活動計画

	4月	5月	6月	7月	9月	10月	11月	12月	1月	2月	3月
第1週		クリーン活動				S小まつり準備				クラブ発表準備	集会
第2週			児童集会				児童集会				
第3週		運動会準備	学級の時間				学級の時間				学級の時間
第4週											
第5週											

（出所）S小学校『学校要覧』2017年。

されている授業であれば，年間で35時間が確保できる計算である。学習指導要領で定められた各学年・各領域の時間数が35の倍数が多いのはそのためである（70時間であれば週2時間，105時間であれば，週3時間となる。ただし，授業時数の「1時間」は，小学校では45分，中学校では50分の授業として扱う）。

　以上のような授業時間数の確保と同様に重要なのが，各学年・各領域の指導課題の設定である。学校が定める教育目標を具体化する各教科・領域の目標と課題は何か，また，小学校6年間，中学校3年間の課程の中で各学年の目標と課題は何か，学習指導要領や使用する教科書を精読しながら，子どもの実態に鑑みて，また，教師たちの願いを込めつつ策定される。全体計画は，原則として全教職員によってなされ，1年間の目標と課題が学校全体で共有されることになる。

2 学習指導案の作成

　全体計画に基づいて，各単元（題材）ごとに学習指導をどのような内容と方法で行うのかを示すのが，学習指導案（単に指導案ともいう）である。特に1回分の授業計画を示す場合が多いが，その場合にも単元の中で当該授業がどのような位置と役割を占めているのかを明らかにするため，単元全体の目的や課題を示す必要がある。

　学習指導案は，必ずしも決まった様式があるわけではないが，一般に次のような事項に沿って作成される。

　　① 単元（題材）名
　　② 授業の日時・場所・学習者（学年・学級・人数）・授業者
　　③ 単元について（単元設定の理由。児童観（生徒観），教材観，指導観など）
　　④ 目標（「～することができる。」）
　　⑤ 学習計画（全体で○時間扱いの単元）
　　⑥ 本時の学習（目標・準備・展開）

　①の「単元」は，一つのまとまった学習内容を指す。音楽や図画工作の場合には「題材」と記すことが多い。

　③の「児童観（生徒観）」とは，単元を学習する上での学習者の実態，既習内容の定着状況などのことである。事前に行ったアンケート調査やテストの結果に基づいて示すこともある。「教材観」は，学習活動の展開において，教材がいかに有効であるかを指す。学習の動機付けや理解を深めたり，その後の学習内容への発展などを記す。「指導観」には，「児童観（生徒観）」，「教材観」をふまえて，指導の方針や具体的な指導の工夫などを書く。

　⑥の「本時の学習」が1回分の授業の学習指導案となる。授業の展開は，通常「導入」→「展開」→「まとめ（終末）」の3段階に分けて示される。

　「導入」では，主題に関する興味・関心を高めるとともに，授業で何をすべ

54

第4章 学校における教育課程の編成と教育評価

表4-5 「本時の学習（展開）」の記入様式

段階（時間）	学習内容・活動	教師のかかわり・支援 （予想される子どもの反応）	評価の観点
導入（○分）			
展開（○分）			
まとめ（○分）			

きかを子どもたちに捉えさせ，学習活動へのきっかけとなる事項を記す。

「展開」は，子どもの学習活動・体験活動の内容を記入する。

「まとめ（終末）」には，学習活動・体験活動を子ども自身が振り返って，その成果と，今後の課題についてまとめられるような計画を立てる。

それぞれの段階については，表4-5のように，「学習内容・活動」「教師のかかわり・支援（予想される子どもの反応）」「評価の観点」の項目ごとにそれぞれの関連性を明確にする。また，「発問」や「板書」の計画や時間配分も行う。

この他，座席表を作って子ども一人ひとりの課題や予想される反応，活動を示す場合もある。

多くの時間を割いて綿密な学習指導案を準備することが，授業を成功に導く重要な鍵であることは間違いない。しかし，学習指導案はあくまで計画である。原料を加工して組み立てていく工業製品であれば，計画通りに進んで完成品となるだろうが，相手は人間，それも子どもである。教師の思惑を超え出る可能性を常にもっているし，実際に計画通りにいかないこともある。そんな時，あなたが授業者だったらどうするか。あくまで予定された進行に固執するか，あらかじめ用意した第2案，第3案に移行するか，それとも即興で対応するか。

子どもがねらい通りの反応を示さず，計画通りに授業が進行しなかったからといって，それがすべて悪い授業ということにはならない。黙って難しい顔をしている子どもが，案外，深い理解を示していることもある。無理に計画通りに進めれば，形式的には見栄えのよい，「よい授業」となるかもしれないが，かえって子どもの学習の深まりを阻害する結果となることもある。

子どもなりに個々の生活経験に即した充実した学びを展開していることを，授業という教育活動の前提とすれば，教師は子どもの反応を丁寧に見取りながら，「現状優先」で考えていくのが適当であろう。教師は，学習指導案を逸脱するような子どもたちの豊かな学びに，喜んで応えられるような感受性と力量とを磨いていくことも大事になってくる。

　日々のやりとりの中から子どもたちの実態が把握でき，こういう子どもに育って欲しい，育てたいという切なる願いが生まれる。その願いが教育課程の枠組みの中でどう具体化していくのか。教師のものの見方や課題意識，さらには課題を達成しようとする意志や工夫，努力といったものが，教育課程編成の原動力となる。

3　教育評価の特徴と課題

（1）教育評価とは何か

　ある目的に沿って行動する組織や団体，個人の行動が適切に行われ，目標通りの成果が得られたのか，それを検証可能にするために，目に見えるように示したのが評価である。現在では「評価社会」といえるほど，社会のあらゆる場面で評価が行われている。学校教育においても，その経営状況と成果を，外部に示す「説明責任」が求められる。閉ざされがちな空間であった学校が，評価活動を通じて自身の活動を見つめ直して，より効果的な教育活動へとつなげていくとともに，外部の理解と協力を得ることが期待されているのである。

　しかし，一方で，果たして教育という営みに評価が可能であるのかという疑問も沸いてくる。確かに，学校・教員が，子どもたちに対して，どのような設備や環境を整えて，授業をはじめとする教育活動を，計画通りに実施したか否かという事実においては評価は可能であろう。しかし，教育を受ける側の子どもに視点を移したとたん，教育の効果や影響力を評価することの困難に直面する。たとえば，いわゆる「できる子」「よい子」は，学校・教師の優れた教育活動の結果であるといえるかどうか。本人の資質や家庭や学習塾の影響などもあるから，学校教育の影響だけを取り出して評価することは，厳密には不可能

第4章　学校における教育課程の編成と教育評価

であろう。

　また，教育の効果は，化学の実験のように直ちに現れるものばかりではない。数十年前の教師の一言が今の自分を支えている，ということもあるだろうし，自覚できなくても小学校時代の体験活動の効果が，大人になってから深い人間理解として現れるということもあるだろう。

　教育の内実に一歩踏み込めば，教育評価というものが必ずしも容易でないことがわかる。形式的で表面的に見えることのみを捉え，あたかもそれが教育の成果のすべてであるかのように扱うことは，教育に本質的に備わる不確定性と，それと表裏一体の豊かな可能性を切り捨てることにつながる。教育活動をやせ細らせたり，反対に学校教育に過度の期待と責任を負わせる危険もある。そのような評価の限界を充分に押さえながら，以下では教育評価についての基本的な考え方について概観する。

（2）何のための教育評価か──総括的評価と形成的評価

　教育評価とは教育の効果を一定の基準のもとに測定・判定することである。その代表的なものに試験がある。試験の結果は成績や進級・進学の判定材料となり，進路や職業，場合によってはその後の生き方を決定づける大きな影響力をもっている。高校・大学へと続く学校システムが人材選別としての性格をもつ限り，評価する側からはラベル貼りや選別の道具として使われることもある。このような最終的な学力の結果として，学習者を判定する教育評価を総括的評価という。

　ただし，最終的に低い評価が下されたにもかかわらず，学習者が卒業・進級していくのはよいことではない。学力が低いまま，より高次の教育課程に進むことには，学習過程の点から無理があるからである。また，学習者の学力が教師の教育・授業の成否を示すものであるとすれば，学習者に対する低い評価は，自らの教育能力・授業能力の低さを示すものでもある。このことは，日本国憲法で定めた教育を受ける権利の保障にも関わる重大な問題である。

　総括的評価に対して，評価を途中の学習状況の点検と位置づけて，その後の学習課題を明確にし，指導の改善に役立てる評価がある。これを形成的評価と

いう。「こどもはつまずきの天才である」（東井義雄）との子ども観に立てば，学習者のつまずいている部分を明らかにし，その後の指導に活かそうとする形成的評価の考え方（「評価と指導の一体化」ともいう）は必要であるし，学力保障の点からも重要である。

（3）教育評価の種類

　教育評価には大きく分けて，学校評価，授業評価，学力評価の３つの局面がある。

　学校評価は，学校が定めた教育目標の達成度を示すものである。一般に学校経営はＰ－Ｄ－Ｃ－Ａ（Ｐ＝Plan＝計画，Ｄ＝Do＝実施，Ｃ＝Check＝評価，Ａ＝Action＝改善）というサイクルで行われる。教育計画＝教育課程やその実施過程で生じた問題点と抽出された課題は，次年度の計画づくりに活かされる。教員評価は，教育計画の実施上，教員が与えられた個々の役割を果たし得たかどうかを示すものである。授業を中心とする教育活動と学校経営に関する業務が主な対象となる。

　授業評価は，たとえば指導案の適否，発問や板書の仕方等，授業方法の妥当性・有効性を示すものである。授業の担当者である教員の評価につながるものであるが，基本的に授業は授業者以外の目に触れることは少ないため，適切な評価は難しい。授業を受けた子どもの学力を授業の成果として評価する考え方もあるが，試験によって得られる成績をそのまま授業の成果と見なすことの困難に加え，点数至上主義に陥るおそれもある。重要な評価であるにもかかわらず，克服すべき課題は多い。

　学力評価は，教育評価としての側面も持つが，まずは学習者がどこまで目標とされる学力水準に達しているのかを示すものである。測定可能な，数量・点数によって示される学力の他，学習者の関心・意欲・態度など，数量化が容易でない，評価者の主観に委ねられるものもある。

（4）教育評価の実際

　学力評価の基本的な考え方や方法について，いくつか代表的なものを取り上

第4章　学校における教育課程の編成と教育評価

げるとともに，教育評価の動向を押さえておきたい。

　最初に教育評価として想起されるものに試験を挙げたが，学校の公的な文書として作成・保管が義務づけられているのは，指導要録である（学籍に関するものは20年間，指導に関するものは5年間保存）。年度末に担任の教師が一人ひとりの学習者について出席状況や成績などを記入するものである。通常は学習者や保護者の目に触れることはない。

　成績といえば，学習者と保護者にとっては，通知表（通信簿）の方が身近であろう。学期ごとに成績や担任教師のコメントを記載した通知表は，保護者にとっては信憑性の高いものであるが，実は通知表の作成は学校に義務づけられてはいない。しかし，義務づけられていないからといって，重要でないということではない。学校・教師の指導方針と評価，そしてこれからの課題を，家庭でも共有し，学校と家庭が連携しながら，子どもの教育にあたるという意味で教育的意義は大きい。

　さらに，教育課程編成の主体は学校・教師であるのだから，その成果のありようを適切な観点と基準で映し出すことができるのも学校・教師であるといえよう。その点で，様式が画一化された指導要録よりも，子どもの実態，保護者や地域の実態に即して学校・教師がつくることのできる通知表の方が，教育評価としては重要であるということもできる。

　ここで公的文書である指導要録の評価の考え方をみておくことにする。

（5）相対評価

　第二次大戦後の学力評価の考え方として，指導要録に長く採用されてきたのが，相対評価である。たとえば5段階評価では，上位の数％が「5」，下位の数％が「1」というように，必ず「5」から「1」までの評定を振り分けることで，ある学習集団の中での位置が明らかになる評価である。別名「集団に準拠した評価」と呼ばれる所以である。

　この評価では，全体的に学力の高い集団であっても必ず「1」と評価される子どもがおり，反対に全体的に学力が低い集団でも必ず「5」の子どもがいることになる。必ずしも正確に子どもの学力を映し出す方法ではない。

先に学校は選別の機能があると述べた。入学試験などは，たとえ入学するの
に相応しい高い学力を持っていたとしても，受験者集団の中で下位ならば合格
することができないこともある。その反対の場合もある。

　以上のように相対評価は，学習集団内での順位や序列は示せても，学力の基
準＝到達度を指標としていないため，学習者がどの程度の学力が身に付いてい
るのかを正確に表すことができないという基本的な問題をもっている。学力の
基準を定めることなしに，授業や教育活動の質も問うことはできない。

（6）到達度評価と「目標に準拠した評価」

　学力評価でありながら，その水準が判明しないという相対評価の弱点を克服
しようとして導入されたのが，到達度評価である。教育目標に掲げる知識や技
術の習得・応用が達成できたかどうか，その基準を明確にしたところにその特
徴がある。これにより，身に付けるべき学力の基準に基づいた評価が可能とな
り，教育活動においてもそれが学習者の学力を保障しているかどうか，という
観点からの評価が可能となった。

　この考え方をさらに推し進め，「達成できたかどうか」の二分法から，段階
的に「どの程度達成できたか」という基準の精緻化を図った評価方法が，「目
標に準拠した評価」（「絶対評価」ともいわれる）である。この各段階ごとに評価
することによって，より丁寧な学習者の見取りと学習指導が可能となった。
「目標に準拠した評価」は，2002（平成14）年度の指導要録から採用されている。

（7）ゴール・フリー評価（Goal- Free Evaluation）

　教師が綿密な教育計画に沿って精選された教材を配列し，手順通りに授業を
展開すれば，学習者は予想される反応や行動を示し，教育目標に掲げた内容を
実現できる。学習者の学力は，「目標に準拠した評価」によって適正に判定さ
れ，保障される。このような教育の考え方を「工学的アプローチ」という。

　しかしながら，学習者は教材や教師の働きかけに対して，物質の化学反応の
ごとく反応するとは限らない。学習者一人ひとりの生活背景や能力によっても
差があるし，一人の学習者の中でもその日の体調や気分によって感受性が異な

第4章 学校における教育課程の編成と教育評価

ることもあるだろう。学習者には常に教師の予想を超える感じ方や思いが生じる可能性がある。

そこで，あらかじめ設定された教育目標とそれに基づく授業計画を超え出るような，学習者一人ひとりの個別の気づきや学びの側面を大事にし，それに応じた可変的な授業を展開するという考え方が出てくる。これを「羅生門的アプローチ」という。必ずしも当初の目標にこだわらない授業の展開が想定される。学習者一人ひとりの反応，変容に即して，学びの足跡を捉えていこうとする評価方法を「ゴール・フリー評価」という。学習者の個別的な学習の展開を保障するとともに，教育目標のあり方それ自体を反省的に捉えうる可能性を持つ評価といえよう。

さらに学習者本人が自己の学習の歩みを振り返り，学び得たことや課題を見定めるための学習ファイルを活用した評価もある。ポートフォリオである。主に個別的な指導と評価が必要な「総合的な学習の時間」で定着している。一人ひとりが学習プリント，調査記録，資料をファイルにして，いつでも学びの足跡を辿れるようにしたものである。子どもの自己評価と教師の評価をすり合わせて，教師の適切な指導と学習者の着実な成長を促す評価方法といえる。

近年では，学校・教師による評価のみならず，学習者が自らの学習記録をもとに行う自己評価を取り入れたり，保護者や学校評議員，学校運営協議会など第三者の意見を参考にしたりするなど，評価主体や方法も多様化している。

しかし，評価活動がいかなるものになろうとも，学校における教育の主体は教師であるから，外部評価や子どもの満足度で教師自身の教育責任・評価責任を回避することはできない。もちろん，そこには困難や限界もある。日々子どもと向き合う教師だけが，ものの見方や技術を鍛えることで学力評価・教育評価の質を，ひいては教育そのものの質を高めていくことができるのである。

参考文献

天野正輝『教育課程編成の基礎研究』文化書房博文社，1989年。

天野正輝『教育課程の理論と実践』樹村房，1993年。

柴田義松『教育課程——カリキュラム入門』有斐閣，2000年。

柴田義松編『教育課程論』学文社，2001年。

安彦忠彦『教育課程編成論——学校で何を学ぶか』放送大学教育振興会，2002年。

樋口直宏他編『実践に活かす教育課程論・教育方法論』学事出版，2009年。

田中耕治編『よくわかる教育課程　第2版』ミネルヴァ書房，2018年。

田中耕治編『よくわかる教育評価　第2版』ミネルヴァ書房，2010年。

田中耕治『教育評価』岩波書店，2008年。

根津朋実『カリキュラム評価の方法——ゴール・フリー評価論の応用』多賀出版，
　　2006年。

[山田恵吾]

第5章

教科書の制度と沿革

─ ねらいと課題 ─

　学校での教育・学習活動において教科書は不可欠なものである。かつて，「教科書が日本人をつくる」と言われたことがあるように，教科書は人間形成にも大きな役割を果たしている。教科書のこの重要性ゆえに，これまで様々なレベルで教科書をめぐる論争も展開されてきた。したがって，教師はもちろん，教育に関心をもつあらゆる人びとにとって，教科書についての理解を深めておくことは重要である。

　本章では「教科書」とは何かを明らかにした上で，教科書制度の仕組みについて解説する。次に教科書制度の歴史的展開を辿るとともに，戦後の教科書問題の流れを整理しながら，その内容や争点について確認することにしたい。

1　教科書とは何か

（1）教科書の定義

　ひとくちに「**教科書**」といっても，様々なものがあり得る。学校の各教科の授業で使用される主たる教材としての図書（＝教科書）はもちろんのこと，大学の授業で用いるテキストやお稽古ごとの教本も教科書に含まれるし，書店に行けば「○○の教科書」と銘打った書物が目につくだろう。そこで，「教科書」という場合には，広義と狭義に分けて理解する必要がある。教科書とは，広義には，教育・学習のために編集・使用される図書一般をさし，狭義には，初等中等教育段階の学校で用いられる中核的な教材としての図書をいう。

（2）広義の教科書

　教科書を広義に捉えると，かつて，教科書とは古典そのものだった。たとえば，聖書はキリスト教の普及・発展に不可欠な教科書であったし，イスラムの世界ではコーランが必読の教科書であった。日本や中国では四書（大学，中庸，論語，孟子）・五経（易経，詩経，書経，春秋，礼記）が教科書として用いられ，その原文を学習者がもっぱら暗記することが求められた。

　やがて，学校教育の発展とともに，教育の目的や子どもの発達段階に応じて教材が精選され，これが教科書として編集されるようになる。つまり教科書は，その機能において，教典から学習書へと大きく変化してきた（柴田，1983）。この変化に貢献した人物が，17世紀に活躍し，「近代教授学の祖」と呼ばれるコメニウス（J. A. Comenius）である。コメニウスは視覚に訴える方法を採用して，世界最初の絵入り教科書である『**世界図絵**』（Orbis sensualium pictus）を著した。この本は見開き2ページを1課として，1課ごとに絵図と言語を左右のページで対照させるという工夫がなされていた。

　『世界図絵』が著された頃，日本では庶民の教育機関である手習塾（寺子屋）が徐々にできはじめていた。手習塾（寺子屋）では「**往来物**」（平安末期から明治初期にかけて作られた初等教科書。「往来」とは本来，「往復の手紙」を意味する）が用いられ，中でも『実語教』と『童子教』が最も普及したといわれる。

　また，1688（貞享5）年には，『庭訓往来図譜』という絵入り教科書が作成されている。これは，往来物の一つである『庭訓往来』の内容を子どもたちのためにわかりやすく絵図で示し，その意味を理解させようとするものであった。絵図使用の重要性が認識され，絵入り教科書が作成されたのが，ヨーロッパと日本のいずれにおいても17世紀であったことは興味深い。『世界図絵』については，その後200年もの間，これを超えるほどの優れた教科書は現れなかったと言われており（山住，1970），長きにわたって教科書のひな形とされた。

（3）狭義の教科書

　教科書を狭義で捉えるならば，法令上に規定された「教科書」や「教科用図書」の定義が参考になる。もっとも，法令上に規定されているとはいっても，

第5章 教科書の制度と沿革

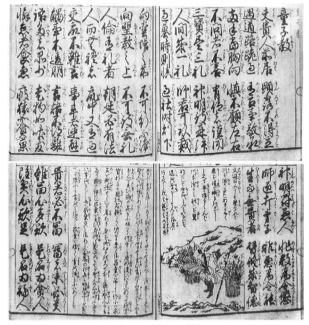

図5-1 『童子教』
(出所) 海後 (1971)。

それは法律や省令等で用いられる「教科書」ないし「教科用図書」の意味を述べているに過ぎず，教科書について一般的に規定したものではない。しかし，「教科書とは何か」を考える上での手がかりにはなる。

法令上，教科書の定義は**教科書の発行に関する臨時措置法**（教科書発行法）に見られる。同法第2条では，教科書について次のように規定している。

> この法律において，「教科書」とは，小学校，中学校，義務教育学校，高等学校，中等教育学校及びこれらに準ずる学校において，教育課程の構成に応じて組織排列された教科の主たる教材として，教授の用に供せられる児童又は生徒用図書であって，文部科学大臣の検定を経たもの又は文部科学省が著作の名義を有するものをいう。

65

つまり，教科書とは，①「教育課程の構成に応じて組織排列されたもの」であり，②「教科の主たる教材」であり，③「教授の用に供せられる児童又は生徒用図書」である。そして，それは初等中等教育段階の各学校で用いられ，「文部科学大臣の検定を経たもの」（検定教科書）と「文部科学省が著作の名義を有するもの」（文部科学省著作教科書）の2種類がある，ということである。条文中の「これらに準ずる学校」とは特別支援学校等のことであり，「教育課程の構成に応じて」とは，教育課程の基準である学習指導要領等に基づいて内容が構成されていることを意味する。

　また，**教科用図書検定規則**にも教科書についての規定がある。同第2条は，「この省令において『教科用図書』とは，小学校，中学校，義務教育学校，中等教育学校，高等学校並びに特別支援学校の小学部，中学部及び高等部の児童又は生徒が用いるため，教科用として編修された図書をいう」と規定している。このように，法令上，「教科書」の代わりに「教科用図書」という用語が使われる場合もあるが，どちらも同じ意味である。

（4）教科書の使用義務

　学校教育法第34条第1項は「小学校においては，文部科学大臣の検定を経た教科用図書又は文部科学省が著作の名義を有する教科用図書を使用しなければならない」と規定し，教科書（検定教科書または文部科学省著作教科書）の使用を義務づけている。この規定は中学校，義務教育学校，高等学校（以下，高校），中等教育学校及び特別支援学校にも準用されている。

　ただし，**教科書の使用義務**の例外として，学校教育法附則第9条では，「高等学校，中等教育学校の後期課程及び特別支援学校並びに特別支援学級においては，当分の間，第34条第1項（第49条，第62条，第70条第1項及び第82条において準用する場合を含む）の規定にかかわらず，文部科学大臣の定めるところにより，第34条第1項に規定する教科用図書以外の教科用図書を使用することができる」というように**教科書使用の特例**を規定している。高校段階では，教科・科目数が多いことから，そのすべてについて教科書が作成されるわけではない。また，特別支援学校や特別支援学級においては，小・中学校と同じ教科書を使

用することが適切でない場合がある。したがって，これらの学校においては，教科書使用の特例が認められているのである。

（5）補助教材の使用

学校教育法第34条第4項は「教科用図書（中略）以外の教材で，有益適切なものは，これを使用することができる」と規定し，教科書以外に**補助教材**の使用を認めている。補助教材の選定は教材を使用する学校の校長や教員が行い，教育委員会は，補助教材の使用について「あらかじめ，教育委員会に届け出させ，又は教育委員会の承認を受けさせることとする定めを設けるものとする」（地方教育行政の組織及び運営に関する法律第33条第2項）とされている。

補助教材には，副読本，学習帳，問題集，資料集，プリント類，掛図，視聴覚教材（DVD等），新聞などがある。補助教材の使用で授業の展開に工夫が生まれ，児童生徒の学習内容を豊かにできるが，その使用にあたっては，著作権に注意しなければならない。原則として，著作権者以外の者が著作物を利用するためには著作権者の承諾を得る必要がある（**著作権法**第63条）。

しかし，著作権法第35条は，「学校その他の教育機関（営利を目的として設置されているものを除く）において教育を担任する者及び授業を受ける者は，その授業の過程における使用に供することを目的とする場合には，その必要と認められる限度において，公表された著作物を複製（中略）することができる。ただし，当該著作物の種類及び用途並びに当該複製の部数及び当該複製（中略）の態様に照らし著作権者の利益を不当に害することとなる場合は，この限りでない」と規定しており，学校では一定の条件の下で著作物を自由に利用することが認められている。補助教材として著作物のコピーを作成・配布したり，テレビ番組を録画して使用したりする場合には，著作権の規定に抵触しないよう心がける必要がある。

（6）「教科書を教える」のか，「教科書で教える」のか

教育活動における教科書の位置づけをめぐっては，古くから，「教科書を教える」のか，あるいは「教科書で教える」のかが問われてきた。教科書が古典

そのものであった時代には，「教科書を」教え，「教科書を」暗記することが重視された。しかし，教科書の内容をそのまま子どもたちに注入すればよいという考え方（**教科書中心主義**）は，多様な教材を活用して創造的な教育活動を展開する上で，必ずしもふさわしくはない。法令上規定されているように，教科書は「主たる教材」であり，その意味では「教科書で教える」のが本筋である。

ただし，「教科書を教える」ことを全面的に否定するのも正しくない。たとえば味読に値する古典が盛り込まれた国語教科書の内容を徹底して教え込むことも，十分に教育的意義を有しているといえるからである。

2　日本の教科書制度──教科書検定・採択の仕組み

（1）教科書が児童生徒の手に渡るまで

入学あるいは進学し，真新しい教科書を手にすることは子どもたちの大きな楽しみの一つに違いない。教科書と学校生活とは切っても切れない関係にあり，児童生徒はほぼ毎日，教科書と付き合うことになる。その教科書はどのようにして児童生徒の手に渡るのだろうか。そのプロセスは，おおよそ次のとおりである。

① 著作・編集

民間の教科書発行者が**学習指導要領**や**教科用図書検定基準**等をもとに，創意工夫を加えた図書を作成し，検定申請する。

② 検　定

発行者が図書を検定申請すると，その図書は文部科学省の**教科書調査官**の調査に付されるとともに，文部科学大臣の諮問機関である**教科用図書検定調査審議会**に諮問される。審議会から答申が行われると，文部科学大臣はこの答申に基づき検定を行う。教科書として適切か否かの審査は教科用図書検定基準に基づいて行われる。

③ 採　択

検定教科書は，通常，1種目（教科書の教科ごとに分類された単位）につい

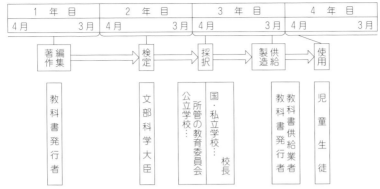

図5-2 教科書が使用されるまでの基本的な流れ
(注) 製造・供給、使用の時期は、前期教科書の例をとった。
(出所) 文部科学省初等中等教育局「教科書制度の概要」2020年。

て数種類存在するため、この中から学校で使用する1種類の教科書を決定(採択)する必要がある。採択の権限は、教育委員会(公立学校)や校長(国・私立学校)にある。採択された教科書の需要数は文部科学大臣に報告される。

④ 発行(製造・供給)及び使用

文部科学大臣は、報告された教科書の需要数の集計結果に基づき、各発行者に発行すべき教科書の種類及び部数を指示する。この指示を承諾した発行者は教科書を製造し、供給業者に依頼して各学校に供給する。供給された教科書は児童生徒の手に渡り、使用される。

(2) 教科書検定

教科書検定とは、民間で著作・編集された図書を文部科学大臣が一定の基準に則って教科書として適切か否かを審査し、これに合格したものを教科書として使用することを認めることである。教科書検定が必要とされるのは教科書の記述が客観的かつ公正なものになるためであり、また、学校教育において教育の機会均等を保障し、適正な教育内容を維持し、教育の中立性を確保しなければならないからである。

教科書検定は，それぞれの教科書について，およそ4年ごとの周期で行われる。その手続きの概要は次のとおりである。

① 図書の著作者または発行者が検定審査申請書に申請図書と検定審査料を添えて文部科学大臣に検定を申請する。

② 教科書調査官による審査が開始されるとともに，教科用図書検定調査審議会に教科書として適切であるかどうかを諮問する。教科書調査官は文部科学省の常勤職員であり，審議会の委員は大学教授や小・中・高校の教員等の中から選ばれる。

③ 教科用図書検定調査審議会では学習指導要領や検定基準に基づいて専門的・学術的に公正・中立な審議が行われ，教科書として適切か否かを判定し，これを文部科学大臣に答申する。文部科学大臣はこの答申に基づいて合否の決定を行い，その旨を申請者に通知する。ただし，審議会において，必要な修正を行った後に再度審査を行うことが適当であると認める場合には，合否の決定を留保して検定意見を通知する。

④ 合格の検定決定の通知を受けた者は図書として完成した見本を作成して，文部科学大臣に提出する。

　なお，文部科学大臣は，検定審査不合格の決定を行う場合には，事前にその理由を通知し，申請者に反論する機会を与えることになっている。検定意見に対し異議がある場合にも，申請者は意見の申立てが可能になっており，申請者の権利を十分に尊重し，慎重な検定が行われる仕組みがとられている。

（1）教科書採択

　教科書採択とは，学校で実際に使用する教科書を決定することである。教科書採択の権限は，公立学校で使用される教科書については，その学校を設置する市町村（特別区を含む）や都道府県の教育委員会にあり，国・私立学校で使用される教科書については校長にある。

　採択の方法は，小学校，中学校，義務教育学校，中等教育学校の前期課程及

第5章　教科書の制度と沿革

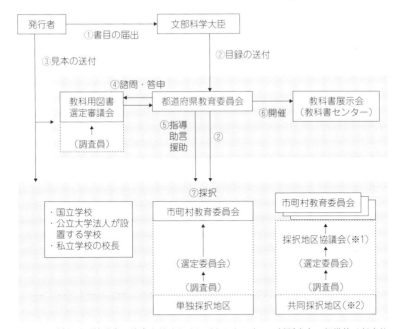

※1　採択地区協議会は法令上設けなければならないもの。括弧書きの組織等は任意的に設けられるもの。
※2　共同採択地区は，2以上の市町村から構成される採択地区である。
図5-3　義務教育諸学校用教科書の採択の仕組み
(出所)　文部科学省初等中等教育局「教科書制度の概要」2020年。

び特別支援学校の小・中学部の教科書については**義務教育諸学校の教科用図書の無償措置に関する法律**（**教科書無償措置法**）に定められている。高校の教科書については法令上，具体的な定めはないが，各学校の実態に即して，公立高校については採択の権限を有する所管の教育委員会が採択を行う。義務教育諸学校における教科書の採択方法は，以下のとおりである（図5-3参照）。

① 教科書発行者が，検定を経た教科書で次年度に発行しようとするものの種目・使用学年・書名・著作者名等（書目）を文部科学大臣に届け出る。

71

② 文部科学大臣はこの届出のあった書目を一覧表にまとめて教科書目録を作成する。この教科書目録は都道府県教育委員会を通じて，各学校や市町村教育委員会に送付される。教科書はこの目録に登載されなければ採択されない。

③ 発行者は，採択の参考に供すため，次年度に発行する教科書の見本を都道府県教育委員会や市町村教育委員会，国・私立学校長等に送付する。

④ 都道府県教育委員会は採択の対象となる教科書について調査・研究し，採択権者に指導・助言・援助することになっているため，教科用図書選定審議会を毎年度設置し，予め意見を聴取する。同審議会は専門的知識を有する学校の校長及び教員，教育委員会関係者，保護者，学識経験者等から構成されている。また，通常，教科ごとに数人の教員を調査員として委嘱している。

⑤ 都道府県教育委員会は教科用図書選定審議会の調査・研究結果をもとに選定資料を作成し，それを採択権者に送付することにより，指導・助言・援助を行う。

⑥ 都道府県教育委員会は学校の校長及び教員，採択関係者の調査・研究のため，毎年6月から7月の一定期間，教科書展示会を行う。この展示会は，各都道府県が学校の教員や住民の教科書研究のために設置している教科書の常設展示場（教科書センター）等で行われている。

⑦ 採択権者は都道府県の選定資料を参考にするほか，独自に調査・研究した上で，1種目につき1種類の教科書を採択する。

　義務教育諸学校用の教科書については，原則として，4年間同一の教科書を採択するとされている。市町村立の小・中学校で使用される教科書の採択の権限は市町村教育委員会にあるが，採択に当たっては都道府県教育委員会が「市町村の区域又はこれらの区域を併せた地域」を採択地区として設定し，採択地区が2以上の市町村の区域を併せた地域（共同採択地区）であるときは，地区内の市町村教育委員会は，採択地区協議会における協議の結果に基づき，種目ごとに1種類の教科書を採択する。採択地区は，その域内で1種類の教科書を

第**5**章 教科書の制度と沿革

使用することが適当と考えられる地域であり，都道府県教育委員会が設定しよ
うとする地域の自然的，経済的，文化的諸条件等を考慮して決定する。

　教科書採択は，国民に対して，より開かれたものにしていくことが重要であ
り，採択の公正性・透明性を確保することはもちろん，教科用図書選定審議会
の委員に保護者代表を加えるなど，保護者等の意見がよりよく反映されるよう
な工夫が求められている。

（4）義務教育における教科書の無償給与

　義務教育諸学校で使用される**教科書**については，すべての児童生徒に対し，
国の負担によって無償で給与するという**義務教育教科書無償給与制度**がとられ
ている。この制度は日本国憲法第26条に掲げる義務教育無償の精神をより広く
実現するものとして，義務教育諸学校の教科用図書の無償に関する法律（教科
書無償法）（1962年）および義務教育諸学校の教科用図書の無償措置に関する法
律（1963年）に基づき，1963（昭和38）年度に小学校第1学年について実施され
た。以後，学年進行方式によって毎年拡大され，1969（昭和44）年度に小・中
学校の全学年に無償給与となり，現在に至っている。教科書の無償給与につい
ては，教育費の保護者負担を軽減する効果があり，諸外国の多くで無償制が採
用されている。

3　教科書制度の沿革

（1）戦前の教科書制度

　戦前日本の教科書制度は，小学校の場合，①自由発行・自由採択制（1872年
〜）→②開申・認可制（1881年〜）→③検定制（1886年〜）→④国定制（1904年
〜）と変遷を遂げてきた。しばしば，戦前の小学校教科書は国定制であったと
言われるが，国定制の採用は1904（明治37）年以降の約40年間のみである。中
等学校用教科書については，おおむね検定制が採用されてきた。以下では，教
科書制度（小学校）の変遷について見ていきたい。

① 自由発行・自由採択制

　日本における近代学校制度の成立は，1872（明治5）年8月の「**学制**」公布
を契機としている。近代国家を支える国民の育成をめざした「学制」の時代は，
「日本の教科書の黎明期」(佐藤，1989)である。学校教育を通じて欧米の新し
い知識を普及させるには，それまでの「往来物」に代わる新たな教材が必要と
なり，数多くの教科書が作られた。「学制」期の教科書制度は，発行や採択に
ついて制約のない**自由発行・自由採択制**であったため，教科書は多種多様であ
る。欧米の書物の翻訳やそれを模倣した教科書が広く普及し，民間が出版した
啓蒙書も教科書として採用された。

② 開申・認可制

　1881（明治14）年5月に小学校教則綱領が制定され，教科書については，使
用する教科書名などを文部省に開申（届出）することとされた。ついで1883
（明治16）年7月の布達により，教科書を選ぶ場合に文部省の許可を受けなけれ
ばならない**認可制**になった。しかし認可制は，実際の使用までに相当の期間を
要するという不便があり，これを解消するために検定制を要望する声もあった
といわれる(高橋，1988)。

③ 検 定 制

　1886（明治19）年には**検定制**が採用された。同年4月に小学校令が制定され，
その第13条で「小学校ノ教科書ハ文部大臣ノ検定シタルモノニ限ルベシ」と規
定された。同年5月には検定制実施の施行細則である教科用図書検定条例が定
められている。1887（明治20）年5月には，これに代わって**教科用図書検定規
則**が制定され，これ以降，教科用図書検定規則に基づいて検定制が運営される
ことになった。検定は師範学校や中学校等の教科書についても実施されたが，
小学校については特に厳格に実施された。

　検定は当初，教科用として弊害のある教科書を排除し，内容上の優劣は問わ
ないという消極的なものであった。ところが，1892（明治25）年に教科用図書
検定規則が改正され，「教科用図書ノ検定ハ師範学校令中学校令小学校令及教

則ノ旨趣ニ合シ教科用ニ適スルコトヲ認定スルモノトス」（第1条）というように，教科書の内容を問うことになった。

　小学校の検定教科書の採択は，府県ごとに設置された小学校教科用図書審査委員会においてその適否が審議された。そのため，採択権をもつ審査委員に対して教科書会社の売り込み競争が過熱化し，採択をめぐる贈収賄事件として有名な**教科書疑獄事件**が起きることになる。1902（明治35）年12月に起こったこの事件では，金港堂，普及舎，集英堂，文学社などの教科書会社が贈収賄の容疑で家宅捜査を受け，金港堂の社長，休職中の三重県視学官，群馬県郡視学の3名が検挙された。さらに，県知事，文部省視学官，府県書記官，師範学校校長・教諭，小・中学校長，県会議長，教科書会社関係者など200名前後が召喚・検挙され，116名が有罪となっている。この結果，当時の主要な教科書約2,000万冊以上が文部省令の失効罰則の適用を受けて採択できなくなり，小学校の教科書は空白状態となって，検定制の維持が困難となった（中村，1992）。

④ 国 定 制

　教科書疑獄事件をきっかけに，検定制は，国によって定められた教科書のみ使用できるという**国定制**に改められた。1903（明治36）年4月の小学校令改正により，「小学校ノ教科用図書ハ文部省ニ於テ著作権ヲ有スルモノタルベシ」（同令第24条第1項）とされ，翌年から国定教科書が全国的に使用されるようになった。当初，国定教科書の使用が義務づけられたのは，修身，日本歴史，地理，国語，算術及び図画であり，1911（明治44）年に理科が追加された。国定教科書の使用範囲は次第に拡大し，第二次世界大戦後に検定制となるまで国定制は継続した。

（2）戦後教科書制度の発足

　敗戦後間もなく，戦時下に作成された国定教科書の教材が問題となり，1945（昭和20）年9月に文部省は「終戦ニ伴フ教科用図書取扱方ニ関スル件」という通牒を発し，軍国主義的教材などの不適切な教材を自主的に削除する措置を

┌─ コラム：南北朝正閏問題と教科書の修正 ─

　南北朝正閏論とは，天皇家の系譜に関し，南朝と北朝のどちらが正統の朝廷であった
かをめぐる論争である。これについては，南朝正統説をとる北畠親房の『神皇正統記』，
北朝正統説をとる『梅松論』（作者不詳）などのように，古来より議論がある。一般的
には北朝正統説が優位であり，天皇の歴代もそれに従ってきたが，近代になると両朝並
立説がとられるようになった。1909（明治42）年刊行の国定教科書『尋常小学日本歴
史』は両朝の分立を歴史的事実として認めていたが，1910（明治43）年末頃から，これ
が万世一系の国体に反すると批判されるようになる。

　1911（明治44）年１月に国定教科書の両朝並立を批判する記事が『読売新聞』に掲載
されたことを契機に，この問題は帝国議会で大きな論争となり（南北朝正閏問題），政
府は両朝並立の責任を追及して，教科書編修官の喜田貞吉を休職処分とした。文部省の
教科用図書調査委員会は歴史学の観点から両朝並立を可としたものの，明治天皇の裁断
で南朝正統が決定し，教科書にある「南北朝」という章名は「吉野の朝廷」と改められ，
「御歴代表」からは北朝の天皇が削除された。これ以降，戦前では南朝正統説が支配的
となった。

└──────────────────────────────

とった。削除すべき箇所に墨を塗るという方法がとられたので，これを「**墨塗
り教科書**」という。同年12月には，連合国軍最高司令官総司令部（GHQ）が，
修身，地理，日本歴史の授業停止指令（＝**三教科停止指令**）を出し，これらの教
科書を使用禁止にして回収するという措置がとられた。文部省は教育活動が中
断されないよう，暫定的な文部省著作教科書を逐次発行した。用紙不足のため，
この暫定教科書は新聞紙折り畳み式の仮綴じ教科書であった。

　1947（昭和22）年３月には**学校教育法**が公布された。同法第21条で，「監督
庁」の検定を経た教科書を用いることが規定され，検定制となった。1948（昭
和23）年４月には教科用図書検定規則が定められ，翌年度から検定教科書が使
用された。

　また，学校教育法施行規則では，学校教育法第21条中の「監督庁」を「文部
省」と読み替えると規定していたが，1948（昭和23）年７月に公布された教育
委員会法第50条では，都道府県教育委員会が行う事務として「文部大臣の定め
る基準に従い，都道府県内のすべての学校の教科用図書の検定を行うこと」を
規定し，都道府県教育委員会による検定（地方検定）を予定していた。つまり
当時は，文部省と都道府県教育委員会のいずれか，もしくは双方が検定を実施

できることになっていたのである。その後，1953（昭和28）年にこの規定はなくなり，学校教育法中の「監督庁」は「文部大臣」と改められ，文部省のみが検定を行うこととなった。地方検定は一度も実施されなかったのである。

4　戦後の教科書問題

（1）教科書をめぐる論争

　戦後日本の教科書制度は国定制でなく検定制となった。先に述べたように，**教科書検定**には，適正な教育内容の維持や教育の中立性確保といった目的がある。しかし，検定のあり方を含め，教科書をめぐっては，激しい論争が度々繰り広げられてきた。とりわけ，1965（昭和40）年以来32年間という長きにわたって展開された**教科書裁判**（**家永教科書訴訟**）は憲法論議を引き起こし，社会的に大きな関心を集めたが，「一種のイデオロギー闘争」（菱村，1994）の様相を呈したものであった。以下では，戦後の教科書問題の流れを整理しながら，その内容や争点について見ていく。

（2）「うれうべき教科書」問題

　1955（昭和30）年，日本民主党（現在の自由民主党）は同年8月，10月，12月と3回にわたって『**うれうべき教科書の問題**』と題するパンフレットを刊行した。同年6月から7月にかけて，衆議院行政監察特別委員会では，教科書の不正問題が取り上げられ，教科書の販売や採択をめぐる問題が論議された。同委員会の証人喚問では日本教職員組合（以下，日教組）の元幹部であった石井一朝が，日教組及びその講師団の影響によって教科書が左翼的に偏向していると供述した。そこで，石井の発言を重視した日本民主党は教科書問題特別委員会を設置し，行政監察特別委員会と並行して教科書調査に乗り出した。この調査結果をまとめたものが『うれうべき教科書の問題』であり，「偏向教科書」を厳しく批判している。

　これをきっかけに教科書検定制度の見直しが求められるようになり，文部省は同年12月に出された中央教育審議会の「教科書制度の改善に関する答申」に

基づき，「教科書法案」を国会に提出した。しかし，この法案は廃案となったため，同省は専任の教科書調査官を配置するなど，行政措置によって教科書検定制度の整備・拡充を図った。

1950年代は，東西冷戦や保革対立という政治状況を背景として，教育界では文部省と日教組が鋭く対立した時代であった。政府による「偏向教科書」批判はこの対立が反映されたものといえる。偏向した教材が問題になった事例としては，1953（昭和28）年5月の**山口日記事件**が有名である。これは山口県教職員組合文化部が自主教材として編集した「小学生日記」及び「中学生日記」の欄外記事（「再軍備と戸締まり」，「ソ連とはどんな国か」など）が政治的・思想的に偏向しているとして政治問題に発展した事件である。岩国市教育委員会はこの教材を使用禁止とし，県教育委員会もこれにならったが，日教組は反発した。この事件が契機となって，教育の政治的中立性をめぐる論議が活発となり，いわゆる「**教育二法**」の制定（1954年5月）に至ったのである。

（3）教科書裁判
教科書裁判とは，東京教育大学教授であった家永三郎が自著の高校用社会科教科書『新日本史』に関する検定を不服として国及び文部大臣を相手に提訴した裁判で，第一次訴訟から第三次訴訟まで3つの訴訟がある。

『新日本史』は，1962（昭和37）年の検定で不合格となり，翌年の検定で条件付き合格となった。1965（昭和40）年，家永はこれらの不合格処分と条件付き合格処分が違憲・違法であり，この検定過程で精神的苦痛を受けたとして，国を相手に損害賠償請求訴訟を起こした（第一次訴訟）。その後，1966（昭和41）年には，先の検定における修正意見に対し，修正した箇所の改訂申請を行った。しかし，6箇所が改訂不許可（不合格）となったため，家永は翌年，文部大臣を相手に不合格処分取消訴訟を起こした（第二次訴訟）。そして，1984（昭和59）年には，『新日本史』の1980（昭和55）年度及び1983（昭和58）年度検定で付された検定意見等によって，表現の自由や学問の自由を侵害されたとして，国を相手に損害賠償請求訴訟を提起した（第三次訴訟）。

多岐にわたる教科書裁判の争点のうち，ここでは，法律上の争点に限定して

述べておく。家永が提訴した3つの訴訟は形式的には別個の訴訟であるが，その争点はほぼ共通しており，主要な争点は3つである。

第一は，「制度違憲」の問題である。これは，教科書検定制度それ自体が違憲であるか否かという問題であり，具体的には，憲法第21条（表現の自由，検閲の禁止），同23条（学問の自由），同26条（教育を受ける権利），同31条（適正手続き）等の規定に違反するかどうかが争われた。

第二は，「適用違憲」の問題である。これは，検定制度自体は合憲であるとしても，その運用（検定諸法令）レベルで違憲となるかどうかという問題である。次の裁量権濫用と重なる場合が多いが，理論的には区別される。たとえば，検定当局が特定の思想的立場に立ち，これに反する教科書記述を排除するような検定処分を行う場合は，裁量権濫用というよりもむしろ適用違憲になる（成嶋，1994）。

そして第三は，「裁量権の逸脱・濫用」の問題である。本件検定は違憲ではないとしても，検定について文部大臣の裁量権の範囲を逸脱しているとして，その違法性を問うものである。

1997（平成9）年8月，第三次訴訟の上告審で，最高裁第三小法廷（大野正男裁判長）が判決を言い渡したことで教科書裁判は幕を閉じた。それまでに，地方裁判所，高等裁判所及び最高裁判所において，あわせて10の判決が出されている。教科書裁判の経過と判決の内容は表5-1のとおりである。

この表から明らかなように，制度違憲とした判決は一つもなく，教科書検定制度自体はどの判決においても合憲とされた。唯一，適用違憲としているのが第二次訴訟第一審の**杉本判決**である。この判決は，「国民の教育の自由」をうたって家永側の主張をほぼ全面的に認めたものとして注目を浴びた。そして，裁量権の逸脱・濫用があるとしたのは，高津判決，畔上判決，加藤判決，川上判決，大野判決である。鈴木判決と可部判決は，家永側の主張を全て退けた。

（4）歴史・公民教科書問題

これまで見てきたように，教科書検定をめぐっては，国内では教科書裁判を中心に様々な論争が展開されてきた。ところが，この問題は国内問題にとどま

表5-1 教科書裁判の経過と判決内容

	第1次訴訟	第2次訴訟	第3次訴訟
請求内容	国家賠償請求 1965（昭和40）年 6月12日提訴	不合格処分取消請求 1967（昭和42）年 6月23日提訴	国家賠償請求 1984（昭和59）年 1月19日提訴
第1審 （東京地裁）	1974（昭和49）年 7月16日 （高津判決） 制度・適用合憲 裁量権一部濫用あり	1970（昭和45）年 7月17日 （杉本判決） 制度・適用違憲 不合格処分取消し	1989（平成元）年 10月3日 （加藤判決） 制度・適用合憲 裁量権一部濫用あり
第2審 （東京高裁）	1986（昭和61）年 3月19日 （鈴木判決） 制度・適用合憲 裁量権濫用なし	1975（昭和50）年 12月20日 （畔上判決） 裁量権濫用あり 不合格処分取消し	1993（平成5）年 10月20日 （川上判決） 制度・適用合憲 裁量権一部濫用あり
第3審 （最高裁）	1993（平成5）年 3月16日 （可部判決） 上告棄却 （訴訟終結）	1982（昭和57）年 4月8日 （中村判決） 東京高裁に差戻し	1997（平成9）年 8月29日 （大野判決） 制度・適用合憲 裁量権一部濫用あり （訴訟終結）
差し戻し控訴審 （東京高裁）		1989（平成元）年 6月27日 （丹野判決） 訴えの利益なし 却下（訴訟終結）	

（出所）筆者作成。

らず，中国や韓国との外交問題にまで発展することになる。

1982（昭和57）年6月，**教科書誤報事件**と呼ばれる事件が起きた。これは，文部省が1981（昭和56）年度の高校歴史教科書の検定において，日中戦争（支那事変）における「侵略」という記述を「進出」に書き換えさせたと日本のマスコミが報じたために，中国と韓国から抗議を受けたものの，実際に書き換えさせた事実は存在しなかったという事件である。この書き換え報道は全世界を駆けめぐり，中国と韓国だけでなく，アメリカや東南アジア各国で日本への批判が展開された。

そして，中国や韓国からの再三の抗議と要望を受けて，当時の官房長官が談

話を発表し，日本政府の責任で教科書を是正すると約束した。この誤報事件の結果，**教科用図書検定基準**が一部改正され，社会科の「（選択・扱い）」項目に「近隣のアジア諸国との間の近現代の歴史的事象の扱いに国際理解と国際協調の見地から必要な配慮がされていること」という規定（**近隣諸国条項**）が付け加えられることになった。

1986（昭和61）年には，中国と韓国が，同年5月に教科用図書検定調査審議会で内閣本の合格が決定した高校教科書『**新編日本史**』（原書房）の内容が「不快」であると抗議したため，文部省が超法規的措置により，数度にわたり異例の修正を行うという事件があった（なお，『新編日本史』は検定に最終合格している）。このように，歴史教科書の記述と教科書検定の問題は本来国内問題であるにもかかわらず，外交問題にまで発展し，国内外で論争を巻き起こしてきた。

歴史教科書をめぐっては，その後も，国内外で種々の論議が展開されてきた。世間の注目を浴びた，いわゆる「**歴史教科書論争**」は，1997（平成9）年1月に設立された民間運動団体「新しい歴史教科書をつくる会」（以下，「つくる会」）によって，既存の歴史教科書の記述が過度に「自虐的」であり，偏向していると問題提起されたことを契機としている。「つくる会」は「歴史教育を根本的に立て直す」ことを究極的な目標としており（藤岡, 1997），従来の歴史教科書がいたずらに日本の過去を批判的に記述する傾向があることや，歴史研究において虚偽性が指摘されている事柄を平然と記述しているといった問題点を指摘してきた。

2001（平成13）年4月には，「つくる会」のメンバーが執筆者に参加している中学校歴史教科書『**新しい歴史教科書**』（扶桑社）が検定に合格して話題を呼び，同教科書の採択をめぐって混乱する事態が国内各地で生じた。同教科書に批判的な人びとはこれが偏狭なナショナリズムを煽るものと指摘し，中国や韓国政府も「侵略を美化している」，「近隣諸国条項に反する」などと批判して，日本政府にこの問題への対応を求めた。この「歴史教科書論争」は，国内において歴史認識に大きな隔たりがあることを改めて示したと同時に，わが国の教科書検定や採択制度の問題点を浮き彫りにしたといえる。

2011（平成23）年8月には，沖縄県・八重山採択地区（石垣市，竹富町，与那

国町の3市町で構成）において教科書採択をめぐる問題が生じた。同採択地区協議会は中学校公民教科書として育鵬社の教科書を選定・答申し，石垣市と与那国町は同採択地区協議会の答申どおり，同社の教科書を採択したものの，竹富町は答申と異なり，独自に東京書籍の教科書を採択したという問題である（**八重山教科書問題**）。

　教科書無償措置法の趣旨からすれば，同採択地区協議会の協議の結果に基づいて採択を行っていない竹富町教育委員会については，国の無償給与の対象にはならない。そこで文部科学省は，沖縄県教育委員会及び竹富町教育委員会に対して指導を行い，教科書無償措置法に基づく協議の結果に従って，同一の教科書を採択するよう求めた。八重山教科書問題をきっかけに，教科書採択をめぐる課題が改めて問われたのである。

参考文献

山住正己『教科書』岩波書店，1970年。

『日本近代教育史事典』平凡社，1971年。

海後宗臣監修『図説　教育のあゆみ』日本私学教育研究所事業委員会，1971年。

浦山太郎・菱村幸彦『教科書の話題』第一法規，1974年。

柴田義松編『教科書』有斐閣，1982年。

高橋史朗『教科書検定』中央公論社，1988年。

佐藤秀夫「小学校教科書制度の変遷」研究代表者・原田種雄『教科書の質的向上に関する総合的調査研究成果報告書』　文部省科学研究費・特定研究（1），教科書研究センター，1989年。

中村紀久二『教科書の社会史』岩波書店，1992年。

黒羽亮一『学校と社会の昭和史（下）』第一法規，1994年。

成嶋隆「教科書検定②──第一次家永教科書事件上告審」芦部信喜・高橋和之編『別冊ジュリスト・憲法判例百選Ⅰ』有斐閣，1994年。

菱村幸彦「教科書裁判の争点を問う」菱村幸彦監修・編集『教育法規の論争点』教育開発研究所，1994年。

下村哲夫『定本・教育法規の解釈と運用』ぎょうせい，1995年。

藤岡信勝『「自虐史観」の病理』文藝春秋，1997年。

第5章　教科書の制度と沿革

小山常実『歴史教科書の歴史』草思社，2001年。

藤田祐介・貝塚茂樹『教育における「政治的中立」の誕生——「教育二法」成立過程
　　の研究』ミネルヴァ書房，2011年。

「沖縄県八重山教科書採択問題の経緯」中央教育審議会初等中等教育分科会第86回配
　　布資料，2013年。

文部科学省初等中等教育局「教科書制度の概要」2020年。

［藤田祐介］

第**6**章

日本の教育課程改革の展開①
—— 「学制」から国民学校まで——

┌─ **ねらいと課題** ─────────────────────

　本章は，「学制」（1872年）から国民学校（1941～1947年）に至る70年間の日本の
教育課程の変遷を追う。社会変動との関わりに注目しながら，教育課程がいかに構
想されているのかを捉えたい。また，それとは反対に，時代に左右されない，日本
の教育課程における一貫した特質や課題も見い出したい。「欧化」や「児童中心」
「生活」「郷土」などをキーワードに，現今の教育課程との関連性を考えながら，日
本の教育課程の流れを押えることにしたい。

└─────────────────────────────

1　「欧化」のための教育課程──明治期の教育課程

（1）近代日本の教育課題

　学校という学びの専門施設が設置され，教育課程という学び専用のプログラ
ムに沿って，一人前になるまでの長期にわたって子どもだけを収容するシステ
ムが日本社会に出現したのは，それほど昔のことではない。ここ150年くらい
のことである。それ以前の社会，日本でいえば江戸時代までは，子どもは家族
や共同体のさまざまな大人にまじって，生活と労働のシステムに参加する中で，
必要な知恵や技術を自然に身に付けていったのである。変化のきっかけとなっ
たのが，19世紀半ばの黒船の来航であり，否応なしに迫られた日本の国際社会
への参加であった。

　幕末志士たちのスローガンに「尊皇攘夷」がある。黒船来航という対外的
な危機を直接的な契機として沸騰した，変革を目指す政治思想である。「尊皇」

とは，国内の政治体制を，徳川を中心とする連合国家（藩）から天皇を頂点とする統一国家へとつくりかえること，「攘夷」とは「夷狄（外敵）」を打ち払う，つまり対外的に鎖国を継続・強化することである。結果として，「攘夷」は叶わずに，近代日本は「尊皇開国」を目指すこととなる。

「尊皇開国」という思想を，教育課題に置き換えた場合，「尊皇」とは，それまで藩主に仕える藩士としての自己認識を超えて，庶民とともに「日本人」としての自覚をもつ「国民」を育成すること，「開国」とは欧米列強に植民地化されないように，日本の「富国強兵」「殖産興業」を支える人材を育てること，言い換えれば，欧米の先進の知識・技術を摂取する，という課題となる。大きく分けて，この2つの教育の課題を達成すべく，近代教育は幕を開けるのである。

（2）「学制」の発布

1872（明治5）年に明治新政府によって公布された「**学制**」には，その課題を達成するための，従来とは大きく異なる教育構想が示されることとなった。

まず，それまでの教育体系が，庶民階層のための手習塾（寺子屋）や郷学，武士階層のための藩校，学問塾（私塾）といった，身分制度に対応した教育機関と教育内容からなっていたのに対して，「学制」は国民の誰もが同一規格の小学校に学ぶという国民皆学の教育制度を示した。

その教育理念は「**学制序文**」（「学事奨励に関する被仰出書」「学制布告書」ともいう）に端的に示されている。その一つは「自今以後一般の人民華士族農工商及婦女子必す邑に不学の戸なく家に不学の人なからしめん事を期す」とあるように，「平等」思想を基盤としている点であり，「学問は身を立るの財本」として「学問」の習得によって身分（職業や収入）の上昇を図る（下降を防ぐ）ことができる点であった。ここでいう「学問」とは，社会生活に有用な知識・技術＝実学のことであり，近代日本の建設に必要な先進の知識・技術の習得を奨励したのである。「能力主義」や「立身出世」ともいえる，この学問観は，教科書の上でも「人に，賢きものと，愚なるものとあるは，多く学ぶと，学ばざるとに，由りてなり，賢きものは，世に用ゐられて，愚なるものは，人に捨てらるゝこ

85

人々自ら其身を立て其産を治め其業を昌にして以て其生を遂ぐるゆえんのものは他なし身を修め智を開き才芸を長ずるによるなり而て其身を修め智を開き才芸を長ずるは学にあらざれば能わず是れ学校の設あるゆえんにして日用常行言語書算を初め士官農商百工技芸及び法律政治天文医療等に至る迄凡人の営むところの事学あらざるはなし人能く其才のある所に応じ勉励して之に従事ししかして後初て生を治め産を昌にし業を昌にするを得べし されば学問は身を立るの財本ともいうべきものにして人たるもの誰か学ばずして可ならんや夫の道路に迷い飢餓に陥り家を破り身を喪の徒多きは畢竟不学よりしてかかる過ちを生ずるなり従来学校の設ありてより年を歴ること久しといえども或は其道を得ざるよりして人其方向を誤り学問は士人以上の事とし農工商及び婦女子に至ては之を度外におき学問の何物たるを弁ぜず又士人以上の稀に学ぶ者も動もすれば国家の為にすと唱え身を立るの基たるを知らずして或は詞章記誦の末に趨り空理虚談の途に陥り其論高尚に似たりといえども之を身に行い事に施すこと能わざるもの少なからず 是すなわち沿襲の習弊にして文明普ねからず才芸の長ぜずして貧乏破産喪家の徒多きゆえんなり 是故に人たるものは学ばずんばあるべからず之を学ぶには宜しく其旨を誤るべからず之に依て今般文部省に於て学制を定め追々教則をも改正し布告に及ぶべきにつき自今以後一般の人民華士族農工商及婦女子必ず邑に不学の戸なく家に不学の人なからしめん事を期す人の父兄たるもの宜しく此意を体認し其愛育の情を厚くし其子弟をして必ず学に従事せしめざるべからざるものなり 高上の学に至ては其人の材能に任かすといえども幼童の子弟は男女の別なく小学に従事せしめざるものは其父兄の越度たるべき事

但　従来沿襲の弊学問は士人以上の事とし国家の為にすと唱うるを以て学費及其衣食の用に至る迄多く官に依頼し之を給するに非ざれば学ばざる事と思ひ一生を自棄するもの少からず是皆惑えるの甚しきもの也自今以後此等の弊を改め一般の人民他事を抛ち自ら奮て必ず学に従事せしむべき様心得べき事

右之通被　仰出候条地方官に於て邊隅小民に至る迄不洩様便宜解釈を加え精細申諭文部省規則に随い学問普及致候様方法を設可施行事

明治五年壬申七月

太政官

図6-1　学制序文

（出所）文部省編『学制百年史』1972年。

と，常の道なれば，幼稚のときより，能く学びて，賢きものとなり，必 無用の人と，なることなかれ」（『小学読本』1878年）と強調された。身分の不安定性と上昇の可能性を示すことで，国民の教育・学習エネルギーを喚起したのである。

（3）先進の知識・技術の摂取

　近代日本の建設は，欧米の社会制度や科学・技術などあらゆる事物を摂取・消化していくことを必要とした。それは，江戸時代の庶民が手習塾で習う読み・書き・算盤，武士階層が学ぶ儒学からの転換を意味していた。

　小学校の教育内容は，多様な教科によって構成され，下等小学（現在の小学校1～4年程度。ただし当時，学年制はとられていない）では，綴字，習字，単語，会話，読本，修身，書牘，文法，算術，養生法，地学大意，理学大意（のちに究理学大意に変更），体術，唱歌（「当分之ヲ欠ク」）の14教科が，上等小学（現在の小学校5年から中学校2年程度）ではこれに加えて史学大意，幾何学，罫画大意，博物学大意，化学大意，また任意設定の科目として外国語，記簿法，画学，天球学が定められた。

　現代からみれば，それほど目新しいことではない。しかし，それまでの読み・書き・算盤や儒学と比べると，教科が幅広く，細分化している。特に自然科学関連の科目は，全授業時間の4割強を占めるほどの力の入れようであった（笠間賢二「『学制』の教育課程」，天野正輝編集『教育課程』明治図書，1999年）。なお，綴字，単語，会話，書牘など，細分化していた国語関連教科がまとめられて，「国語」という一つの教科となるのは，1900（明治33）年のことである。

　明治初期の小学校の教科書は，欧米の教科書を翻訳を基調としており，「**翻訳型教科書**」と呼ばれた。たとえば，明治初期の教科書『**小学読本**』（1878年。図6-2 右側）とアメリカの教科書『ウィルソンリーダー』（1861年。図6-2 左側）と比べてみる。『小学読本』のイラストを見て，何をしているところかわかるだろうか。『ウィルソンリーダー』のイラストが「ベースボール」であることは一目瞭然である。「ベースボール」がどういうものなのか，よく理解しないまま，まるで羽子板で羽根つきをするかのようなイメージでイラストにしたのであろう。本文についても，『ウィルソンリーダー』が "Is it a hard ball? No; it is a soft ball; and if it hits them it will not hurt them." とあるところは，『小学読本』では「此球は，柔にして堅きものに，あらざるゆえ，人に中りても，傷くことなし」と翻訳されている。

　さらに，児童が教育内容を習得したかどうかの判定基準は，厳格な能力主義

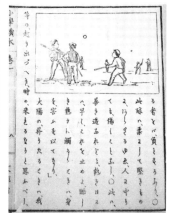

図6-2 アメリカの教科書『ウィルソンリーダー（WILLSON'S FIRST READER）』(1861年) と『小学読本』(1878年) との比較

が貫かれており、等級ごとの修了試験に合格しなければ上級の課程に進むことができなかった（飛び級も認められていた）。この進級の考え方を**課程主義**という。1900（明治33）年に試験制度が廃止されて以降の、出席日数が進級判定の柱となる**年齢主義**（年数主義）の進級制度とは大きく異なるものであった（現在の日本の義務教育の進級制度は年齢主義）。

　明治期前半は、依然として子どもが労働力として期待されていた時代であり、就学による労働力の喪失や授業料の負担、さらに上述のような民衆の生活実態とかけ離れた教育内容のもとでは、学校教育も容易には定着しなかった。しかし、日本の急速な近代化に伴って、学校で学ぶことの有効性も認知されるに至り、また教育制度や教育内容の修正もあり、次第に就学率も上昇していった。

(4)「日本人」の創出

　江戸時代には、「日本」や「日本人」と呼べるだけの統一された国民意識は形成されていなかった。武士階層にとっては、自らの藩の藩主に仕えることが使命であったし、藩こそが「国」であった。農民に至ってはそうした意識を持

第6章 日本の教育課程改革の展開①

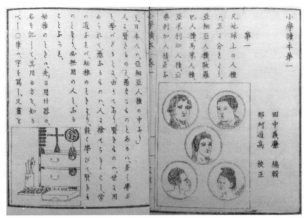

図6-3 『小学読本』(第一，1878年)

つことさえ許されなかった。明治政府にとって，藩や身分を越えて，国民に「日本人」としての自覚をもたせることが大きな課題であったことがわかるだろう。**福澤諭吉**が「世界は広し万国は おほしといへど大凡 五つに分けし名目は 亜細亜 阿非利加 欧羅巴 北と南の亜米利加に 境かぎりて五大洲」で始まる『**世界国尽**（くにづくし）』(1869年) を著したのも，「世界」を紹介して自国を意識させることにあったのである。

　この点は『小学読本』にも明瞭に表れている。第一巻の冒頭の一文「凡(およそ)地球上の人種は，五(いつつ)に分れたり，亜細亜人種，欧羅巴(ようろっぱ)人種，馬来(まれい)人種，亜米利加(あめりか)人種，阿弗利加(あふりか)人種，是(これ)なり，日本人は，亜細亜人種の中なり」は，世界の人びとを意識し「日本人」としての自覚をもつ，という教育課題がよく現れている (図6-3)。

　しかしながら，先にみたような欧米の先進の知識・技術の摂取は，同時に実利的・合理的精神の受容へとつながり，ともすれば日本の伝統的な慣行や考え方を捨象してしまう危険性をはらんでいた。その意味では，近代化そのものが日本や日本人としての自覚を促すものであった。「和魂洋才」というスローガンもその自覚の現れである。

　日本人としてのあり方，生き方を明確にすることで日本の近代化を方向付け

る。「徳性の涵養」を目的とした修身科が，その大きな役割を担うことになる。1879（明治12）年の**教育令**で，筆頭教科となった修身科は，授業時数も教科教育全体の約5分の1を占めるほど重視された（『教育課程事典』総論編，小学館，1983年）。

　日本人として身に付けるべき徳性がより明確な形で示されたのは，1886（明治19）年の小学校令や1889（明治22）年の大日本帝国憲法制定によって，国家や教育の枠組みが一応の確立を見た後の，1890（明治23）年の**教育勅語**（教育ニ関スル勅語）の発布によってであった。教育勅語は，日本が古来から天皇の徳政と国民の忠孝によって繁栄を築いてきたこと，父母や友人，配偶者を大切にするとともに，学業に励むこと，危急の場合には一命を賭して国を守ることなど，天皇を中心とする国民道徳の規準を示した（図6-4）。

　また，御真影（天皇の肖像写真）とともに全国の学校に頒布された教育勅語は，特に小学校では祝日大祭日儀式の際に，教育勅語奉読，御真影拝礼，校長訓話などで活用され，天皇制イデオロギー浸透の中心的役割を果たしていく。翌1891（明治24）年に教科書の編纂基準として定められた小学校教則大綱において，**修身科**も教育勅語を基本原理とすることが強調され，「孝悌」「友愛」「信実」「義勇」「恭倹」などの徳目が示された。なお，勅語とは，天皇の言葉という意味で，それ自体には法的な拘束力はない。しかし，天皇の意思の表明は，法律を超越した犯しがたい神聖性をもつものであり，それゆえに教育のあり方をむしろ強力に規定したのである。

　他方，子どもと直接向き合うことになる教員には，特に国民の模範者としての役割が期待された。1881（明治14）年に制定された「小学校教員心得」には「皇室ニ忠ニシテ国家ヲ愛シ父母ニ孝ニシテ長上ヲ敬シ朋友ニ信ニシテ卑幼ヲ慈シ及自己ヲ重ンスル等凡テ人倫ノ大道ニ通暁セシメ且常ニ己カ身ヲ以テ之カ模範トナリ生徒ヲシテ徳性ニ薫染シ善行ニ感化セシメンコトヲ務ムヘシ」（『明治以降教育制度発達史』第二巻，1938年）などとして，教育勅語につながる皇室中心，儒教主義的な国家観に基づく教員像が提示された。

　また，1886（明治19）年に師範学校令を制定した初代文部大臣**森有礼**（1847～1889）は，「師範生徒タル者ハ自己ノ利益ヲ謀ルハ十ノ二三ニシテ其七

朕惟フニ我カ皇祖皇宗國ヲ肇ムルコト
宏遠ニ徳ヲ樹ツルコト深厚ナリ我カ臣
民克ク忠ニ克ク孝ニ億兆心ヲ一ニシテ
世々厥ノ美ヲ済セルハ此レ我カ國體ノ精
華ニシテ教育ノ淵源亦實ニ此ニ存ス爾
臣民父母ニ孝ニ兄弟ニ友ニ夫婦相和シ朋
友相信シ恭倹己レヲ持シ博愛衆ニ及ホ
シ学ヲ修メ業ヲ習ヒ以テ智能ヲ啓發シ徳
器ヲ成就シ進テ公益ヲ廣メ世務ヲ開キ
常ニ國憲ヲ重シ國法ニ遵ヒ一旦緩急
アレハ義勇公ニ奉シ以テ天壌無窮ノ
皇運ヲ扶翼スヘシ是ノ如キハ獨リ朕カ
忠良ノ臣民タルノミナラス又以テ爾
祖先ノ遺風ヲ顕彰スルニ足ラン
斯ノ道ハ實ニ我カ皇祖皇宗ノ遺訓ニシ
テ子孫臣民ノ倶ニ遵守スヘキ所之ヲ古
今ニ通シテ謬ラス之ヲ中外ニ施シテ
悖ラス朕爾臣民ト倶ニ拳々服膺シテ咸
其徳ヲ一ニセンコトヲ庶幾フ

明治二十三年十月三十日
御名御璽

図6－4　教育勅語

八ハ国家必要ノ目的ヲ達スル道具即チ国家ノ為メニ犠牲ト為ルノ決心ヲ要ス」（大久保利謙編著『森有礼全集』第一巻，宣文堂書店，1972年）と述べ，教員を国家目的に従属すべき存在として位置づけた。教員は国家による模範的な人間として，国民を指導すべく養成された。つまり，教員とは学校における「日本人」モデルでもあったのである。

2「児童中心」の教育課程——大正期の教育課程

（1）大正自由教育とは

大正期には，いわゆる大正デモクラシーと呼ばれる民主主義的・自由主義的な思想潮流や政治運動を背景に，教育界においても児童の個性や主体性，活動性に配慮した教育実践・教育運動が展開した。この**大正新教育**あるいは**大正自由教育**と称される思想と実践は，明治末期にほぼ確立を見た公教育の画一性，硬直性の克服という課題意識をもつものでもある。その萌芽は明治末期における谷本富（たにもととめり）の自学主義教育，樋口勘次郎の活動主義教育の考え方に認められる。

大正自由教育の主な実践校は，①都市に設置された新学校と呼ばれる私立小学校と，②師範学校附属小学校に分けることができる。たとえば①では，西山

哲治の帝国小学校（1912年設立），中村春二の成蹊学園（1912年設立），**沢柳政太郎**の成城小学校（東京都牛込区，1917年設立），**羽仁もと子**の自由学園（1921年設立），**赤井米吉**の明星学園（1924年設立）など，また②では，明石女子師範学校附属小学校における**及川平治**の分団式教育の実践，千葉県師範学校附属小学校で**手塚岸衛**が展開した自由教育，奈良女子師範学校で**木下竹次**が推進した合科学習などがある。

　その背景には，この時期の都市化・情報化とともに誕生した「**教育家族**」と呼ばれる核家族の存在がある。共同体や多世代家族における教育とは異なり，「わが子の教育の責任は親にある」との意識を強くもち，子どもの能力伸長や学歴を重視する社会階層が，大正自由教育を支えていたのである。

　大正自由教育の思想の登場を象徴的に示したのが，1921（大正10）年に東京で開催された八大教育主張講演会であった。上述の手塚や及川らも講演者としてその中心にいた。8名の講演者と演題は次の通りである。

> 樋口長市「自学主義教育の根底」　　河野清丸「自動主義の教育」
> 手塚岸衛「自由教育の真髄」　　　　千葉命吉「衝動満足と創造教育」
> 稲毛詛風「真実の創造教育」　　　　及川平治「動的教育の要点」
> 小原国芳「全人教育論」　　　　　　片上伸「文芸教育論」

　これらの思想と実践については，条件の異なる地域公立校においては必ずしも十分に浸透しなかった点や，教育方法面に限定された改革であって教育目的にまで踏み込んでいない点などの限界が指摘される。しかし，「**児童中心主義**」を学校教育に定着させたことは，現代につながる教育課程の源流として高く評価することができる。

　それでは，大正自由教育における児童の個性や主体性，活動性に配慮した教育実践とはいかなるものであったのか。ここでは教育課程改革を中心としながら，私立新学校の事例として成城小学校，師範学校附属小学校の事例として千葉県師範学校附属小学校の教育実践を取り上げる。

（2）成城小学校における教育課程改革

　成城小学校は，1917（大正6）年，沢柳政太郎（1865～1927）によって創設された都内の私立校である。沢柳は1865（慶応元）年生まれ。文部省普通学務局長，文部次官を経て，東北帝国大学総長，京都帝国大学総長を務めるなど行政官としての経験豊かな人物であった。

　成城小学校の設立趣意書には，①「個性尊重の教育付能率の高い教育」，②「自然と親しむ教育付剛健不撓の意志の教育」，③「心情の教育付鑑賞の教育」，④「科学的研究を基とする教育」の4つの教育目標が掲げられた。

　たとえば①は，公教育の画一性や教師主導の教育方法を批判するものであり，児童の能力差や個性・主体性に応じた教育を目指すものである。具体的には1学級30人を上限とする少人数制などに現れた。これは同時期の小学校令施行規則で1学級70名以下（尋常小学校。高等小学校は60名以下）と定められていた状況からすれば，画期的なことであった。

　表6-1は同校の教育課程表を示したものである。ここで注目すべき点は，第一に，児童の発達段階に応じて教育課程が編成されている点である。低・中・高学年ごとに1時間の授業時間を変えて，児童の集中力に配慮したり，低学年の修身科を廃止し，判断力の未熟な児童に徳目を羅列する弊害を取り除こうとした点などが注目できる。修身科の問題点を指摘するとともに，より効果的な修身科教育のあり方を追究したのである。上記の教育目標①を具体化した形となっている。

　第二に，公立小学校では4年生から開始される理科を，表からもわかるように1年生から開始した点も特徴である。これは教育目標②の具体化であった。

　第三に，公立小学校では削除されていた英語（1911年）を設定している点を挙げることができる。上層階層の子弟を対象としている同校では，上級学校への進学を念頭に置いた教育にならざるを得ない。大正期に都市部において拡がりを見せた私立学校の登場は，そうした上層階層の教育熱の受け皿としての意味も持っていた。その他，教育目標③の具体化として芸術教育にも力が注がれ，学校劇や自由画も導入されている。

　他方，沢柳は自身の欧米教育視察を通じて**ドルトン・プラン**に注目し，1923

表6-1　成城小学校の教育課程表

計	特別研究	英講	歴史	地理	数学	体育	音楽	美術	書方	綴方	読書	聴方	読方	修身		
24		2			2	3	2	3			12				竹	1
24		2			2	3	2	3			12				柳	
28		2			2	5	3	2	3		2	2	2	5	萩	2
28		2			2	5	3	2	3		2	2	2	5	桐	
28		2			2	5	3	2	3		2	2	2	5	楓	3
28		2			2	5	3	2	3		2	2	2	5	菫	
31	2	2		2	2	5	3	2	3	1	2	2	4	1	梅	4
31	2	2		2	2	5	3	2	3	1	2	2	4	1	菊	
31	2	2	1	1	2	5	3	2	3	1	2	2	4	1	桃	5
31	2	2	1	1	2	5	3	2	3	1	2	2	4	1	藤	
31	2	3	2	1	2	5	2	2	3	1	2	1	4	1	椿	6
31	2	3	2	1	2	5	2	2	3	1	2	1	4	1	桜	

〔備考〕一時間の長さは低学年は大体約30分、中学年は35分、高学年は45分。

（出所）中野光『大正自由教育の研究』黎明書房，1968年。

（大正12）年，同校のカリキュラムに導入した。

　成城小学校の取り組みの中には，公的な教育課程の規程を逸脱する部分も見られたが，教育目標④にあるように，同校の教育実践には一貫して教育の「科学的研究」に基づいて，既存の教育課程や方法，教育慣行を乗り越えていこうとする批判精神が認められた。

（3）「自由教育」における「自学」と「自治」
──千葉県師範学校附属小学校の教育実践

　1919（大正8）年に手塚岸衛（1880〜1936）が千葉県師範学校附属小学校主事（現在の校長にあたる）に着任してから，同校の**「自由教育」**は開始された。手塚は1880（明治13）年栃木県生まれ。東京高等師範学校卒業後，福井県師範学校，京都府女子師範学校の教諭を経て同校に着任した。

　手塚が提唱した「自由教育」は，端的に言って「自然の理性化」（自然の状態にある児童を「真善美」という価値の実現へと導いていくこと）を眼目として，児童

第6章　日本の教育課程改革の展開①

図6-5　自由学習（5年生男子）

の内面より発する自律心，自制心を尊重してなされる教育である。

　「自由教育」の教育課程は，「教授」（教科教育）における「自学」と，「訓練」（教科外教育）における「自治」との考え方から成り立つ。まず「教授」では教育内容によって「共通扱」（一斉指導。「同教科同教材同程度」）と「分別扱」（個別指導。「同教科異教材異程度」）に分けて，児童個々の学習の進度に応じた学習形態を導入した。とりわけ「分別扱」は，学習進度の速い児童は次の課題に進み，つまずいている児童には，教員が個別に時間をかけて丁寧に指導を行うというもので，学習の到達度や進度に配慮した方法である。さらに毎日1時間，毎週1日の「自由学習」の時間も設定された。これは「異教科異教材異程度」の自由選択学習であり，学習内容や方法，場所など一切を児童の選択に委ねるものであった（図6-5）。

　一方，「訓練」（教科外教育）は自治集会を中心に展開した。自治集会は1年生から各学級ごとに設けられ，また学年単位，複数学年，学校でも設けられた。これは児童が「児童ながらに有する道徳的自覚」の向上をねらい，活動内容を自律的に決定・実施・反省していくものである。そこでは，活動内容そのものよりも児童の主体性のあり方が重要となる。ただし，自由放任というわけではなく，「教師の細心なる注意のもとに，大胆に放つ」という，教育的確信に基づくものであった。学級自治会や学校自治会などは，現在の学校教育に定着し

ている特別活動の源流ともいえる。

　また，児童を最もよく把握しているのは担任であるとの考え方から，従来の校長を中心とする教員の指揮命令系統をあらため，**「学級王国」**と呼ばれるほどまでに担任の裁量を拡大した。他方，試験や通知簿を廃止した（手塚岸衛『自由教育真義』宝文館，1922年）。

　以上のような，児童の自主性に信頼を置く指導の前提として，手塚ら教師集団の努力と工夫に加えて，師範学校附属小学校という学校文化に親和的な階層の生徒が多いことや，学級規模，施設の充実などの教育条件が整っていた点は考慮しなければならない。とはいえ，同校の「自由教育」は児童の自律心，自制心の育成という教育課題に徹している点で，やはりこの時代の一つの到達点であった。

3　「生活」と「郷土」の教育課程——昭和戦前期の教育課程

　一人ひとりの子どもの体験や個性を出発点とする教育実践は，昭和に入ると子どもの生活環境や郷土への関心を深めたものへとなっていく。ここでは昭和戦前期の教育課程のあり方に大きな影響を与えた生活綴方と郷土教育に注目する。

　大正期には，児童が身近な生活の中から，自ら作文の題材を選んで，感じたり考えたりしたことを書く**「随意選題」**（芦田恵之助）の綴方教育が広く行われていた。それまでの作文の型の習得を目的として，教師が作文のテーマを児童に与える「課題主義」の綴方教育を克服しようとするものであった。国定教科書がなく，教師の裁量が大きい綴方は，昭和期には**生活綴方**運動として展開する。そこには，従来からの文章表現指導の流れと，**鈴木三重吉**の『**赤い鳥**』に始まる児童文芸の流れ，疲弊する農村の現実に対して児童の認識力を形成しようとする流れなど，多様な側面がある。**小砂丘忠義**らの『**綴方生活**』や東北地方の『**北方教育**』の刊行によって全国的に普及した。

　郷土教育とは，一般に教育活動上，子どもにとって身近な生活環境や地域の事物を採りあげることで学習効果を高めたり，自己の共同体に対する愛着心や，

第**6**章　日本の教育課程改革の展開①

ある社会集団の構成員としての自覚を高めようとする教育である。日本では，明治期以降直観教授の考え方から，子どもの身近な素材を活用した教育実践が試みられてきた。それが，教育運動として積極的に研究・実践されるようになるのは，深刻な経済恐慌が日本を襲った1930年代前半のことであった。ここでは民間教育団体の郷土教育連盟と文部省の郷土教育の展開を取り上げる。

　1930（昭和5）年に尾高豊作（1894～1944），地理学者小田内通敏（1875～1954）らによって結成された郷土教育連盟は，子どもによる郷土研究を通じて社会認識力の育成を図るとともに，社会改良を進める主体を形成する教育理念を打ち出した。郷土教育連盟には，大正期新教育の実践者やマルキシズムの教育者らが参集したが，師範学校教員や文部省関係者らも同連盟主催の研究会や講習会に参加するなど，官民の垣根を超えた広範な広がりをもつ運動体となった。また，機関誌『郷土』（後に『郷土科学』『郷土教育』へと改称）の発刊を通じて，その考えを広めるとともに，郷土研究や教育実践のあり方など具体化への取り組みも紹介した。

　一方，文部省では厳しい国民生活を，愛郷心の喚起によって克服し，また愛国心へと拡大し，国民としての自覚を高めることで対外的危機に備えようとする立場がとられた。当初は連盟の活動とも関わりを保ちながら，全国に定期的に講習会を開催するなどしたが，後には師範学校に対する郷土研究や農村教育への傾斜を強めていく。これら2つの動きは，各府県当局や教育会，師範学校などを通して教育現場に普及していった。

　教育課程編成の観点からすれば，第一に各教科の内容を郷土の事物事象と関連付ける「教育の郷土化」の考え方がある。抽象度の高い国定教科書の内容を教授する上で，児童の身近な環境における具体的な素材を通じて学習効果の向上を図ることは有効であるとの考えである。第二に郷土の事物事象を教科の内容に結びつけていく「郷土の教育化」がある。児童が郷土の一員として生きていく上で必要な知識や技術，たとえば，地域の主要産業が「養蚕」であれば，養蚕の仕事の心構えを修身の内容に結びつけたり，収繭産額で算術を，蚕の形態・習性については理科で，収繭の販売や統計を通じて商業，というように「養蚕」に関する算術的，理科的，実業的，徳育的な領域の学習を通じて，郷

図6-6 『郷土読本』の製作風景
(出所) 千葉県長生郡豊岡尋常高等小学校「我が校郷土教育施設経営の断面」1934年。

土人として必要な資質を身に付けるという考えである。

また，児童に身近な素材を利用するという郷土教育は，実物教育，「体験」活動重視の教育に結びつく。郷土室，郷土園の活用，飼育や観察，記録活動，実施調査などを伴い，教育・学習活動の質を新たにする側面をもっていた。

郷土教育は，児童に主体性と活動性を要請するものであったが，そのことはまた教師にも新たな資質を要請するものであった。郷土の実態を見極め，何をどのように教材化すれば，子どもの主体性や活動性を引き出すことができるのか，教師自身の見方や工夫に依存する部分が多いからである。一例として公立校で作成された郷土読本の内容と製作風景を付しておく（図6-6，表6-2を参照）。

他方，この時期の郷土教育の背景として，1930年代の日本民俗学の勃興期において，地方の小学校教員が民俗の探索・収集を中心とする郷土研究に取り組んだ点を付言しておきたい。学校教育との結びつきは，決して強いものとはいえないが，たとえば竹内利美（1909～2001）や宮本常一（1907～1981）などが民俗学に教育的な意義を見いだして，豊かな教育実践を示したことは注目してよ

第**6**章　日本の教育課程改革の展開①

表6-2　『郷土読本』の内容

巻	内容　目次
巻一	ハナ，ス，メダカ，ホタル，カヤカヤ，アサガホ，デンワ，ウシ，ポチ，マメマキ，雪ノフル日，ポンナフヘ
巻二	シーソー，子モリウタ，えんそく，タウエ，タナバタ，お祭，がんしやう池，きのこ，きやうざいえん，なぞ，おきやうづか，私の村
巻三	天長節，遠足，養蚕，田植，萱場の由来，山椒の木，さなぎ，村の秋，満州の兵隊さんへ，雪の朝，節分，学校ごよみ
巻四	国旗，朝会，自治，日蓮，白潟海岸，村の動物，御真影奉安殿，酒井深山，昭和橋の上にて，馬洗，神社掃除，村についての対話
巻五	校訓，我が村，我が千葉県，房総の歴史，養鶏，田園の保護者，我が家，農家の四季，忠魂碑，昔の学校，郷土の自然と天気予報，郷土めぐり
巻六	僕の故郷，酒井深山，房総めぐり，家禽調査，南白亀川の青海苔，俳句，白潟海岸から，十一月二十日，奉仕の一日，我が村の産業，伊能忠敬，我が村の覚悟
巻七	自治の精神，太陽の春，東金紀行，勤労，夏日礼讃，鎮守，燐寸工場を観る，南白亀川，産業組合，俳句，都会と田舎，長生郡青年団歌
巻八	明治天皇御製，雲雀の声，煙草とアルコールの害，故秋葉伍長，清水水門，大地震の思ひ出，川柳，日蓮，俳句，豊岡神社に詣でて，和歌，郷里

（出所）千葉県長生郡豊岡尋常高等小学校「我が校郷土教育」1933年。

い（竹内，1934，宮本，1937）。

　以上のように，生活綴方や郷土教育には，教師が児童や地域の実態を見極めながら主体的に教育課程を編成する考え方が認められる。この時期の蓄積が再び，戦後派教師たちによって教育現場で花開くのは，第二次大戦後の教育改革によってである。

4　「皇国民錬成」の教育課程——昭和戦中期の教育課程

　1941（昭和16）年，政府は戦時教育体制の一貫として教育制度の全面的改革をなした。**「国民学校令」**の発布により，学制（1872年）以来の初等教育機関の名称であった小学校を改称し，国民学校が発足した。その目的は「皇国ノ道ニ則リテ初等普通教育ヲ施シ国民ノ基礎的錬成ヲ為ス」（国民学校令第1条）であった。言い換えれば，「皇国民」＝「天皇陛下の赤子」として，戦争遂行を

99

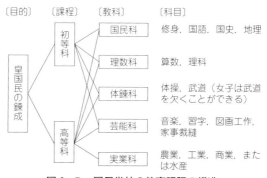

図 6-7 国民学校の教育課程の構造
(出所)『教育課程事典』総論編, 小学館, 1983年。

支える人材養成となる。6年制の初等科と2年制の高等科からなる8年制となり, 従来の6年の義務教育が8年に延長された(実際には戦局の悪化から実施されず, 6年制のまま終戦を迎えた)。

教育課程も大幅に改訂され, 従来の細分化した教科カリキュラムは, 教育内容の統合を特色とした教科目編成に一新された。図6-7のように, それまでの13の教科(初等科)はすべて科目とされ, それらの科目を束ねる教科として国民科, 理数科, 体錬科, 芸能科の4教科を新設した(初等科。高等科ではさらに実業科が新設され, 農業, 工業, 商業, 水産といった科目が統合された。国民学校令第4条)。

さらに「心身」の「一体」の観点から, 教授(教科)と訓練, 養護の3分野の「分離」を避けること(国民学校令施行規則第1条の4), 「儀式, 学校行事等ヲ重ンジ之ト教科ト併セ一体」とすること(同, 第1条の6), 「家庭及社会トノ連絡ヲ緊密」にすること(同, 第1条の7)などが指示されており, 「皇国民錬成」という教育目的の下, 児童の環境を含む教育内容全体の統合が目指された。ただし, 実際の教科書や授業時間, 評価については, 科目ごとに分化されたままであったため, 教科統合の理念が直截に実践に反映したとは必ずしも言えない面もある(前田, 2001)。

国民学校は, 第二次大戦後の教育改革により, 1947(昭和22)年, 新たな義務教育体制へ移行した。それに伴い, 教育課程も一新された。実質的にわずか

な期間であったが，統合を中心とする教育課程編成のあり方は，明治期以降の学問を基盤とした分科的な教育課程を捉え直す視点を提示したといえよう。

　ここまで初等教育を中心に見てきた。最後に中等教育について概観しておきたい。中等教育（現代で言えば，中学校と高等学校）は，1947（昭和22）年に中学校が義務教育となることで，広く普及するが，それまでは比較的上層階層の子弟の専有物であった。1886（明治19）年の中学校令によって，5年制の男子教育として整備された中等教育は，その後，大きく3つに分かれていく。一つは，高等学校や帝国大学などの高等教育に接続する男子教育である。教育内容は高等教育への予備教育としての性格が強い，少数のエリート養成のためのものである。二つ目は女子教育である。高等女学校による「良妻賢母」主義教育が中心となるもので，上層階層の子弟が進学した。三つ目は実業教育である。日本の産業の進展に伴い，工業，商業，農業等，各界の人材，社会の中堅を養成する必要から明治後半以降，急速に拡大した。これは主として男子を対象としたものである。このように，階層や性別によって教育課程が大きく異なることが，この時期の中等教育の特徴である。

参考文献

〔近代日本の教育実践・教育課程に関する文献・資料〕

『現代教育史事典』東京書籍，2001年。

『日本近代教育史事典』平凡社，1971年。

『教育課程事典』総論編，小学館，1983年。

天野正輝編集『教育課程』明治図書，1999年。

鈴木博雄編『原典・解説　日本教育史』図書文化，1985年。

〔大正自由教育に関する文献・資料〕

中野光『大正自由教育の研究』黎明書房，1968年。

中野光『大正デモクラシーと教育』評論社，1977年。

永井輝『幻の自由教育』教育新聞千葉支局，1986年。

手塚岸衛『自由教育真義』宝文館，1922年。

千葉県師範学校附属小学校編『自由教育』復刻版，宣文堂書店，1974年。

〔昭和初期郷土教育に関する文献・資料〕

郷土教育連盟編『郷土・郷土科学・郷土教育』復刻版，名著編纂会，1989年。

伊藤純郎『増補　郷土教育運動の研究』思文閣出版，2008年。

竹内利美『小学生の調べたる上伊那川島村郷土誌』アチック・ミューゼアム，1934年。

宮本常一「とろし　大阪府泉北郡取石村生活誌」1937年。『宮本常一著作集別集 1 』未来社，1982年に所収。

〔国民学校に関する文献・資料〕

前田一男「国民学校」『現代教育史事典』東京書籍，2001年。

戸田金一『昭和戦争期の国民学校』吉川弘文館，1993年。

長浜功『国民学校の研究』明石書店，1985年。

〔山田恵吾〕

第7章

日本の教育課程改革の展開②
── 「墨塗り教科書」から「教育内容の現代化」まで ──

┌─ ねらいと課題 ─────────────────────────────

　1945（昭和20）年8月の敗戦は，日本の教育の大きな転機となり，戦後教育改革
は教育課程の変革を促すものとなった。本章は，戦後教育改革期における教育課程
改革から1960年代の「教育内容の現代化」までの歴史的過程を辿ることで，その内
容を検討することを目的とする。特に戦後教育改革期の歴史を正確に把握しておく
ことは，戦前から戦後への歴史の転換と現在の教育課程改革の意味を考えるために
も重要である。

└────────────────────────────────────

1　戦後教育改革と教育課程

（1）「新日本建設ノ教育方針」と「墨塗り教科書」

　1945（昭和20）年8月の敗戦は，政治・経済・行政の分野をはじめとして，
戦後日本の社会構造全体にわたる大きな転換をもたらした。敗戦から6年半に
及ぶ連合国による占領（実際にはアメリカによる単独占領）によって構築された
戦後改革は，戦前・戦中の日本の社会システムの抜本的な変革をもたらし，そ
の枠組みは戦後日本の社会構造全体の骨格となっている。

　占領期の改革は，教育の分野においても例外なく根本的な変革を及ぼした。
6・3・3制の**学制改革**，**教育委員会制度**を中心とした教育行政の地方分権化，
教育の機会均等と男女共学など，今日の教育制度や内容を形成する基本的な理
念は，戦後教育改革によって達成されたものである。

　戦後教育改革の大きな特徴は，占領する側（アメリカ）と占領される側（日

本）との関連性の中で政策形成が模索され，形づくられた点にあり，教育課程の改革も基本的には両者の相互交渉の中で進められていった。

まず，敗戦直後の教育課程改革について，いち早く改革の方向性を打ち出したのは日本側（文部省）であった。文部省は，敗戦から1カ月後の同年9月15日に「**新日本建設ノ教育方針**」を公表し，「軍国的ノ思想及施策ヲ払拭シ平和国家ノ建設ヲ目途トシテ謙虚反省只管国民ノ教養ヲ深メ科学的思考力ヲ養ヒ平和愛好ノ念ヲ篤クシ智徳ノ一般水準ヲ昂メテ世界ノ進運ニ貢献スモノタラシメントシテ居ル」として改革の方向性を示した。これは，**GHQ**（連合国軍最高司令官総司令部）から具体的な方針の提示や指示が出される前に公表されたものであり，日本側の立場から示した戦後の教育方針であった。しかし，結果としては，GHQによる占領政策の目的であった「非軍事化」と「民主化」の方針に一致するものであった。

また，「新日本建設ノ教育方針」では，「教科書ハ新教育方針ニ即応シテ根本的改訂ヲ断行シナケレバナラナイガ，差当リ改訂スベキ部分ヲ提示シテ教授上遺憾ナキヲ期スルコトトナッタ」と述べ，教育課程改革に関わる具体的な方策を示した。

「新日本建設ノ教育方針」の内容を受けて，文部省は，同年9月20日に文部次官通牒「終戦ニ伴フ教科用図書取扱方ニ関スル件」を出した。この中では，「省略削除又ハ取扱上注意スベキ教材ノ規準」として，①国防軍備などを強調した教材，②戦意昂揚に関する教材，③国際的な和親を妨げる虞のある教材，④戦争終結という現実の事態から遊離し，又は児童生徒の生活体験と著しくかけ離れた教材，などを掲げて教科書の中の不適切な教材を具体的に指摘した。この指摘に基づき，全国の各学校では児童生徒に教科書の該当箇所を切り取らせるか，あるいは墨を塗らせるという措置がとられた。これが，いわゆる「**墨塗り教科書**」である（図7-1）。

また，文部省は，同年11月6日に通達「終戦ニ伴フ体錬科教授要項（日）取扱ニ関スル件」によって，体錬科武道（剣道，柔道，薙刀，弓道）の授業を停止させ，正課外においても武道に関する部班等の編成を禁じた。さらに，同年12月26日の通達「学校体錬科関係事項ノ処理徹底ニ関スル件」では，「学校又ハ

第7章　日本の教育課程改革の展開②

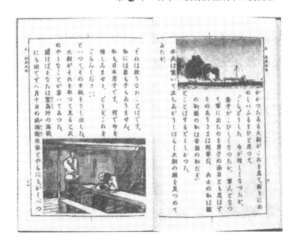

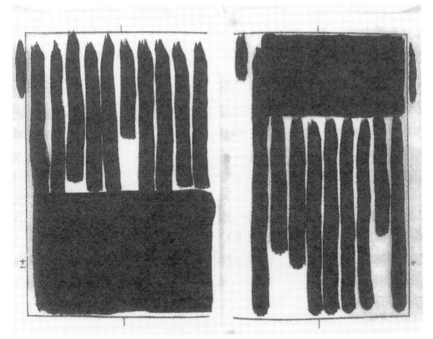

図7-1　墨塗り教科書（墨塗り前と後）
（出所）『子どもたちの昭和史』大月書店，1984年。

コラム：ある教師の 8 月15日

　「さあ，墨を磨るんですよ」

　わたしの言葉に，生徒たちは無心に墨を磨る。その生徒たちの無邪気な顔に，わたしは涙ぐまずにはいられなかった。先ず，修身の本を出させ，指令に従いわたしは指示する。

　「第一頁の二行目から五行目まで墨で消してください」（中略）このような屈辱的なことを，かわいい教え子たちに指示しなければならなかった教師が，日本にかつて一人でもいたであろうか。

　生徒たちは，黙々とわたしの言葉に従って，墨をぬっている。誰も，何も言わない。修身の本が終わると，国語の本を出させる。墨をぬる子供たちの姿をながめながら，わたしの心は定まっていた。

（わたしはもう教壇に立つ資格はない。近い将来に一日も早く，教師をやめよう）

　わたしは，生徒より一段高い教壇の上にいることが苦痛であった。こうして，墨をぬらさなければならないというのは，一体どんなことなのかとわたしは思った。

（今までの日本が間違っていたのだろうか。それとも，日本が決して間違っていないとすれば，アメリカが間違っているのだろうか）

　わたしは，どちらかが正しければ，どちらかが間違っていると思った。

（一体，どちらが正しいのだろう）

　（略）

　わたしにとって，切実に大切なことは，

「一体どちらが正しいのか」

　ということであった。

　なぜなら，わたしは教師である。墨でぬりつぶした教科書が正しいのか，それとも，もとのままの教科書が正しいのかを知る責任があった。

　誰に聞いても，確たる返事は返ってこない。みんな，あいまいな答えか，つまらぬことを聞くなというような，大人ぶった表情だけである。

　「これが時代というものだよ」

　誰かがそう言った。時代とは一体何なのか。今まで正しいとされて来たことが，間違ったことになるのが時代というものなのか。

（わたしは七年間，一体何に真剣に打ちこんできたのだろう。あんなに一生懸命に教えてきたことが誤りなら，わたしは七年をただ無駄にしただけなのだろうか。いや，誤ちを犯したということは無駄とは全くちがう。誤ちとは手をついて謝らなければならないものなのだ。いや，場合によっては，敗戦後割腹した軍人たちのように，わたしたち教師も，生徒の前に死んで詫びなければならないのではないだろうか）

　そんなことを考えているうちに，わたしは，わたしの七年の年月よりも，わたしに教えられた生徒たちの年月を思った。その当時，受け持っていた生徒は四年間教えてきた

生徒たちであった。人の一生のうちの四年間というのは，決して短い年月ではない。彼らにとって，それは，もはや取り返すことのできない貴重な四年間なのだ。その年月を，わたしは教壇の上から，大きな顔をして，間違ったことを教えて来たのではないか。

（もし，正しかったとすれば，これから教えることが間違いになる）

どちらかわからぬことを教えるより，潔よく退職して，誰かのお嫁さんにでもなってしまおうか。（以下，略）

（出所）三浦綾子『道ありき（青春編）』新潮文庫，1980年。

附属施設ニ於テ武道ヲ実施セシメザルコト」とし，武道具は学校内に保存してもならず，武道場は「体操場其ノ他ニ転用スルコト」などを指示した。

（2）教育の四大指令

教育課程をめぐる日本側（文部省）の動向に対して，**GHQ**（以下，占領軍と略）の側もまた，1945（昭和20）年10月から12月にかけて教育改革の方針を示していった。代表的なものが，日本政府に宛てられた4つの指令，すなわち「日本教育制度ニ対スル管理政策」（同年10月22日），「教員及教育関係官ノ調査，除外，許可ニ関スル件」（同年10月30日），「国家神道，神社神道ニ対スル政府ノ保証，支援，保全，監督並ニ弘布ノ廃止ニ関スル件」（同年12月15日），「**修身，日本歴史及ビ地理停止ニ関スル件**」（同年12月31日）である。これらは，「**教育の四大指令**」と総称される。

このうち，教育課程に関しては第4の指令である「修身，日本歴史及ビ地理停止ニ関スル件」が重要である。この指令は，従来の修身，日本歴史，地理の三教科の課程を直ちに中止し，占領軍の許可があるまで再開することを禁止した厳しいものであり，「教科書ノ改訂案ヲ立テ当司令部ニ提出スベキコト」を要求した（一般にこの指令は，「三教科停止指令」と呼ばれる）。この措置は，すでに文部省によって進められていた「**墨塗り教科書**」の対応だけでは不十分であるとする占領軍側の不満の表明でもあった。

2 『第一次米国（アメリカ）教育使節団報告書』と「新教育指針」

（1）『第一次米国（アメリカ）教育使節団報告書』の勧告

「教育の四大指令」は，戦前・戦中の日本の教育に認められる軍国主義と超国家主義の払拭を基本的な目的とした禁止命令であった。しかし，**占領軍**は，1946（昭和21）年に入ると戦後の教育理念と教育体制の基本方策についての積極的な提言を行っていく。その代表的な役割を担ったのが，連合国軍最高司令官**マッカーサー**（Douglas MacArthur）の要請によって同年３月に来日した**第一次米国（アメリカ）教育使節団**である。ストッダード（George D. Stoddard）団長以下，アメリカの教育関係者27名から構成された使節団は，日本側教育家委員会や文部省関係者と連携しながら，約１カ月にわたって日本に滞在した後，**『第一次米国教育使節団報告書』**（以下，「報告書」と略）をマッカーサーに提出して帰国した。

「報告書」は，英文タイプで69頁，日本語に翻訳して約６万字に及ぶものであり，本論は，①「日本の教育の目的および内容」，②「国語の改革」，③「初等学校および中等学校における教育行政」，④「教授法および教師養成教育」，⑤「成人教育」，⑥「高等教育」の６章から構成されていた。

「報告書」ではまず，日本の教育システムはたとえ軍国主義や超国家主義に支配されなかったとしても，その中央集権的な教育制度，官僚独善的な教育行政，画一的な詰め込み主義などは近代の教育理念によって当然に改革されなければならないものであったと指摘した。そして，戦後日本における教育制度は，「個人の価値の尊厳」を認識し，各人の能力と適性に応じて教育の機会を与えるよう組織され，個人のもつ力を最大限に伸ばし，民主主義を基調とすべきであると勧告した。

また，教育課程については，特に従来の歴史，地理教育が，「典型的な日本のカリキュラムの中で客観的教科としては，甚だ軽視されていたために，政治の原則と軍国主義の原理との鼓吹に，重要な役割をなしてきた」として，「過去の記録された歴史は，意識的に神話と混同され，過去の地理は，国家中心で

図7-2　第一次米国教育使節団の写真
（出所）朝日新聞社提供。

あることあたかも我が身を守るが如くであり宗教的でさえあった」と指摘した。そしてこれらは，「単なる改訂ではすまされ得ない」ものであり，これまでとは全く違う歴史観に基づく根本的な書き換えを勧告した。

（2）教育課程改革の方針

「報告書」が教育課程について特に問題視したのは，極端に中央集権的な教育行政システム及び教育方法における画一主義と注入主義である。この点について「報告書」は，次のように指摘した。

　　その制度は，大衆と少数の特権階級とに対して別々な型の教育を用意して，高度に中央集権化された19世紀の型に基づいたものであった。それは，教授の各水準において，吸収されるべき一定量の知識があるものと断定し，生徒の能力や関心の相違を無視する傾向があった。その制度は，規定，教

科書，試験，視察等によって，教師が職業上の自由を活用する機会を少なくした。どの程度に標準化並びに画一が確保されるかということが，能率の尺度であった。

「報告書」が戦前の画一的な教育課程編成に代えて提示したのは，アメリカの経験主義的な特徴をもった**児童中心主義**の理念であった。具体的に「報告書」は，教育課程改革の方針について概ね次の4点を勧告した。

① 中央官庁は教授の内容，方法，教科書を規定すべきではなく，概要書，参考書，教授指導書等の作成にその活動を限定すべきである。また，教育課程，教授法，教材及び人事に関する管理権を都道府県及び地方の学校行政単位に移管すること。

② 社会生活の実際に即した知識や活動を，子どもの興味に基づいた生活経験として構成していく「生活カリキュラム」を採用すること。また，教育課程構成及び教授法における地域差，個人差を重視すること。

③ 教育課程編成は，中央の当局と現場の教師との協力に基づいて進められるべきこと。教科書の選定は，それぞれの地域から出た教師の委員会によって行われるべきであり，教育内容を選択する自由は教師に与えられるべきである。

④ 教育課程研究は，子どもの心理的な基礎と地域社会生活の特殊性に関連して行われるべきこと。

全体的に「報告書」は，従来のわが国の教育上の問題点を指摘しながら，民主主義，自由主義の立場からの「個人の価値の尊厳」と一人ひとりの可能性を発達させることが，教育の目的であると強く勧告した。同時にそれは，20世紀の世界的な新教育運動に共通する児童観と教育観を反映したものでもあった。「報告書」が勧告した内容は，戦後教育改革の基本的な指針となり，そのほとんどが，その後の教育改革の中で実現されていった。

（3）「新教育指針」の刊行

「報告書」の内容を踏まえて，戦後の新教育の推進に大きな役割を果たしたのが1946（昭和21）年５月に文部省が教師のための「手引書」として作成した**「新教育指針」**である。「新教育指針」は二部構成となっている。第一部は前編と後篇に分かれており，前編が「新日本建設の根本問題」，後編が「新日本教育の重点」について述べられ，第二部は「新教育の方法」が取り上げられた。

「新教育指針」第一部の前編は，①日本の現状と国民の反省，②軍国主義および極端な国家主義の除去，③人間性，人格，個性の尊重，④科学的水準および哲学的・宗教的教養の向上，⑤民主主義の徹底，⑥平和的文化国家の建設と教育者の使命，の６章から構成され，新日本建設の根本問題について詳細に説明している。

また，「新教育指針」第一部の後編は，今後の教育が重視すべき点として，①個性尊重の教育，②公民教育の振興，③女子教育の向上，④科学的教養の普及，⑤体力の増進，⑥芸能文化の振興，⑦勤労教育の革新の７章からなっている。たとえば，「個性尊重の教育」（第一部後編第一章）の項目は次のようなものである。

　一．教育は何ゆえに個性の完成を目的とするか
　（1）個性の完成は，人生の目的にかなった幸福なものとする。
　（2）個性の完成は，社会の連帯性を強め協同生活をうながす。
　（3）個性の完成は，社会の進歩をうながす。
　二．教育方法において，個性を尊重するにはどうすればよいか
　（1）生徒の自己表現を重んずること。
　（2）生徒の個性をしらべること。
　（3）教材の性質や分量を個性に合わせるように工夫すること。
　（4）学習及び生活訓練において個性を重んずること。
　（5）進学や就職の指導に個性を重んずること。

「新教育指針」の第二部「新教育の方法」では，学校教育全体を通じて民主

主義を徹底することの意義，及びそのための教材選択や取扱いの方法などが説かれた。ここでは，「民主主義とは人生に対する態度であり，生活のしかたである」と提示した上で，民主的であることの土台としては，「真実を求め，真実を尊重し，真実に従って行動する精神を養うこと」「自主的に考え，自主的に生活すると共に，責任を重んずる態度を養うこと」「友愛的協同的な態度と，奉仕の精神を養うこと」の３つが大切であるとしている。

　そして，こうした内容を実現するためには，従来のように命令による強制や単なる知識を教えることによるのではなく，「つねに児童の生活に結びつけ，生活を通して，生活の中から体得させるようにすべきである。それには学校内のすべての生活が，民主主義的な方法で行われることが根本の条件である」と指摘された。

　以上のような「新教育指針」が掲げた内容は，「報告書」の方針とも一致するものであった。その意味で「新教育指針」は，単なる教師のための「手引書」にとどまらず，全国の学校及び師範学校の生徒に配布されるなど，戦後の教育課程改革の具体的な指針を提示する役割を果たした。

3　『学習指導要領』の作成と教育課程

（1）『学習指導要領一般編（試案)』の作成と特徴

　1947（昭和22）年４月の新学制の発足に先立ち，文部省は，最初の学習指導要領として昭和22年版学習指導要領一般編（試案）（以下，昭和22年版学習指導要領と略）を公表した。これは，アメリカの学習指導に関する教師用ガイドブックであるコース・オブ・スタディ（Course of Study）をモデルとして作成されたものであり，教育の目標や指導方法などが明記された。昭和22年版学習指導要領に続いて各教科の目標，内容，指導と評価，注意事項などを内容とした各教科の学習指導要領が相次いで公表された。

　昭和22年版学習指導要領の序論は，「これまでの教師用書のように，一つの動かすことのできない道をきめて，それを示そうとするような目的でつくられたものではない。新しく児童の要求と社会の要求とに応じて生まれた教科課程

112

第 **7** 章　日本の教育課程改革の展開②

表7-1　小学校の教科とその時間配当の基準

教科／学年	第1学年	第2学年	第3学年	第4学年	第5学年	第6学年
国語	175（5）	210（6）	210（6）	245（7）	210-245（6-7）	210-280（6-8）
社会	140（4）	140（4）	175（5）	175（5）	175-210（5-6）	175-210（5-6）
算数	105（3）	140（4）	140（4）	140-175（4-5）	140-175（4-5）	140-175（4-5）
理科	70（2）	70（2）	70（2）	105（3）	105-140（3-4）	105-140（3-4）
音楽	70（2）	70（2）	70（2）	70-105（2-3）	70-105（2-3）	70-105（2-3）
図画工作	105（3）	105（3）	105（3）	70-105（2-3）	70（2）	70（2）
家庭	—	—	—	—	105（3）	105（3）
体育	105（3）	105（3）	105（3）	105（3）	105（3）	105（3）
自由研究	—	—	—	70-140（2-4）	70-140（2-4）	70-140（2-4）
総時間	770（22）	840（24）	875（25）	940-1050（28-30）	1050-1190（30-34）	1050-1190（30-34）

（出所）文部省『学制百年史（記述編）』帝国地方行政学会，1972年。

をどんなふうにして生かしていくかを教師自身が自分で研究して行く手引書として書かれたものである」としながら，児童の現実の生活を「教育の出発点」とするカリキュラム構成のあり方について説明している。

　昭和22年版学習指導要領に示された戦後教育の大きな特色は，戦前までの注入主義的で画一的な教育方法から，アメリカの経験主義を基盤とする児童中心主義への転換であった。表7-1で示したように，小学校の教科課程は，国語，社会，算数，理科，音楽，図画工作，家庭，体育及び自由研究の9教科と定められた。従来の国民学校の教科構成と比べると修身，国史，地理の3教科がなくなり，新しく社会科，家庭科，自由研究が教科として登場した。

　なかでも，社会科の目標は，児童が自分たちの社会に正しく適応し，その中で望ましい人間関係を育成するとともに，自分たちの属する共同社会を進歩向上させることができるように社会生活を理解させ，社会的態度や社会的能力を養うことにあった。社会科は戦後教育改革がめざした内容と方法を象徴するものであり，その意味で昭和22年版学習指導要領は社会科を中心に推進されたということができる。

　また，中学校では必修教科と選択教科が設けられ，小学校と同様に社会科や自由研究及び職業科が必修教科として設置された。さらに高等学校の教科課程

113

は高等普通教育を主とするものと実業を主とするものとの2種類の課程に分類された。前者は,「大学への進学課程」「職業への準備課程」の2種,後者は農業,工業,商業,水産など29種であった。ただし,いずれの課程も国語,社会,体育を必修教科とし,「国民に共通な教養」形成と進路に応じた教科選択と単位取得の方法が採用された。

（2）昭和26年版学習指導要領の特徴

　昭和22年版学習指導要領の基調は,続く昭和26年版学習指導要領に継承された。昭和26年版学習指導要領の主な改訂内容や特徴は,次のとおりである。

（1）昭和22年版学習指導要領と同様,「**試案**」としており,教師の手引きとしての位置付けを明確にしている。

（2）従来の「教科課程」を「教育課程」とした。

（3）「自由研究」を廃止し,小学校に「教科以外の活動」を設け,教育課程の一領域として位置付けた。また,中学校・高校に「特別教育活動」を設けた。

（4）小学校の場合,「各教科に全国一律の一定した動かし難い時間を定めることは困難」との理由から,教科を4つの経験領域に分け,それぞれの領域の授業時数の配当を比率（パーセント）によって示している。4つの領域とは,「主として学習の技能を発達させるに必要な教科」（国語・算数）,「主として社会や自然についての問題解決の経験を発展させる教科」（社会・理科）,「主として創造的表現活動を発達させる教科」（音楽・図画工作・家庭）,「主として健康の保持増進を助ける教科」（体育）である。

（5）小学校において,毛筆習字を国語の一部として第4学年以上に課すことができるとした。

（6）中学校において,「体育」を「保健体育」に,「職業科」を「職業・家庭科」に改めた。

昭和26年版学習指導要領は，昭和22年版学習指導要領以上に児童の生活経験を重視した児童中心主義の内容を鮮明にしたものであった。その意味では，昭和26年版学習指導要領がアメリカの経験主義的教育論の影響を強く受けた戦後教育課程改革の一つの典型とみなすことができる。

（3）民間のカリキュラム改革運動

戦後の教育課程改革が進む中で，民間でも1950年代はじめにかけてカリキュラム改革運動が展開された。なかでも埼玉県川口市の「川口プラン」や広島県の「本郷プラン」は，アメリカのコミュニティ・スクールの発想を強く受けたものであり，地域教育計画の一環として地域社会の生活課題と実態とを踏まえて教育課程を編成しようとする取り組みであった。

また，1948（昭和23）年10月には教育学者や現場の教師たちによってコア・カリキュラム連盟（1953年に生活教育連盟に改称）が結成された。これは戦前・戦中の教育の反省から，児童生徒の興味と関心を軸とする教育課程の編成をめざしたものであった。

「**コア・カリキュラム**」とは，コアとなる「中核課程」とそれにかかわる他の諸経験を周辺に配置した「周辺課程」とを統合的に組織したものを意味している。経験主義の理念に立脚しながら，児童生徒の社会的発展を図ろうとした教育方法は，一般に**生活単元学習**と呼ばれた。

こうした児童生徒に生活の現実を見つめさせ，自らの考え方や生き方を育てようとする方向性は，戦前の**生活綴方教育**への関心を再び喚起した。1950（昭和25）年7月に日本綴方の会が結成（1951年9月に日本作文の会と改称）され，教育活動を展開した。こうした動向の中で注目されたのが，山形県南村山郡山元村（現在の上山市）の教師であった無着成恭の教育実践の成果として，1951（昭和26）年に刊行された『**山びこ学校**』であった。

社会科教師として山元村に赴任した青年教師の無着が直面したのは，東北の一寒村の生徒たちの貧困であった。『山びこ学校』は，学級の約2割の生徒が自分の家の仕事の都合で欠席するという厳しい現実の中で，自分の名前すら書けず，漢字の読めない生徒や計算の法則が理解できない生徒の実態を子どもの

作文，詩，版画などを通して浮き彫りにした。こうした過酷な状況の中で無着は，戦前の北方性教運動の遺産にも学びつつ，学力も様々な子どもたちが「現実の生活について討議し，考え，行動までも推し進めるための綴方指導」を模索しながら実践した。

このほか，1951年に数学教育協議会，1952（昭和27）年には教育科学研究会などが結成され，戦後初期の**カリキュラム改革運動**に大きな役割を果たした。

しかし，こうしたカリキュラム改革運動が提唱され，教師が自ら考え，話し合い，判断すべきものであるとされても，多くの教師たちにはその理念と趣旨が理解できずカリキュラム改革の意味が十分に浸透したとは言い難い側面もあった。

4 「新教育」批判と「教育内容の現代化」

（1）学力低下問題と昭和33年版学習指導要領

1950年代に入ると戦後の「新教育」におけるカリキュラム理論や実践を見直す動きも出てきた。特に「新教育」の基調となった経験主義的な教育が，基礎学力の低下をもたらしたとする批判が次第に高まっていった。日本教育学会や国立教育研究所（現在の国立教育政策研究所）が行った調査研究において，児童生徒の「読・書・算」（3R's）の能力が低下している実態が報告されると，いわゆる「基礎学力論争」が激しく展開され，「新教育」は次第に批判の対象となっていった。

「新教育」に対する批判は，児童生徒の自発性に基づいて教育活動を組織することには限界があること，また児童生徒の生活経験に基づく「生活単元」には体系性が欠けている点に向けられた。なかでも，コア・カリキュラムに対しては，教科学習で習得すべき知識と児童生徒の経験との結合の視点が欠如しており，ただ単に経験させるだけに終始した，いわゆる「はいまわる経験主義」に陥っていると批判された。

1958（昭和33）年，教育課程審議会は「小学校，中学校の教育課程の改善について」を答申し，学習指導要領が改訂された。昭和33年版学習指導要領は，

教育課程の国家基準として法的拘束力を有することを明確にするとともに，これまでの経験主義的な教育課程から教科や知識の系統性を重視する教育課程へと転換するものとなった。昭和33年版学習指導要領の主な改訂内容と特徴は，次のとおりである。

（1）学習指導要領は，官報への「**告示**」という公示形式がとられ，教育課程の国家基準として法的拘束力を有するようになった。すなわち，昭

表 7-2　小学校・中学校の年間授業時数

小学校の教科等と年間授業時数〈1958（昭和33）年〉

教科＼学年	国語	社会	算数	理科	音楽	図画工作	家庭	体育	道徳	総時間
1	238	68	102	68	102	102	—	102	34	816
2	315	70	140	70	70	70	—	105	35	875
3	280	105	175	105	105	70	—	105	35	945
4	280	140	210	105	105	70	—	105	35	1015
5	245	140	210	140	70	70	70	105	35	1085
6	245	140	210	140	70	70	70	105	35	1085

（注）　1単位時間は，45分とする。年間授業日数を35週（第1学年は34週）とする。

中学校の教科等と年間授業時数〈1958（昭和33）年〉

教科＼学年	必修教科								選択教科										
	国語	社会	算数	理科	音楽	美術	保健体育	技術・家庭	外国語	農業	工業	商業	水産	家庭	数学	音楽	美術	道徳	特別教育活動
1	175	140	140	140	70	70	105	105	105					70	—	35	35	35	35
2	140	175	140	140	70	35	105	105	105					70	—	35	35	35	35
3	175	140	105	140	35	35	105	105	105					70	70	35	35	35	35

（注）　1単位時間は，50分とする。
（出所）　文部省『学制百年史（記述編）』帝国地方行政学会，1972年。

和22年版学習指導要領及び昭和26年版学習指導要領のような「試案」ではなくなった。

（2）道徳教育を充実させるために，小・中学校に「**道徳の時間**」を設置した。これにより，教育課程の領域は各教科，道徳，特別教育活動，学校行事の4つとなった。また，高校には「倫理・社会科」を新設した。

（3）基礎学力の充実を図るため，小学校の国語と算数の時間を増加した。

（4）科学技術教育向上の観点から，中学校の「職業・家庭科」を「技術・家庭科」に改めた。

このように，昭和33年版学習指導要領では，経験主義的な教育内容と方法が姿を消して，教科や知識の「系統性」が重視されるとともに，道徳教育の徹底が図られることになった。小・中学校の年間授業時数は，表7-2の通りである。

（2）「道徳の時間」の設置をめぐる問題

昭和33年版学習指導要領の改訂にあたって特に大きな議論となったのは，「道徳の時間」設置の是非であった。教育課程審議会が1958年3月15日に出した答申は，今後も道徳教育を学校教育活動の全体を通じて行うという従来の方針は変更しないが，道徳教育の徹底強化をはかるために，「新たに道徳教育のための時間を特設する」ことを提言した。

答申を受けた文部省は，同年3月18日に「道徳の時間」設置の趣旨，目標，指導内容，指導方法，指導計画の作成等についての大綱を示した。文部省は当初，「道徳の時間」の教科としての設置をめざしていたが，同年8月28日に学校教育法施行規則が一部改正され，「道徳の時間」は小学校・中学校の教育課程の中に教科ではなく，各教科，特別教育活動，学校行事と並ぶ教科外活動の領域として位置づけられた。

「道徳の時間」の設置については激しい批判論が展開された。特に**日本教職員組合**（以下，**日教組**と略）は，「道徳の時間」の設置に対して対決姿勢を鮮明にしていった。また，同年9月に各地で開催された道徳教育指導者講習会への

妨害行動を繰り返した。その後の歴史において，「道徳の時間」の授業の実施率が上がらず，授業の形骸化が指摘される背景には，「道徳の時間」設置をめぐる対立が影響している。

たとえば，教育課程審議会が1963（昭和38）年7月に出した答申「学校における道徳教育の充実方策について」は，「教師のうちには，一般社会における倫理的秩序の動揺に関連して価値観の相違がみられ，また道徳教育についての指導理念を明確に把握しないものがみられる。（中略）道徳の指導について熱意に乏しく自信と勇気を欠いている者も認められる。また，一部ではあるが，道徳の時間を設けていない学校すら残存している」ことが，「道徳教育の充実に大きな障害となっている」と指摘した。この記述には，当時の道徳教育の現状が示されていると同時に，「**文部省対日教組**」といわれる政治的対立の中で，道徳教育の具体的な内容をめぐる議論が十分になされなかった状況が表現されている。

これまで述べてきたように，1945年8月の敗戦を起点とした戦後教育改革は，戦後教育の骨格を形成した。しかし，その過程で残された課題の多くは，特に1950年代の「文部省対日教組」といわれる政治的な対立の所産であったといえる。そして，1950年代に積み残された課題は，1960年代の急激な経済成長に直面することで，新たな課題を生み出していくことになる。

（3）「教育内容の現代化」と昭和43年版学習指導要領

①「教育内容の現代化」の背景

1960年代の高度経済成長を背景として，教育政策の基軸は経済成長を支える人材の育成に置かれた。1963（昭和38）年に内閣に設置された経済審議会人的能力部会は，「経済発展における人的能力開発の課題と対策」を答申し，学校や社会における「能力主義」の徹底を提起した。

答申は急激な技術革新の時代にふさわしい人材の確保を課題とし，国民一般の基礎的能力の向上とともに，「経済に関連する各方面で主導的な役割を果たし，経済発展をリードする人的能力」，すなわち「ハイタレント・マンパワー」の養成が重要な意義を持つと指摘した。答申が科学・技術教育の振興，学校体

系の多様化，産業界と大学との関係強化（産学協同）を求めたことは，経済成長を支える人材の育成に対する経済界からの強い要求が影響していた。

　高度経済成長と科学技術の進展に資する人材の育成をめざした教育政策が結びつくことで，学校の教育内容は，理数系科目を中心に「**教育内容の現代化**」が図られていった。一般に「教育内容の現代化」とは，1960年代に盛り上がりをみせた初等・中等教育における理数系教科内容の改革を意味するが，これはアメリカでの教育動向とも密接に関連していた。

　1957（昭和32）年10月に旧ソ連（現在のロシア連邦）が世界で初めて人工衛星（スプートニク1号）の打ち上げに成功した。これに衝撃を受けたアメリカでは（「**スプートニク・ショック**」と呼ばれた），科学教育の在り方をめぐる論議が活発となり，経験主義的教育に対する批判が積極的に展開された。

　1959（昭和34）年には科学教育の改善を目標としたウッズホール会議が開催され，その議長を務めたブルーナー（J. S. Bruner）が会議の共同討議の内容をまとめて翌1960年『教育の過程』（*The Process of Education*）を刊行した。『教育の過程』は，知識を「構造」として学習する「**発見学習**」の理論や「学問中心カリキュラム」の構想を提言し，日本でも1962（昭和37）年に翻訳版が出版された。このような理論や構想が各国の教育改革に影響を与え，「教育内容の現代化」と呼ばれる運動に発展していった。

　日本では，民間の教育研究団体である数学教育協議会（委員長：遠山啓）が「教育内容の現代化」を最初に主張し，現代数学の成果と方法を数学教育に積極的に取り入れる試みが実践された。1960（昭和35）年に遠山を中心に提唱された「水道方式」に基づく計算指導の体系は，「教育内容の現代化」の成果を典型的に示したものとして注目を集めた。

　また，教育学者の板倉聖宣が提唱した「**仮説実験授業**」は，全ての子どもたちが科学を理解し，好きになるような授業を目指すという科学教育に関する授業理論であった。具体的に「仮説実験授業」は，実験の結果を児童生徒に予想させ，その予想について討論した後，実際に実験を行って，どの予想が正しかったかを解明していくという方法である。

② 昭和43年版学習指導要領の特徴

　一般に「学問中心カリキュラム」は，①教育内容選択の基準を科学（学問）の構造に求める，②科学者の研究を追体験させる，③そのために発見学習や探究学習を重視する，④概念・一般原理を小学校低学年から教授する，⑤教育内容がスパイラル（らせん状）に高度化するカリキュラム編成にする，などの特徴をもっている。

　教育課程審議会は，1967（昭和42）年10月に「小学校の教育課程の改善について」を答申し，翌年6月に「中学校の教育課程の改善について」を答申した。「調和と統一のある教育課程の実現」に主眼が置かれたこれらの答申に基づいて，1968（昭和43）年7月に小学校の学習指導要領が改訂された（中学校は1969年，高等学校は1970年に改訂）。**昭和43年版学習指導要領**では「教育内容の現代化」が図られ，特に小・中学校の算数・数学・理科においては，教育内容が精選されるとともに，全体的に高度な内容が教育課程に盛り込まれた。

　昭和43年版学習指導要領の主な改訂は，①授業時数を従来の最低時数から標準時数に改めたこと，②小・中学校の教育課程は，「各教科」「道徳」「特別活動」の3領域となり，高等学校については「各教科に含まれる科目」「各教科以外の教育活動」の2領域となったこと，③小・中学校の算数・数学・理科で「教育内容の現代化」を図ったこと，④高等学校で「数学一般」「基礎理科」「初級英語」「英語会話」を新設し，女子の「家庭一般」を必修化したこと，などが特徴であった。

　なかでも，高度経済成長における教育政策の具体化をめざした改訂では，より一層の現代科学の成果を反映させるために，高度で科学的な教育を進める「教育内容の現代化」が重視された。たとえば理科では，従来の学習指導要領を「基本的な科学概念の理解の重要性が強調されていない」と批判し，①科学の方法の習得と創造的な能力の育成，②基本的な科学概念の理解と自然に対する総合的，統一的な考察力の養成，③科学的な見方や考え方と科学的自然観の育成を方針とした。

　もともと「教育内容の現代化」は，戦後教育改革の際の経験主義的教育課程か，それとも昭和33年版学習指導要領の特徴であった系統的教育課程か，とい

う二項対立を克服し，両者の長所を統合した構造主義の教育課程を志向したものであった。ここでは教育内容が精選され，全体的に高度な知識が教育課程に盛り込まれる一方で，児童生徒の個性と能力に応じた指導が重視されていた。それは，中学校で能力別指導を可能にしたことや高校教育を多様化したことに表れていた。

しかし，「教育内容の現代化」の目的は，学校の教育実践において必ずしも十分には浸透せず，昭和43年版学習指導要領が示した方向性は，学力偏重の「詰め込み教育」を助長するという批判を浴びることになった。

参考文献

肥田野直・稲垣忠彦編『教育課程　総論（戦後日本の教育改革6）』東京大学出版会，1971年。

天野正輝『教育課程編成の基礎研究』文化書房博文社，1989年。

天野正輝『教育課程の理論と実践』樹村房，1993年。

柴田義松編『教育課程論』学文社，2001年。

水原克敏『学習指導要領は国民形成の設計書——その能力観と人間像の歴史的変遷』東北大学出版会，2010年。

山田恵吾編『日本の教育文化史を学ぶ——時代・生活・学校』ミネルヴァ書房，2014年。

山田恵吾・藤田祐介・貝塚茂樹『三訂版　学校教育とカリキュラム』文化書房博文社，2015年。

貝塚茂樹『戦後日本教育史』放送大学教育振興会，2018年。

［貝塚茂樹］

第**8**章

日本の教育課程改革の展開③
――「ゆとり」から「確かな学力」まで――

―ねらいと課題―

　本章では，学習指導要領の変遷を中心に，1970年代から2000年代に至るまでの教育課程改革の展開を辿ることにしたい。具体的には，「ゆとりと充実」を掲げた昭和52年版学習指導要領，「新しい学力観」を掲げた平成元年版学習指導要領，「生きる力」の育成と「ゆとり」の確保を目指した平成10年版学習指導要領，そして「確かな学力」の育成を標榜した平成20年版学習指導要領の内容を確認していく。個々の学習指導要領の内容や特徴を把握することはもちろん，改訂の社会的背景について理解を深めることが重要である。

1　「現代化」路線から「ゆとり」志向へ

（1）「四六答申」

　1971（昭和46）年6月，**中央教育審議会**（以下，中教審と略）は明治初期の改革，第二次世界大戦後の教育改革につぐ「**第三の教育改革**」を標榜して，「今後における学校教育の総合的な拡充整備のための基本的施策について」答申を行った。これは，昭和46年に出されたことから，一般に「**四六答申**」と呼ばれる。答申が出された背景には，社会環境の急激な変化や学校教育の量的拡大に伴って，学校教育の見直しが要請されていたことがある。

　この答申は，教育課程の改善について，①小学校から高等学校（以下，高校と略）までの教育課程の一貫性を一層徹底すること，②小学校では基礎教育の徹底を図るため，教育内容の精選と履修教科を再検討すること，③中学校では

123

前期中等教育段階としての基礎的・共通的なものをより深く修得させる教育課程を履修させながら，個人の特性の分化に十分配慮して将来の進路選択の準備段階としての観察・指導を徹底すること，④高校では，生徒の能力・適性・希望などの多様な分化に応じて教育内容について適切な多様化を行うこと，その場合，コースの転換と様々なコースから進学の機会を確保すること，の4点を提案した。

「四六答申」が出された頃，学校現場では教育の歪みが深刻化しつつあった。**昭和43年版学習指導要領**で「**教育内容の現代化**」が図られ，全体的に高度な知識の習得が求められるようになったため，難解な教育内容についていけずに学業不振に陥る児童生徒（いわゆる「落ちこぼれ」）の問題や，受験競争の過熱化といった問題が次第にクローズアップされるようになったのである。

（2）昭和52年版学習指導要領

1973（昭和48）年11月，教育課程審議会（以下，教課審と略）は，文部大臣（現文部科学大臣）から「小学校，中学校及び高等学校の教育課程の改善について」諮問を受け，1976（昭和51）年12月に答申を行った。この答申で示された「教育課程の基準の改善のねらい」は次の3点であった。

（1）人間性豊かな児童・生徒を育てること。
（2）ゆとりあるしかも充実した学校生活が送られるようにすること。
（3）国民として必要とされる基礎的・基本的な内容を重視するとともに児童・生徒の個性や能力に応じた教育が行われるようにすること。

このように，答申では，従来の知識偏重の学校教育を見直すべく，「**ゆとりと充実**」をキーワードに掲げながら，豊かな人間性を育成するという方針が示された。いわゆる「**学問中心カリキュラム**」から「**人間中心カリキュラム**」への転換が図られたのである。教課審答申が示した方針には，「教育内容の精選」，教育内容の「基礎」や「多様性」を重視した四六答申の提案も反映されている。

教課審答申を受け，1977（昭和52）年7月に，小・中学校の学習指導要領が改訂された（高校については1978年に改訂）。この**昭和52年版学習指導要領**の主

な改訂内容と特徴は，次のとおりである。

（1）学習指導要領の基準の大綱化が図られた。前回の学習指導要領に比べるとページ数が半減し，内容も簡明になった。指導の具体的展開について，各学校・教師の工夫に委ねられる部分が多くなった。
（2）授業時数を約1割削減し，教育内容の大幅な精選を行った。
（3）高校では，中学校との関連性を強化する観点から，「国語Ⅰ」，「現代社会」，「数学Ⅰ」，「理科Ⅰ」などの基礎科目を新設した。

また，授業時数の削減によって生み出された時間として，学習指導要領に明記されていない「ゆとりの時間」（学校裁量時間）が導入され，各学校の創意工夫によってこれが活用された。

2 「個性重視」と新学力観

（1）「教育荒廃」現象の出現

昭和52年版学習指導要領で**「ゆとりと充実」**という方策が打ち出されたにもかかわらず，1970年代後半からは**「教育荒廃」**あるいは**「学校病理」**現象と言われる深刻な状況が進行していった。たとえば授業時間が削減されたことで，不足した授業時間を補うべく塾通いが加速化し，進学競争が盛んとなり，かえって「ゆとり」を奪うことになってしまった。「ゆとり，ゆとりで，ゆとりなし」と言われるような皮肉な結果をもたらしたのである。

校内暴力やいじめ，登校拒否（不登校）など子どもの逸脱行動が全国各地で頻繁に見られるようになったのもこの頃からである。1980年代には少年非行が戦後第3のピークに達し，金属バット殺人事件といった世間の注目を浴びるような少年事件が頻発するなど，教育問題は深刻化の一途を辿った。

（2）臨時教育審議会の教育改革

このような状況にあって，1984（昭和59）年8月，中曽根康弘首相の提唱に

より，内閣直属の機関である「**臨時教育審議会**」（以下，臨教審）が設置された（資料8-1）。臨教審は「戦後教育の総決算」をスローガンに掲げながら，「教育荒廃」の状況を克服すべく，21世紀に向けた教育改革のあり方を3年間にわたって検討し，計4回の答申を提出した。

1987（昭和62）年に提出された最終答申は，改革の柱として，①個性重視の原則，②生涯学習体系への移行，③変化への対応（国際社会への貢献，情報化への対応）の3つを示しており，これらをベースとしてその後の教育改革が進行した。このうち，特に

資料8-1　臨時教育審議会の設置
（出所）毎日新聞社提供。

「個性重視の原則」は「今次教育改革において最も重要なこと」とされ，画一的で硬直化した教育を打破し，個人の尊厳，自由・自律，自己責任の原則を確立することがめざされた。

1993（平成5）年には文部省（現文部科学省）が，全国の教育委員会に業者テストの禁止を通知した。この措置も偏差値による受験競争の弊害を除去し，「個性重視」の教育改革をめざす動きの一環であった。子どもの能力や適性に応じた教育を提供し，市場経済の原理によって教育の「自由」を確保しようとする臨教審の改革方策は，「**教育の自由化・多様化**」と呼ばれた。最終答申は，各学校段階の教育課程・内容に関して次のような方策を示している（教育課程・内容については第2次答申で言及されているが，ここではそれを要約的にまとめた最終答申の内容を示しておく）。

（1）基本的な生活習慣のしつけ，自己抑制力，日常の社会規範を守る態度の育成，人間としての「生き方」の教育を重視する。
（2）生涯にわたる人間形成の基礎を培うために必要な基礎的・基本的な内容の修得の徹底，自己教育力の育成を図る。

第**8**章　日本の教育課程改革の展開③

（3）健康教育の充実のため，道徳・特別活動，保健体育など関連教科の在り方を検討する。

（4）教育内容に関わる制度運用上の改善として，学習指導要領の大綱化を図り，多様な創意工夫を可能にする。

（3）平成元年版学習指導要領

1985（昭和60）年9月，教課審は文部大臣から「幼稚園，小学校，中学校及び高等学校の教育課程の基準の改善について」の諮問を受け，1987（昭和62）年12月に答申を行った。答申は，「教育課程の基準の改善のねらい」として次の4項目を掲げている。

（1）豊かな心をもち，たくましく生きる人間の育成を図ること。

（2）自ら学ぶ意欲と社会の変化に主体的に対応できる能力の育成を重視すること。

（3）国民として必要とされる基礎的・基本的な内容を重視し，個性を生かす教育の充実を図ること。

（4）国際理解を深め，我が国の文化と伝統を尊重する態度の育成を重視すること。

教課審では臨教審と並行して審議を進めたこともあり，教課審答申には臨教審答申の内容が多分に反映されている。この教課審答申をもとに学習指導要領の改訂作業が進められ，1989（平成元）年3月に学習指導要領が改訂された。**平成元年版学習指導要領**の主な改訂内容と特徴は，次のとおりである。

（1）学校教育が生涯学習の基礎を培うものであることを考慮し，体験的学習や問題解決学習を重視した。

（2）入学式，卒業式等における国旗・国歌の取り扱いを明確化した。

（3）小学校低学年において「社会科」と「理科」を廃止し，「**生活科**」を新設した。

127

（4）中学校において選択教科の履修幅を拡大し，習熟度別指導の導入を
奨励した。

（5）高校の「**社会科**」を「地理歴史科」と「公民科」に再編した。

（6）高校の「**家庭科**」を男女必修とした。

　平成元年版学習指導要領では，自ら学ぶ意欲や思考力，判断力などを基本と
した「**新しい学力観（新学力観）**」が示され，体験的学習や問題解決学習，「関
心・意欲・態度」の評価が重視されることになった。臨教審答申に基づく「個
性重視」の教育課程改革により，教師には子どもたちに対する「指導」よりも
「支援」が，そして，一斉・一律の授業を改めて，一人ひとりに合わせた授業
方法が求められるようになったのである。

　しかし実際には，児童生徒の「やる気」を前提に，「自ら学ぶ」姿勢を大切
にする授業の仕方は，少数の学ぶ児童生徒と多くの学ばない児童生徒を生み出
すことになった。1989（平成元）年の学習指導要領は，「一斉・一律」という伝
統的な日本の教育方法を180度転換するものであり，学校現場は少なからず混
乱したのである（河上，2006）。「一斉・一律」の教育方法はその画一性が批判
されてきたが，それは，戦後の日本において教育の形式的平等化を追求してき
たことの産物でもあった。臨教審以降，子どもたちの「自由」と「個性」を重
んじ，「新しい学力観」に伴って教育方法が転換したことで，教育における形
式的平等は徐々に崩れていった。

3　「生きる力」と「ゆとり教育」

（1）第15期中央教育審議会答申

　臨教審は，その後の教育改革の基本路線を敷き，臨教審答申に基づいて様々
な教育政策が具体化していった。しかし，いじめや不登校などの「**教育荒廃**」
現象が依然として見られること，国際化，情報化，少子・高齢化といった社会
環境の変化に鑑みて，教育システム全体をより大胆に見直すことが求められる
ようになった。

第**8**章　日本の教育課程改革の展開③

　そこで文部省は，臨教審路線を継承しつつも，改めて教育システム全体のあり方を検討することになり，1995（平成7）年4月，文部大臣は第15期中教審に「21世紀を展望した我が国の教育の在り方について」諮問した。中教審は，1996（平成8）年7月に第1次答申を提出し，新しい教育理念として，「**ゆとり**」の確保と「**生きる力**」の育成を掲げた。答申は，「生きる力」を「自分で課題を見つけ，自ら学び，自ら考え，主体的に判断し，行動し，よりよく問題を解決する資質や能力」，「自らを律しつつ，他人とともに協調し，他人を思いやる心や感動する心など，豊かな人間性」，「たくましく生きるための健康や体力」と定義している。そして，「ゆとり」の中で「生きる力」の育成を目指すという観点から，教育内容の厳選と基礎・基本の徹底，「**総合的な学習の時間**」の設置，**完全学校週5日制**の導入などを提言した。

（2）平成10年版学習指導要領

　1996（平成8）年8月，教課審は，文部大臣から「幼稚園，小学校，中学校，高等学校，盲学校，聾学校及び養護学校の教育課程の基準の改善について」諮問を受け，1998（平成10）年7月に答申を行った。この答申は，先の中教審第1次答申を踏まえつつ，「教育課程の基準の改善のねらい」として次の4項目を掲げている。

　　① 豊かな人間性や社会性，国際社会に生きる日本人としての自覚を育成すること。
　　② 自ら学び，自ら考える力を育成すること。
　　③ ゆとりある教育活動を展開する中で，基礎・基本の確実な定着を図り，個性を生かす教育を充実すること。
　　④ 各学校が創意工夫を生かし特色ある教育，特色ある学校づくりをすすめること。

　この答申を受けて，1998（平成10）年12月に小・中学校の学習指導要領が改訂され，2002（平成14）年4月から全面実施された。高校と盲・聾・養護学校

129

表 8-1　小学校の教科等と年間授業時数〈1998（平成10）年〉

| 区　分 | 各教科の授業時数 | | | | | | | | | 道徳の授業時数 | 特別活動の授業時数 | 総合的な学習の時間の授業時数 | 総授業時数 |
	国語	社会	算数	理科	生活	音楽	図画工作	家庭	体育				
第1学年	272		114		102	68	68		90	34	34		782
第2学年	280		155		105	70	70		90	35	35		840
第3学年	235	70	150	70		60	60		90	35	35	105	910
第4学年	235	85	150	90		60	60		90	35	35	105	945
第5学年	180	90	150	95		50	50	60	90	35	35	110	945
第6学年	175	100	150	95		50	50	55	90	35	35	110	945

表 8-2　中学校の教科等と年間授業時数〈1998（平成10）年〉

| 区　分 | 必修教科の授業時数 | | | | | | | | | 道徳の授業時数 | 特別活動の授業時数 | 選択教科等に充てる授業時数 | 総合的な学習の時間の授業時数 | 総授業時数 |
	国語	社会	数学	理科	音楽	美術	保健体育	技術・家庭	外国語					
第1学年	140	105	105	105	45	45	90	70	105	35	35	0〜30	70〜100	980
第2学年	105	105	105	105	35	35	90	70	105	35	35	50〜85	70〜105	980
第3学年	105	85	105	80	35	35	90	35	105	35	35	105〜165	70〜130	980

（現・特別支援学校）の改訂は1999（平成11）年3月に行われ，高校については，2003（平成15）年4月から全面実施された。**平成10年版学習指導要領**の主な改訂内容と特徴は，次のとおりである。

①「**総合的な学習の時間**」を新設した。

② 授業時数の大幅削減と教育内容の3割削減を行った。

③ 授業時数や授業の1単位時間を弾力的に運用することとした。

④ 中学校の「外国語」を必修とした（英語の履修が原則）。

⑤ 中学校・高校で，「特別活動」の「クラブ活動」を廃止した。

⑥ 中学校の技術・家庭科で情報に関する内容を必修化した。

⑦ 高校の普通教科に「**情報**」，専門教科に「情報」と「**福祉**」を新設した。

⑧ 高校の「その他特に必要な教科」と「その他の科目」が「**学校設定教科**」，「**学校設定科目**」に名称変更された。

⑨ 盲・聾・養護学校の「養護・訓練」を「**自立活動**」に改めた。

　このように，平成10年版学習指導要領の内容は，完全学校週五日制の下，「ゆとり」の中で特色ある教育を展開し，子どもたちに「生きる力」を育成するというねらいを反映したものになっている。教育内容を大幅に削減し，各学校が創意工夫を凝らして自由に教育課程を編成できる分野を広げたことが特に注目される。

　中教審が掲げた「生きる力」と「ゆとり」，それを具体化するための「総合的な学習の時間」の設置や教育内容の削減といった一連の方策は「**ゆとり教育**」と呼ばれた。先に述べたように，1977（昭和52）年の学習指導要領改訂では「**ゆとりと充実**」という方策が打ち出され，知識偏重の学校教育を見直すべく「**学問中心カリキュラム**」から「**人間中心カリキュラム**」への転換が図られていた。つまり，「ゆとり」路線はすでに進行していたが，1998（平成10）年の学習指導要領改訂によって，「ゆとり教育」はより本格的なものとなったのである。

（3）「学力低下」・「ゆとり教育」論争

　「ゆとり教育」は，1970年代以降に広がりを見せた受験競争から訣別し，個性重視の教育を実施するための処方箋として期待されるはずであった。しかし，「ゆとり」という耳触りのよい言葉で示された改革方策は世間や学校現場に簡単に受け入れられたわけではなかった。

　「ゆとり教育」に対しては，**学力低下**の招来を危惧する観点からの批判，不

足した授業時間を補うべく塾通いが過熱化し，かえって子どもたちの「ゆとり」が奪われるという批判，子どもを通塾させられる世帯とそうでない世帯との経済格差が反映され，「ゆとり教育」が結果的に子どもたちの教育格差を生むといった批判など，様々な批判が向けられた。学力低下や「ゆとり教育」を批判する書籍（たとえば，岡部恒治・戸瀬信之・西村和雄『分数ができない大学生』東洋経済新報社，1999年など）も数多く出版され，多方面で「ゆとり教育」をめぐる論争が展開されたのである。

4　「ゆとり」路線から「確かな学力」へ

（1）「学びのすすめ」と学習指導要領の一部改訂

　教育内容の削減による学力低下を危惧した世間の批判を受けて，文部科学省（以下，文科省）は，2002（平成14）年1月に「確かな学力の向上のための2002アピール—学びのすすめ—」（以下，**学びのすすめ**）を公表した。

　この「学びのすすめ」では，①きめ細かな指導で，基礎・基本や自ら学び自ら考える力を身に付ける，②発展的な学習で，一人一人の個性等に応じて子どもの力をより伸ばす，③学ぶことの楽しさを体験させ，学習意欲を高める，④学びの機会を充実し，学ぶ習慣を身に付ける，⑤確かな学力の向上のための特色ある学校づくりを推進する，という5つの方策を示している。

　具体的には，個に応じたきめ細かな指導（少人数授業・習熟度別指導）の実施，補充的な学習や家庭学習の充実といった取り組みを掲げるとともに，学習指導要領が最低基準であることを明確にしている。「**ゆとり教育**」を高らかに唱道してきた文科省が一転して「**確かな学力**」の向上という方策を示したことは，世間や学校現場に少なからぬ「衝撃」を与えた。

　「学びのすすめ」が示した「方向転換」の具体的な表れが，2003（平成15）年12月に実施された学習指導要領の一部改訂である。文科省が施行2年目に学習指導要領の一部改訂に踏み切ったのは異例のことであった。一部改訂に先だって，同年5月に文部科学大臣は中教審に対し，今後の初等中等教育の推進方策について包括的な諮問を行った。これを受けて，中教審は同年10月に「初等中

等教育における当面の教育課程及び指導の充実・改善策について」と題する答申を提出し，この答申を踏まえて学習指導要領が一部改訂された（なお，2001年1月に教課審は中教審に統合・再編されたため，これ以降の学習指導要領改訂は中教審の答申に基づいて行われることになった）。一部改訂における主な改正点は次のとおりである。

① 学習指導要領の基準性を踏まえた指導の一層の充実

　学習指導要領は最低基準であり，これを超えた内容を加えて指導できることを明確にした。

② **総合的な学習の時間**の一層の充実

　各教科，道徳及び特別活動との関連をもたせるとともに，各学校において総合的な学習の時間の目標及び内容を定め，全体計画を作成する必要があることを規定した。

③ **個に応じた指導**の一層の充実

　指導法の例示として，学習内容の習熟の程度に応じた指導（小学校），補充的な学習や発展的な学習（小・中学校）などの学習活動を取り入れた指導を加えた。

　このように，改正の内容は，「ゆとり」から「確かな学力」への政策転換を示すものとなっている。学力低下論議の流れを考えると，このような政策転換に一定の意義があったことは確かである。しかし，世論に対応したとはいえ，文科省が一転して教育方針を変更したことは（もっとも文科省自体は「ゆとり」路線に変更はなく，「方針転換」していないとの認識を示した），国（文科省）による教育改革が場当たり的であり，そこに理念や戦略が欠如しているという印象を世間に与えたのも事実である。

（2）教育基本法の改正と平成20年版学習指導要領

　学習指導要領の一部改訂から3年後の2006（平成18）年12月，**教育基本法**が約60年ぶりに改正され，21世紀を切り拓く心豊かでたくましい日本人の育成を

目指すという観点から，新しい教育理念が定められた。2007（平成19）年6月には**学校教育法**の一部改正が行われ，教育基本法改正を受けて新たに義務教育の目標が規定されるとともに，各学校段階の目的・目標が規定された。

　また，小・中・高校等においては，「生涯にわたり学習する基盤が培われるよう，基礎的な知識及び技能を習得させるとともに，これらを活用して課題を解決するために必要な思考力，判断力，表現力その他の能力をはぐくみ，主体的に学習に取り組む態度を養うことに，特に意を用いなければならない」と定められた（第30条第2項等）。「学力」の定義をめぐっては様々な議論がなされているが，学校教育法においては，その重要な要素が，①基礎的な知識・技能，②**思考力・判断力・表現力**等の能力，③**主体的に学習に取り組む態度**，の3つ（**学力の3要素**）であることが明確にされたのである。

　教育基本法及び学校教育法の改正を踏まえて，中教審は2008（平成20）年1月に「幼稚園，小学校，中学校，高等学校及び特別支援学校の学習指導要領等の改善について」答申を行い，これに基づいて，同年3月に小・中学校の学習指導要領，翌2009（平成21）年3月に高校及び特別支援学校の学習指導要領が改訂された。改訂学習指導要領は，小学校が2011（平成23）年度，中学校が2012（平成24）年度から全面実施され，高校については2013（平成25）年度から年次進行で実施された。

　この改訂では，①教育基本法改正等で明確となった教育の理念を踏まえ，「**生きる力**」を育成すること，②知識・技能の習得と思考力・判断力・表現力等の育成のバランスを重視すること，③道徳教育や体育などの充実により，豊かな心や健やかな体を育成することの3つの基本方針に基づき，教育内容に関して，「**言語活動の充実**」，「**理数教育の充実**」，「**伝統や文化に関する教育の充実**」，「**道徳教育の充実**」，「**体験活動の充実**」，「**外国語活動の充実**」を図ることなどが目指された。**平成20年版学習指導要領**の主な改訂内容と特徴は次のとおりである。

　　① 小学校において，国語，社会，算数，理科，体育の授業時数を6学年合わせて350時間程度増加した。

第**8**章　日本の教育課程改革の展開③

表 8 - 3　小学校の教科等と年間授業時数〈2008（平成20）年〉

区　分	各教科の授業時数									道徳の授業時数	外国語活動の授業時数	総合的な学習の時間の授業時数	特別活動の授業時数	総授業時数
	国語	社会	算数	理科	生活	音楽	図画工作	家庭	体育					
第1学年	306		136		102	68	68		102	34			34	850
第2学年	315		175		105	70	70		105	35			35	910
第3学年	245	70	175	90		60	60		105	35		70	35	945
第4学年	245	90	175	105		60	60		105	35		70	35	980
第5学年	175	100	175	105		50	50	60	90	35	35	70	35	980
第6学年	175	105	175	105		50	50	55	90	35	35	70	35	980

表 8 - 4　中学校の教科等と年間授業時数〈2008（平成20）年〉

区　分	必修教科の授業時数									道徳の授業時数	総合的な学習の時間の授業時数	特別活動の授業時数	総授業時数
	国語	社会	数学	理科	音楽	美術	保健体育	技術・家庭	外国語				
第1学年	140	105	140	105	45	45	105	70	140	35	50	35	1015
第2学年	140	105	105	140	35	35	105	70	140	35	70	35	1015
第3学年	105	140	140	140	35	35	105	35	140	35	70	35	1015

② 小学校に「**外国語活動**」（第5・6学年で週1コマ）を新設した。

③ 小・中学校の「**総合的な学習の時間**」の授業時数を削減した。

④ 中学校において，国語，社会，数学，理科，外国語，保健体育の授業時数を400時間（選択教科の履修状況を踏まえると230時間）程度増加した。

⑤ 中学校では，教育課程の共通性を高めるため，選択教科の授業時数を縮減し，必修教科の授業時数を増加した。

⑥ 中学校において，男女とも武道を必修化した。

⑦ 高校に「数学活用」，「科学と人間生活」，「理科課題研究」，「コミュニ

ケーション英語基礎」などの科目を新設した。

平成20年版学習指導要領は，平成10年版学習指導要領が掲げた「生きる力」の育成という基本理念を引き継いだものの，「生きる力」の育成を目的とした「総合的な学習の時間」は縮減され，約40年ぶりに教科の授業時間数と内容が増加している。昭和52年版学習指導要領以来の「ゆとり」路線は，2003（平成15）年の学習指導要領一部改訂と平成20年版学習指導要領によって，「確かな学力」を育成する「学力重視」路線へと大きく変更されたのである。

2015（平成27）年3月には学校教育法施行規則の一部改正及び平成20年版学習指導要領の一部改正が行われ，小・中学校の「道徳の時間」が，**特別の教科である道徳**」（道徳科）に改められた。道徳の教科化は，戦後の道徳教育の歴史において，画期的なことである。「特別の教科である道徳」は小学校が2018（平成30）年度，中学校が2019（平成31）年度から実施されることになったが，2015（平成27）年度から一部改正された学習指導要領の趣旨を踏まえた取り組みも可能という特例が認められた。

道徳の教科化により，道徳の授業では他教科と同様，検定教科書が使用されることになった。ただし，道徳の指導にあたっては，数値などによる評価を行わず，「生徒の学習状況や道徳性に係る成長の様子を継続的に把握し，指導に生かすよう努める必要がある」とされている。

（3）「知識基盤社会」における学力像

「生きる力」という理念を継承し，「確かな学力」の育成を目指した2008（平成20）年の学習指導要領改訂は，「**知識基盤社会**」（Knowledge-Based Society）の到来という社会の構造的変化を背景としている。知識基盤社会とは，「新しい知識・情報・技術が政治・経済・文化をはじめ社会のあらゆる領域での活動の基盤として飛躍的に重要性を増す社会」のことであり，①知識には国境がなく，グローバル化が一層進む，②知識は日進月歩であり，競争と技術革新が絶え間なく生まれる，③知識の進展は旧来のパラダイムの転換を伴うことが多く，幅広い知識と柔軟な思考力に基づく判断が一層重要になる，④性別や年齢を問わ

第**8**章　日本の教育課程改革の展開③

図8-1　キーコンピテンシーの3つの広域カ
　　　　テゴリー
（出所）ライチェン，サルガニク，2006。

ず参画することが促進される，といったことがその特徴とされる（中教審答申「我が国の高等教育の将来像」2005年）。

　この知識基盤社会に必要とされるのが，「**キー・コンピテンシー**」（主要能力：Key Competencies）と呼ばれる能力である。「コンピテンシー」とは，「単なる知識や技能だけではなく，技能や態度を含む様々な心理的・社会的なリソースを活用して，特定の文脈の中で複雑な要求（課題）に対応することができる力」を意味する。1997年末，**OECD**（Organisation for Economic Co-operation and Development：経済協力開発機構）は「コンピテンシーの定義と選択：その理論的・概念的基礎」（Definition and Selection of Competencies: Theoretical and Conceptual Foundations；DeSeCo）の策定を開始し，2003（平成15）年に最終報告書（後述するPISA調査の概念枠組みの基本となっているもの）を提出した。

　この報告書において，キー・コンピテンシーは，「コンピテンシーの中で，特に，①人生の成功や社会の発展にとって有益，②さまざまな文脈の中でも重要な要求（課題）に対応するために必要，③特定の専門家ではなくすべての個人にとって重要，といった性質を持つとして選択されたもの」と定義され，次の3つのカテゴリーにまとめられている。

　① 相互作用的に道具を用いる能力
　　個人がその環境を効果的に相互作用するために広い意味での道具（情報テクノロジーなどの物理的なものから言語などの文化的なものまでを含む）を活用できる必要がある。

137

コラム：PISA調査

PISA調査は参加国が共同で国際的に開発し，実施している15歳児（日本では高校1年生）を対象とする学習到達度調査。生徒が持っている知識や技能を，実生活の様々な場面で直面する課題にどの程度活用できるかを測定するもので，「読解力」，「数学的リテラシー」，「科学的リテラシー」の3分野について調査が行われる。調査は，2000（平成12）年に始まり，3年ごとのサイクルで調査を継続している。各調査サイクルでは，中心分野を重点的に調べ，他の2つの分野については概括的な状況を調べるとされている（たとえば，2000年調査では読解力，2003年調査では数学的リテラシー，2006年調査では科学的リテラシーが中心分野であった）。

---

② 異質な集団で交流する力

　いっそうの助け合いの必要が増している世界の中で，個人は他者と関係をもてるようにする必要がある。

③ 自律的に活動する力

　個人が自分の生活や人生について責任をもって管理，運営し，自分たちの生活を広い社会的背景の中に位置付け，自律的に動く必要がある。

　平成20年版学習指導要領は，OECDが提案したキー・コンピテンシーという能力観を採用し，従来型の学習である「知識・理解・技能」から「活用する能力」に重点を置いている。OECDの**学習到達度調査**（PISA：Programme for International Student Assessment）（コラム参照）などの各種調査によれば，日本の児童生徒の学力については，思考力・判断力・表現力等を問う読解力や記述式問題に課題があるとされた。そこで，「基礎的・基本的な知識・技能の習得やそれらを活用して課題を見いだし，解決するための思考力・判断力・表現力等が必要」（中教審答申「幼稚園，小学校・中学校，高等学校及び特別支援学校の学習指導要領等の改善について」2008年）とされ，言語能力を中心に，関係するすべての教科において「活用する能力」の伸長が意図されたのである。

参考文献

水原克敏『現代日本の教育課程改革』風間書房，1992年。

第**8**章　日本の教育課程改革の展開③

下村哲夫『教育を問う学校を問う』学陽書房，1999年。

天野正輝『カリキュラムと教育評価の探究』文化書房博文社，2001年。

日本カリキュラム学会編『現代カリキュラム事典』ぎょうせい，2001年。

河上亮一「義務教育は崩壊したか」『文藝春秋』第84巻15号（臨増），2006年。

ドミニク・S・ライチェン，ローラ・H・サルガニク編著，立田慶裕監訳『キー・コ
　　ンピテンシー　国際標準の学力をめざして』明石書店，2006年。

水原克敏『学習指導要領は国民形成の設計書──その能力観と人間像の歴史的変遷』
　　東北大学出版会，2010年。

山田恵吾編著『日本の教育文化史を学ぶ』ミネルヴァ書房，2014年。

［藤田祐介］

第9章

日本の教育課程改革の展開④
──現在の教育課程の特質と課題──

ねらいと課題

　2015（平成27）年 3 月には学校教育法施行規則の一部改正と平成20年度版学習指導要領の一部改正を経て「道徳」が教科化され，2017（平成29）年 3 月には小中学校の学習指導要領（以下，新学習指導要領と略）が全面的に改訂された。小中学校の全面改訂は2008（平成20）年 3 月以来なので，約 9 年ぶりの大幅改訂であった。今回の改訂は，急速な情報化やグローバル化が進展した約10〜20年後の変化の激しく予測困難な時代を想定しながら，そのなかでこれからの学校はどうあるべきか，子どもたちにはいかなる知識や学びが求められるのか，そしてそもそも学習や知識とは何なのか等，かつてないほどの原理的で抜本的な議論を踏まえて行われた点に特徴がある。

　本章では，こうした新学習指導要領の改訂の背景にある理念とともに，今回の改訂で特に注目された小中学校の「特別の教科　道徳」と小学校の「外国語活動」「外国語科」を中心に，新学習指導要領の全体的な理解を図ることにしたい。

1　未来社会と学習指導要領の改訂

　現在の子どもたちが成人する頃の約10〜20年後は，わが国では生産人口の減少やグローバル化の進展，あるいは人工知能（AI）の発達などの絶え間ない技術革新により，急激な社会構造や雇用環境の変化が予想されている。しかも，そうした急速な変化の時代においては，一人ひとりが質的な豊かさを伴う個人であること，個人と社会をつなぐ新しい価値を創造する存在であること，そし

第**9**章　日本の教育課程改革の展開④

て何より持続可能な社会の担い手となることが求められることになる。

　したがって未来の学校教育では，子どもたちが様々な変化に積極的に向き合って情報を理解し，再構成して新たな価値につなげたり他者と協働しながら課題解決を図ったりするなど，複雑で多様な環境の変化の中でもしっかりと目標を立てて生き抜いていける能力を育成することが重要となっていく。自らの人生を切り拓き，よりよい社会を創り出す資質・能力を育成することが，学校には強く求められるからである。

　しかし，その一方で急激な世代交代に起因する教師の年齢層のアンバランスや教育技術の継承の問題など，時代的な環境の変化に伴う学校内外の課題は山積しており，解決困難な問題は少なくない。もはや現代の学校は教師の工夫だけでは対応しきれないほど多くの困難な現実に直面している。今回の改訂はこうした現状を踏まえながらも，2030年頃の社会を展望しつつ，さらにその先も見据えた初等中等教育の在り方を示したものとなっている。

2　新学習指導要領の方針

（1）教育課程と社会──社会に開かれた教育課程

　新学習指導要領では，子どもの視点に立って全体が見直されたことにより，いくつかの新しい方向性や方針が示されている。そのなかの一つが，前文に登場する「社会に開かれた教育課程」という理念である。

　これからの時代が求める教育を実施するには，まず何よりも「よりよい学校教育を通じてよりよい社会を創る」という目標を学校と社会が互いに理解して共有し，連携しながら進めていくことが求められる。そのため，各学校では必要な学習内容をどのように学び，どのような資質・能力を身に付けるのかを明確にして理解しやすくする必要がある。こうした観点から，2016（平成28）年12月発表の中央教育審議会答申「幼稚園，小学校，中学校，高等学校及び特別支援学校の学習指導要領等の改善及び必要な方策等について」（以下，「答申」）は，「社会に開かれた教育課程」の要件について次の3点を示した。

141

① 社会や世界の状況を幅広く視野に入れ，よりよい学校教育を通じてよりよい社会を創るという目標を持ち，教育課程を介してその目標を社会と共有していくこと。

② これからの社会を創り出していく子供たちが，社会や世界に向かい関わり合い，自らの人生を切り拓いていくために求められる資質・能力とは何かを，教育課程において明確化し，育んでいくこと。

③ 教育課程の実施に当たって，地域の人的・物的資源を活用したり，放課後や土曜日等を活用した社会教育との連携を図ったりし，学校教育を学校内に閉じずに，その目指すところを社会と共有・連携しながら実現させること。

　そもそも，教育課程が「社会に開かれる」とはいったい何を意味するのか。そこには主に2つの意味が含まれている。その一つは過去から現在，未来へという時間的なつながりの社会の中で「開かれる」存在の意味であり，もう一つは，学校が地域とともに発展していく存在として学校・家庭・地域という空間的なつながりの中で「開かれる」概念である。つまり，未来に向かう社会とのつながりという縦の軸と，家庭や地域との連携を図りながら組織的・計画的に社会に開かれる横の軸とを意味しており，いわば立体的な「学びの地図」としての意義を有しているのである。

（2）教育課程と教育目標——資質・能力の育成

　また，今回の新学習指導要領では育成すべき「資質・能力」の在り方が，より明確に示されている点が特徴となっている。

　これまで「平成10年版」および「平成20年版」の学習指導要領では，育成すべき力として，いわゆる「確かな学力」「豊かな心」「健やかな体」の学力の三要素である知・徳・体のバランスのとれた「生きる力」の育成が基本理念とされてきた。これについて，新学習指導要領では来るべき予測困難な社会の変化の中で，感性を豊かにしてどのような未来をつくり，どのように社会や人生をよりよいものにしていくのか，そしてどのようによりよい社会と幸福な人生の

第**9**章　日本の教育課程改革の展開④

創り手となる力を育成すべきなのかを強調しており，「答申」は，こうした力はこれまでの「生きる力」そのものであるとして，今回も「生きる力」の理念が踏襲された点を示している。

　だが，こうした「生きる力」の理念とは具体的にはいかなる資質・能力を指すのか，各学校は教育課程や各教科等の授業とのつながりを明確にする必要がある。そこで今回はその育成すべき資質・能力観が明確にされ，カリキュラムの構造に大きな転換が図られたのである。すなわち，これまでの「何を知っているか」という知識習得型の学習から，「何ができるようになるか」というコンピテンシー育成への転換であり，各教科等の目標および内容は，新たに次のような「資質・能力の三つの柱」に整理されて構造化された。

① 知識及び技能が習得されるようにすること。
② 思考力，判断力，表現力等を育成すること。
③ 学びに向かう力，人間性等を涵養すること。

　これらは「生きる力」の理念について，育成すべき「資質・能力」の観点から具体化させて捉え直しただけでなく，今回の新学習指導要領全体を通して共通に育成が目指されるべき指針として位置づけられている。

（3）教育課程と学習指導──主体的・対話的で深い学び

　次に，上記のコンピテンシー育成のための教育方法として，新学習指導要領では新たに「**主体的・対話的で深い学び**」の理念が提起されている。「答申」によれば，「主体的な学び」とは「学ぶことに興味や関心をもち，自己のキャリア形成の方向性と関連づけながら，見通しをもって粘り強く取り組み，自己の学習活動を振り返って次につなげる学び」とされる。最初に児童生徒は課題を把握して，その課題解決の見通しをもつことが大切である。そのためには学習過程の中での動機付けや方向付けを重視するとともに，学習内容や活動に応じた振り返りの場面を設定したり，表現の場を促したりすることが大切となっていく。

143

次に「対話的な学び」とは，「子ども同士の協働，教職員や地域の人との対話，先哲の考えを手がかりに考えること等を通じ，自己の考えを広げ深める」学びのことを指す。これは，知識や技能を定着させるだけでなく，物事について多面的で深い理解に至るためには，多様な表現を通じて教職員と子どもや子ども同士，あるいは実社会で働いている人びととの対話的な活動が必要であることを示すものとなっている。

そして「深い学び」とは，「習得・活用・探究という学びの過程の中で，各教科等の特質に応じた『見方・考え方』を働かせながら，知識を相互に関連付けてより深く理解したり，情報を精査して考えを形成したり，問題を見いだして解決策を考えたり，思いや考えを基に創造したりすることに向かう」学習であるとされている。

教員は児童生徒に対して，各教科等の学びの過程で身に付けた資質・能力の三つの柱を活用・発揮させながら，思考過程を通じてその「資質・能力」をさらに伸ばし，新たな「資質・能力」を育むような指導が求められる。そのためには，「主体的・対話的で深い学び」を体験させることで，教える場面と子ども達に思考・判断・表現させる場面を効果的に設計し，関連させながら指導していくことが望まれているのである。

（4）教育課程と学校経営──カリキュラムマネジメント

学校経営との関連では，**カリキュラムマネジメント**の重要性が強調されている。教育課程とは，学校教育の目的や目標を達成するために，教育の内容を子どもの心身の発達に応じながら授業時数との関連において組織した学校の教育計画であり，その編成主体は各学校である。したがって，教育課程は様々な教育活動を支える基盤となるものであり，学校運営も教育課程に基づく教育活動を効果的に運営する観点から実施されなくてはならない。各学校は子どもたちの姿や地域の実態等を踏まえながら，学校教育目標を実現するために学習指導要領に基づいて教育課程を編成し，それを実施・評価し，改善していくことが求められるのである。これをカリキュラムマネジメントという。

カリキュラムマネジメントには，以下の3つの側面がある。

① 児童生徒や学校，地域の実態を適切に把握し，教育の目的や目標の実現に必要な教育の内容等を教科横断的な視点で組み立てていくこと。
② 教育課程の実施状況を評価してその改善を図ること。
③ 教育課程の実施に必要な人的又は物的な体制を確保するとともにその改善を図ること。

　教育目標を実現して，学習の基盤となる資質能力（言語能力，情報活用能力，問題発見・解決能力）や現代的な課題（環境，福祉，健康安全，防災など）に対処できるような資質・能力を育成するには，各教科等の知識や技能は重要だが，単一教科等のそれだけでは不十分である。教科横断的な学習や「主体的・対話的で深い学び」により，教科等で身に付けた知識や技能が具体的な問題解決の場面で活用され，実施されなくてはならないからである。
　したがってそのためには学校の教育課程に対して，①児童生徒や学校・地域の実態の把握，②教育内容や時間の配分，③必要な人的・物的体制の確保，そして，④教育課程の実施状況に基づいた改善などが重要となってくる。各学校にはカリキュラムマネジメントを通じ，教育の質を向上させて学習効果の最大化を図ることが強く求められるのである。

3　新学習指導要領の実際

（1）新学習指導要領の構成
　新学習指導要領は，2030年代に生きる児童生徒たちにとって必要な資質・能力を育成する事が主な役割であり，2020年度からその全面実施が予定されている。そのため今回の改訂は，新しい時代に必要とされる資質・能力の観点からの各教科等の目標・内容の改訂が中心となっており，学習指導要領そのものの性格や位置づけに大きな変更はない。ただし，未来社会を見据えながら，全体の構成や新教科等の設置については若干の変更点がみられる。ここではまず，全体的な構成から見てみよう。
　小学校を例にあげれば，新学習指導要領の全体は「第1章　総則」「第2章

各教科」「第3章　特別の教科　道徳」「第4章　外国語活動」「第5章　総合的な学習の時間」「第6章　特別活動」となっている。改訂の理念を明確にするため新たに「前文」を設けたこと，そして「第2章　教科」に「外国語」が新設された点がおもな変更点だが，基本的には前回と同様であり，全体は6章で構成されている。

　しかし，「総則」の枠組みには大幅な変更がみられる点に注意したい。「平成20年版」では「総則」は，「第1　教育課程編成の一般方針」「第2　内容の取扱いに関する共通的事項」「第3　授業時数等の取扱い」「第4　指導計画の作成等に当たって配慮すべき事項」となっていたが，今回は「第1　小学校（中学校）教育の基本と教育課程の役割」「第2　教育課程の編成」「第3　教育課程の実施と学習評価」「第4　児童（生徒）の発達の支援」「第5　学校経営上の留意事項」「第6　道徳教育に関する配慮事項」に変更された。これは，前回までの「方針」としての性格から，カリキュラム・マネジメントを前提としたものに再整理されたためである。

（2）新学習指導要領の内容と特徴

　また，小学校および中学校の各教科等の年間授業時数は表9−1の通りである。

　新学習指導要領の主な改訂内容と特徴は次の通りである。

① 小学校においては，第3・4学年に「外国語活動」（週1コマ）が新設され，これまでの第5・6学年の「外国語活動」が「外国語科」（週2コマ）へと教科化された。

② 上記の①にともなう小学校第3・4学年の「外国語活動」の新設と，第5・6学年の教科化により，第3学年から第6学年まで週35時間ずつ授業時数が増加した。中学校では授業時間数の変更はない。

③ 小学校においては，各教科等の特質に応じて，コンピュータでの文字入力等の習得，プログラミング的指導の育成のための学習活動を実施することにした。

表9-1　小学校・中学校の各教科等の授業時数　〈2017（平成29）年〉

小 学 校

区分	各教科の授業時数										特別の教科 道徳	外国語活動	総合的な学習の時間	特別活動	総授業時数
	国語	社会	算数	理科	生活	音楽	図画工作	家庭	体育	外国語					
第1学年	306		136		102	68	68		102		34			34	850
第2学年	315		175		105	70	70		105		35			35	910
第3学年	245	70	175	90		60	60		105		35	35	70	35	980
第4学年	245	90	175	105		60	60		105		35	35	70	35	1015
第5学年	175	100	175	105		50	50	60	90	70	35		70	35	1015
第6学年	175	105	175	105		50	50	55	90	70	35		70	35	1015

中 学 校

区分	各教科の授業時数									特別の教科 道徳	総合的な学習の時間	特別活動	総授業時数
	国語	社会	数学	理科	音楽	美術	保健体育	技術・家庭	外国語				
第1学年	140	105	140	105	45	45	105	70	140	35	50	35	1015
第2学年	140	105	105	140	35	35	105	70	140	35	70	35	1015
第3学年	105	140	140	140	35	35	105	35	140	35	70	35	1015

④　平成27年3月27日の学習指導要領施行規則の一部改正にともなって，小学校では平成30年4月1日から，中学校で平成31年4月1日から「道徳の時間」が教科化されて「特別の教科　道徳」（道徳科）として全面実施される。

⑤　初等中等教育の一貫した学びのため，小学校入学当初における生活科を中心とした「スタートカリキュラム」の充実と，幼小，小中，中高の学校段階間の円滑な接続や教科横断的な学習を重視した。

⑥ 日本語の習得に困難のある児童生徒や不登校の児童生徒，夜間その他の特別の時間に授業を行う課程について定めた。

⑦ 部活動については，教育課程外の学校教育活動として教育課程との関連に留意し，社会教育関係団体等との連携による持続可能な運営体制について定めた。

⑧ 障害のある幼児・児童・生徒との交流及び共同学習の機会を設け，共に尊重し合いながら協働して生活する態度の育成を明らかにした。

⑨ 高等学校の地理歴史科では，必修履修科目に「地理総合」と「歴史総合」を，選択科目として「地理探究」「日本史探究」「世界史探究」を設置した。公民科では，必修履修科目に「公共」を新設し，選択科目は「倫理」「政治経済」とした。

4 新学習指導要領の外国語教育と道徳教育

（1）小学校の外国語活動と外国語科

① 外国語科の新設

新学習指導要領の中で，外国語教育（英語教育）に関しては大きな変更点があった。小学校の中学年（第3，4学年）に外国語活動が導入され，高学年（第5，6学年）では外国語活動が廃止されて外国語科が新設されており，いわば小学校英語教育の早期化と教科化が進められたのである。

② 外国語活動と外国語科の目標

まず目標から確認してみよう。今回新設された外国語活動と外国語科の目標は以下の通りである。

外国語活動（第3，4学年）

外国語によるコミュニケーションにおける見方，考え方を働かせ，外国語による聞くこと，話すことの言語活動を通して，コミュニケーションを図る素地となる資

質・能力を次のとおり育成することを目指す。

（1）外国語を通して，言語や文化について体験的に理解を深め，日本語と外国
語との音声の違い等に気付くとともに，外国語の音声や基本的な表現に慣れ親
しむようにする。

（2）身近で簡単な事柄について，外国語で聞いたり話したりして自分の考えや
気持ちなどを伝え合う力の素地を養う。

（3）外国語を通して，言語やその背景にある文化に対する理解を深め，相手に
配慮しながら，主体的に外国語を用いてコミュニケーションを図ろうとする態
度を養う。

文部科学省『学習指導要領（平成29年告示）』2017年，174頁。

外国語科（第5，6学年）

外国語によるコミュニケーションにおける見方・考え方を働かせ，外国語による
聞くこと，読むこと，話すこと，書くことの言語活動を通して，コミュニケーショ
ンを図る基礎となる資質・能力を次のとおり育成することを目指す。

（1）外国語の音声や文字，語彙，表現，文構造，言語の働きなどについて，日
本語と外国語との違いに気付き，これらの知識を理解するとともに，読むこと，
書くことに慣れ親しみ，聞くこと，読むこと，話すこと，書くことによる実際
のコミュニケーションにおいて活用できる基礎的な技能を身に付けるようにす
る。

（2）コミュニケーションを行う目的や場面，状況などに応じて，身近で簡単な
事柄について，聞いたり話したりするとともに，音声で十分に慣れ親しんだ外
国語の語彙や基本的な表現を推測しながら読んだり，語順を意識しながら書い
たりして，自分の考えや気持ちなどを伝え合うことができる基礎的な力を養う。

（3）外国語の背景にある文化に対する理解を深め，他者に配慮しながら，主体
的に外国語を用いてコミュニケーションを図ろうとする態度を養う。

文部科学省『学習指導要領（平成29年告示）』2017年，156頁。

外国語活動は「コミュニケーションを図る素地となる資質・能力」を，そし
て外国語科は「コミュニケーションを図る基礎となる資質・能力」の育成が目

標とされているが，両者はともに段階的で連携的な学びを前提としている。しかも，外国語活動の学習指導要領には，「第5学年及び第6学年並びに中学校及び高等学校における指導との連続に留意」する旨が明記されており，小学校中学年から高等学校までの一貫した英語教育の前提の下に，その重要性が強調されたものとなっている。

また，両者の目標はともに教科等の全てに共通して掲げられた「資質・能力の三つの柱」に対応している。すなわち，（1）が「知識・技能」，（2）が「思考力・判断力・表現力等」，そして（3）は「学びに向かう力，人間性等」に相当しており，教科か否かにかかわらず，これらの資質・能力の育成が重視されているのである。

しかし，その一方で外国語活動の場合は，「聞くこと」，「話すこと［やり取り］」，「話すこと［発表］」という三つの領域で構成されているが，「外国語科」では「聞くこと」，「読むこと」，「話すこと［やり取り］」，「話すこと［発表］」，「書くこと」の五領域で示されている点が大きな相違点となっている。つまり，外国語活動では英語の「音声や基本的な表現に慣れ親しむこと」「コミュニケーションを図る素地となる資質・能力」を体験的に育成していくが，外国語科では文字や単語の認識や英語と日本語の文構造の違いの気付きなど，「読むこと」「書くこと」が加わることで具体的に英語のスキルを育成することに主眼が置かれているのである。

③ 外国語活動と外国語科の内容

外国語活動と外国語科の内容は，いずれも「知識・技能」と「思考力・判断力・表現力等」に分けて記述されている。

だが，「知識・技能」について，外国語活動では「英語の特徴等に関する事項」として，①主体的にコミュニケーションをとることの楽しさや大切さを知ること，②日本と外国の言語や文化の違いを理解すること，が内容とされているが，それに対して外国語科では，「ア　音声」「イ　文字及び符号」「ウ　語，連語及び慣用表現」「エ　文及び文構造」などの「英語の特徴やきまりに関する事項」で構成されている。外国語活動は「体験的に身に付けること」で慣れ

親しんだり，楽しんだりすることが求められるが，外国語科では，実際のコミュニケーションにおいて活用できる基礎的技能を身に付けることが目的とされているのである。

　また，「思考力・判断力・表現力等」については，外国語活動では，①英語で情報を整理しながら考えなどを形成し，表現したり，伝え合ったりすることに関する事項，②言語活動及び言語の働きに関する事項，で構成されている。これらは，いつ，どこで，誰と何のために話すのかを意識させて，対話的な活動が求められていること，そして「聞くこと」，「話すこと［やりとり］」，「話すこと［発表］」の2技能3領域の具体的な活動例が示されている。それに対して外国語科では，①「情報を整理しながら考えなどを形成し，英語で表現したり，伝え合ったりすることに関する事項」と②「言語活動及び言語の働きに関する事項」で構成されている。児童が，コミュニケーションを行う目的や場面，状況などに応じて情報を整理し，具体的な場面や言語活動を通して表現しながら学ぶことがより具体的に示されているのである。

④ 指導法と評価

　今回の新学習指導要領において，第3，4学年からの外国語活動の開始と第5，6学年の外国語科の設置という一連の改革は，いったい何を意図したものだったのだろうか。それは，まずこれまでの知識習得としての英語教育から，知識を活用して実際に使える英語教育への転換を本格的に目指したことを意味している。とりわけ外国語科の設置は，中学校へのスムーズな連携を意図したものであり，急速なグローバル化が進む現代社会において，小学校から高等学校までの一貫した連携教育によって「使える英語力」を本格的に育成しようとしたといえる。

　また，もう一つの目的は，外国語に関する「資質・能力」を育成することで「生きる力」を涵養する点にある。外国語の知識・技能を習得しつつ，思考力，判断力，表現力を育成することは，ますますグローバル化しつつある「社会・世界とかかわり，よりよい人生を送る」ことにつながっていく。変化の激しい未来社会に生きる子ども達にとって，外国語活動と外国語科における学びは，

様々な世界の人々や文化と関わり合いながら豊かで幸せな人生を送るための一助となることが期待されているのである。

（2）小中学校「特別の教科 道徳」の新設
①「道徳の時間」から「特別の教科 道徳」へ

次に，前回の「平成20年版学習指導要領」からの大きな変更点の一つに，小中学校の「道徳」が教科化され，「特別の教科 道徳」＝道徳科が新設された点がある。ただし，実際にこの道徳科が登場したのは約3年前であった。

2015（平成27）年3月27日，文部科学省が告示した学校教育法施行規則の一部を改正する省令および学習指導要領の一部改正により，戦後のわが国の道徳教育は歴史的な転換点を迎えた。これまでの「道徳の時間」が「特別の教科道徳」（以下，道徳科）へと格上げされ，あらためて学校の教育活動全体を通じた道徳教育の「要」として位置付けられたからである。

この教科化に際しては検定教科書や評価の導入等がよく話題に上がったが，そもそも教科化は，「考え，議論する道徳」の実現のためであった点に留意する必要がある。2016（平成28）年12月の「答申」は，「学校や子どもの実態に基づき，充実した指導を重ねて確固たる成果を上げている学校がある一方で，なかには単なる生活経験の話し合いや読み物の「人物」の心情の読み取りのみに偏った形式的な指導が行われていたりする例がある」として，これまで「心情主義」に偏りがちであった従来の道徳教育の問題点を指摘していた。

ただし，これは心情理解を重視する授業を全て否定したわけではない。「人物」の心情と自分との関わりを多面的・多角的に追究し，道徳的価値の自覚を促す指導は有意義であり，発達段階や教材によっては効果的な場合も少なくない。あくまでも問題とされたのは，「○○の気持ちはどうだったのか」と心情のみを終始問い続ける「読解型」の授業であった。したがって，多様な価値に向き合い，答えが一つでない道徳的課題を自身の問題として捉えさせ，「考え，議論する道徳」を通じて実効性のある道徳教育を実現するために「道徳」は教科化されたのである。

第**9**章　日本の教育課程改革の展開④

② 道徳科の目標

　道徳科の教科目標は以下の通りである。

　第1章総則の第1の2の(2)に示す道徳教育の目標に基づき，よりよく生きるための基盤となる道徳性を養うため，道徳的諸価値についての理解を基に，自己を見つめ，物事を（広い視野から）多面的・多角的に考え，自己の（人間としての）生き方についての考えを深める学習を通して，道徳的な判断力，心情，実践意欲と態度を育てる。

文部科学省『学習指導要領（平成29年告示）』2017年，165頁。

（　　）は中学校の場合

　教科の目標では，これまで別々となっていた道徳教育の目標と「道徳の時間」の目標が統一されて示されたことが大きな変更点である。従前では学校教育活動の全体を通じた道徳教育と，それらを「補充，深化，統合」して「道徳的実践力」を育成する「道徳の時間」の目標が別途に設定されていたが，今回は，「よりよく生きるための道徳性を養う」に一本化されている。育成する資質や概念について，共通理解しやすい表現に変更されたといえるだろう。

　また，育成すべき「道徳性」は，前回の「道徳的心情，判断力，実践意欲と態度」から「道徳的な判断力，心情，実践意欲と態度」の順へと変更されている点に特徴がある。「道徳的心情」と「判断」が入れ替わったわけだが，これはこれまでの過度の「心情」重視傾向からの脱却が望まれたためと考えられる。

　さらに，新たに目標に追記された部分もある。道徳的価値を「理解」することや「自己を見つめる」こと，「多面的・多角的に考える」こと，そして「自己の生き方について考えを深める」ことなどが，教科の目標に初めて具体的に示されるようになった。

③ 道徳科の内容

　次に，内容を構成する4つの視点は以下の通りである。

153

A　主として自分自身に関すること

B　主として人との関わりに関すること

C　主として集団や社会との関わりに関すること

D　主として生命や自然，崇高なものとの関わりに関すること

　道徳科で扱う対象が，今回の改訂ではAからDへと同心円的に拡大するように再整理された（前回はCとDが逆であった）。4つの視点が，対自的価値，対他者的価値，対集団・社会的価値，対自然・超越的価値の順に整理し直され，対象との価値関係が徐々に拡大されることで子ども達が自然なかたちで学びやすいように再構成されている。

　また，内容項目の数については，「第1学年及び第2学年」が19項目（前回は16項目），「第3学年及び第4学年」が20項目（前回は18項目），「第5学年及び第6学年」が22項目（前回と同様）に変更された。

④　道徳科の指導方法と評価

　指導方法と評価については，新たに踏み込んだ提案がなされている。平成28年7月，「道徳教育に係る評価等の在り方に関する専門家会議」は，「『特別の教科　道徳』の指導方法・評価等について」をまとめ，「質の高い指導方法」として次の3点を例示した。

（ア）「人物」への自我関与が中心の学習

（イ）問題解決的な学習

（ウ）道徳的行為に関する体験的な学習

　いずれも道徳上の問題を自分の問題として主体的に捉えさせ，能動的かつ協同的，対話的な，「主体的・対話的で深い学び」の学習活動による問題解決が想定されたものとなっている。ただし，これらは独立した固定的な「型」が示されたわけではなく，あくまでも有効な指導方法の例示に過ぎない。場合によっては，これら複数の「型」の組み合わせもありうるだろう。大切なことは，

指導する一人一人の教師が学校や児童生徒の実態を踏まえて，授業の主題やねらいに応じた適切な工夫改良を加えながら適切な指導方法を選択することである。

　また，道徳科の評価に関する基本的な方針は以下の通りである。

（ア）学習状況や道徳性に係る成長の様子への評価
（イ）指導に生かすための指導と評価の一体化
（ウ）個々の内容項目ごとではなく，大くくりなまとまりを踏まえた評価
（エ）数値での評定や序列化はせず，成長の度合いを認めて励ます記述式の個人内評価
（オ）発達障害等のある子どもへの配慮ある指導と評価の必要性

　道徳科では教科の特性に鑑み，道徳的判断力や心情，実践意欲と態度に対する観点別の分節化による評価や学習状況を分析的に捉える評価はしない。パフォーマンス評価やポートフォリオ等を活用しながら，子どもの学びを一定のまとまりで見取り，学習活動の具体的な取組状況について評価していくのである。道徳科では，自己内評価を中心にしながら，認めて励ますように記述する評価方法が求められているのである。

参考文献

文部科学省『小学校学習指導要領（平成29年告示）』東洋館出版社，2017年。
文部科学省『小学校学習指導要領解説　総則編』東洋館出版社，2017年。
文部科学省『中学校学習指導要領（平成29年告示）』東山書房，2017年。
文部科学省『中学校学習指導要領　総則編』東山書房，2017年。
水原克敏編著『新小学校学習指導要領改訂のポイント』日本標準，2017年。
奈須正裕『新学習指導要領全文と要点解説』教育開発研究所，2017年。

［関根明伸］

コラム：韓国の道徳科の過去・現在・未来

「韓国の道徳教育って……，やっぱり儒教の教えが強いんですよね？」

韓国の道徳教育に関心があることを話すと，たいてい多くの方々からはこんな質問が返ってくる。とかくPISAの学力上位国であるとか，激しい受験競争や学歴社会というキーワードで語られることの多い韓国だが，既に1973年に教科化された道徳教育には，漠然と「東方礼儀之国」としての儒教的イメージを持つ人が少なくない。しかし宗教人口だけを見るならば，韓国では実に人口の31.6パーセント，つまり約3人に1人はクリスチャンで一番多く，儒教を宗教として信ずる人びとはわずか0.2％である。そして何より43.3％は無宗教というのが実態である……。

そもそも，韓国の道徳教育ではどんな内容を学んでいるのだろうか。道徳科の「教育課程」を見てみると，各学年とも，①道徳的主体としての私　②自分自身と私達・他の人・社会との関係　③自分自身と国・民族・地球共同体との関係　④自分自身と自然・超越的な存在との関係　という大きく4つの内容領域の枠組みに沿って，「正直」「誠実」「生命尊重」などの徳目群が体系的に整理されている。そこには過度に儒教的な内容が多い印象は特になく，むしろわが国の「特別の教科　道徳」＝道徳科と非常に近い。

ただし，とりわけ特徴的なのは，かつては「反共教育」と呼ばれ，近年では「統一教育」や「安保教育」などと言われる政治教育的な内容が上記③の領域に含まれている点であろう。1963年から1973年まで，道徳科の前身は「反共・道徳生活」という「特設道徳」の時間でもあった。

そして，1973年より韓国の道徳教育は初等学校から高等学校まで通常の教科教育の一つとして行われてきた。初等学校1，2年には「正しい生活」，初等学校3年〜高校1年に「道徳」，そして高校2〜3学年には倫理関係選択科目というように，名称は異なるが小・中・高に道徳教育のための関連教科目が組み込まれている。授業は初等学校では学級担任が行うが，中学校と高校では教科担当者がその役割を担う。道徳科専任教師の彼らは，全てかつて大学時代に倫理教育学科で道徳教育を専門的に学び，教員免許状（教員資格証）を取得した教師達である。つまり，カリキュラムの開発や教科書の作成のみならず，教員の養成から採用に至るまで，道徳関連教科の扱いは他の教科となんら変わりがないのである。

このように，1970年代には政治教育的内容の導入と強固な教科教育体制が確立したわけだが，その背景には，韓国が約70年前に直面した悲劇的な事件が大きく関わっている。すなわち，3年間で約300万人の犠牲者を出した朝鮮戦争（1950〜1953）である。その経験が対北朝鮮対策を意識したイデオロギー教育の必要性を痛感させることとなり，1960年代には道徳教育に「反共教育」という政治教育的な内容を組み入れ，さらに1970年代には教科化することで，解放後の韓国では一貫して道徳教育を強化しようとする政策が取られてきたのである。

なんとも政治主導で強引な教育政策に見えなくもない。だが，一方でこうした事実は，

知識偏重になりがちな教育界において，道徳教育の意義と国民の意識を高める一定の役割を果たすとともに，教科の背景となる道徳・倫理教育学の学問的レベルを高めてきたのも紛れもない事実である。そのため，現在も韓国ではカリキュラム開発や教員養成においても道徳科は他教科とそん色ない厳然たる位置を占めているのだ。こうした点から見るならば，おおよそ50年間大きな変化がないままに学問的にも実践的にも，何より教育現場において低調気味であったわが国の「道徳」とは大きな開きを感じざるを得ない。

　そんななか，韓国の「2007年改訂教育課程」（2007年）では，本来の道徳教育に回帰しようとする「教科アイデンティティーの明確化」や「考える道徳」，そして「主題追究の道徳教育」の必要性が道徳科の新しい方針として打ち出された。

　一方，その約10年後の2017年 3 月，わが国では「特設道徳」が「特別の教科　道徳」へと格上げされ，「考え，議論する」道徳教育を目指して教科化されたところである。ここにきて，ようやく両国は目指すところが接近してきたといえよう。道徳教育の実践と研究を互いに高めあえるような，そんな時代がようやく両国には到来しようとしているのかも知れない。

　※参考文献　関根明伸『韓国道徳科教育の研究　教科原理とカリキュラム』東北大学出版会，2018年

資　料　編

〈法令〉

・日本国憲法（抄）

・教育基本法

・学校教育法（抄）

・学校教育法施行規則（抄）

〈学習指導要領〉

・小学校学習指導要領（抄）

・中学校学習指導要領（抄）

・高等学校学習指導要領（抄）

・特別支援学校小学部・中学部学習指導要領（抄）

◆日本国憲法（抄）

(昭和21年11月3日公布，昭和22年5月3日施行)

　日本国民は，正当に選挙された国会における代表者を通じて行動し，われらとわれらの子孫のために，諸国民との協和による成果と，わが国全土にわたつて自由のもたらす恵沢を確保し，政府の行為によつて再び戦争の惨禍が起ることのないやうにすることを決意し，ここに主権が国民に存することを宣言し，この憲法を確定する。そもそも国政は，国民の厳粛な信託によるものであつて，その権威は国民に由来し，その権力は国民の代表者がこれを行使し，その福利は国民がこれを享受する。これは人類普遍の原理であり，この憲法は，かかる原理に基くものである。われらは，これに反する一切の憲法，法令及び詔勅を排除する。

　日本国民は，恒久の平和を念願し，人間相互の関係を支配する崇高な理想を深く自覚するのであつて，平和を愛する諸国民の公正と信義に信頼して，われらの安全と生存を保持しようと決意した。われらは，平和を維持し，専制と隷従，圧迫と偏狭を地上から永遠に除去しようと努めてゐる国際社会において，名誉ある地位を占めたいと思ふ。われらは，全世界の国民が，ひとしく恐怖と欠乏から免かれ，平和のうちに生存する権利を有することを確認する。

　われらは，いづれの国家も，自国のことのみに専念して他国を無視してはならないのであつて，政治道徳の法則は，普遍的なものであり，この法則に従ふことは，自国の主権を維持し，他国と対等関係に立たうとする各国の責務であると信ずる。

　日本国民は，国家の名誉にかけ，全力をあげてこの崇高な理想と目的を達成することを誓ふ。

第11条　国民は，すべての基本的人権の享有を妨げられない。この憲法が国民に保障する基本的人権は，侵すことのできない永久の権利として，現在及び将来の国民に与へられる。

第12条　この憲法が国民に保障する自由及び権利は，国民の不断の努力によつて，これを保持しなければならない。又，国民は，これを濫用してはならないのであつて，常に公共の福祉のためにこれを利用する責任を負ふ。

第13条　すべて国民は，個人として尊重される。生命，自由及び幸福追求に対する国民の権利については，公共の福祉に反しない限り，立法その他の国政の上で，最大の尊重を必要とする。

第14条　すべて国民は，法の下に平等であつて，人種，信条，性別，社会的身分又は門地により，政治的，経済的又は社会的関係において，差別されない。

②　華族その他の貴族の制度は，これを認めない。

③　栄誉，勲章その他の栄典の授与は，いかなる特権も伴はない。栄典の授与は，現にこれを有し，又は将来これを受ける者の一代に限り，その効力を有する。

第15条　公務員を選定し，及びこれを罷免することは，国民固有の権利である。

②　すべて公務員は，全体の奉仕者であつて，一部の奉仕者ではない。

③　公務員の選挙については，成年者による普通選挙を保障する。

④　すべて選挙における投票の秘密は，これを侵してはならない。選挙人は，その選択に関し公的にも私的にも責任は問はれない。

第19条　思想及び良心の自由は，これを侵してはならない。

第20条　信教の自由は，何人に対してもこれを保障する。いかなる宗教団体も，国から特権を受け，又は政治上の権力を行使してはならない。

②　何人も，宗教上の行為，祝典，儀式又は行事に参加することを強制されない。

③　国及びその機関は，宗教教育その他いかなる宗教的活動もしてはならない。

第21条　集会，結社及び言論，出版その他一切の表現の自由は，これを保障する。

②　検閲は，これをしてはならない。通信の秘密は，これを侵してはならない。

第22条　何人も，公共の福祉に反しない限り，居住，移転及び職業選択の自由を有する。

②　何人も，外国に移住し，又は国籍を離脱する自由を侵されない。

第23条　学問の自由は，これを保障する。

第25条　すべて国民は，健康で文化的な最低限度の生活を営む権利を有する。

②　国は，すべての生活部面について，社会福祉，社会保障及び公衆衛生の向上及び増進に努めなければならない。

第26条　すべて国民は，法律の定めるところにより，その能力に応じて，ひとしく教育を受ける権利を有する。

②　すべて国民は，法律の定めるところにより，その保護する子女に普通教育を受けさせる義務を負ふ。義務教育は，これを無償とする。

第27条　すべて国民は，勤労の権利を有し，義務を負ふ。

②　賃金，就業時間，休息その他の勤労条件に関する基準は，法律でこれを定める。

③　児童は，これを酷使してはならない。

第89条　公金その他の公の財産は，宗教上の組織若しくは団体の使用，便益若しくは維持のため，又は公の支配に属しない慈善，教育若しくは博愛の事業に対し，これを支出し，又はその利用に供してはならない。

第98条　この憲法は，国の最高法規であつて，その条規に反する法律，命令，詔勅及び国務に関するその他の行為の全部又は一部は，その効力を有しない。

②　日本国が締結した条約及び確立された国際法規は，これを誠実に遵守することを必要とする。

◆教育基本法

(平成18年12月22日　法律第120号)

　我々日本国民は，たゆまぬ努力によって築いてきた民主的で文化的な国家を更に発展させるとともに，世界の平和と人類の福祉の向上に貢献することを願うものである。

　我々は，この理想を実現するため，個人の尊厳を

資料編

重んじ，真理と正義を希求し，公共の精神を尊び，豊かな人間性と創造性を備えた人間の育成を期するとともに，伝統を継承し，新しい文化の創造を目指す教育を推進する。

ここに，我々は，日本国憲法の精神にのっとり，我が国の未来を切り拓く教育の基本を確立し，その振興を図るため，この法律を制定する。

第1章　教育の目的及び理念

（教育の目的）
第1条　教育は，人格の完成を目指し，平和で民主的な国家及び社会の形成者として必要な資質を備えた心身ともに健康な国民の育成を期して行われなければならない。

（教育の目標）
第2条　教育は，その目的を実現するため，学問の自由を尊重しつつ，次に掲げる目標を達成するよう行われるものとする。
一　幅広い知識と教養を身に付け，真理を求める態度を養い，豊かな情操と道徳心を培うとともに，健やかな身体を養うこと。
二　個人の価値を尊重して，その能力を伸ばし，創造性を培い，自主及び自律の精神を養うとともに，職業及び生活との関連を重視し，勤労を重んずる態度を養うこと。
三　正義と責任，男女の平等，自他の敬愛と協力を重んずるとともに，公共の精神に基づき，主体的に社会の形成に参画し，その発展に寄与する態度を養うこと。
四　生命を尊び，自然を大切にし，環境の保全に寄与する態度を養うこと。
五　伝統と文化を尊重し，それらをはぐくんできた我が国と郷土を愛するとともに，他国を尊重し，国際社会の平和と発展に寄与する態度を養うこと。

（生涯学習の理念）
第3条　国民一人ひとりが，自己の人格を磨き，豊かな人生を送ることができるよう，その生涯にわたって，あらゆる機会に，あらゆる場所において学習することができ，その成果を適切に生かすことのできる社会の実現が図られなければならない。

（教育の機会均等）
第4条　すべて国民は，ひとしく，その能力に応じた教育を受ける機会を与えられなければならず，人種，信条，性別，社会的身分，経済的地位又は門地によって，教育上差別されない。
2　国及び地方公共団体は，障害のある者が，その障害の状態に応じ，十分な教育を受けられるよう，教育上必要な支援を講じなければならない。
3　国及び地方公共団体は，能力があるにもかかわらず，経済的理由によって修学が困難な者に対して，奨学の措置を講じなければならない。

第2章　教育の実施に関する基本

（義務教育）
第5条　国民は，その保護する子に，別に法律で定めるところにより，普通教育を受けさせる義務を負う。
2　義務教育として行われる普通教育は，各個人の有する能力を伸ばしつつ社会において自立的に生きる基礎を培い，また，国家及び社会の形成者として必要とされる基本的な資質を養うことを目的として行われるものとする。
3　国及び地方公共団体は，義務教育の機会を保障し，その水準を確保するため，適切な役割分担及び相互の協力の下，その実施に責任を負う。
4　国又は地方公共団体の設置する学校における義務教育については，授業料を徴収しない。

（学校教育）
第6条　法律に定める学校は，公の性質を有するものであって，国，地方公共団体及び法律に定める法人のみが，これを設置することができる。
2　前項の学校においては，教育の目標が達成されるよう，教育を受ける者の心身の発達に応じて，体系的な教育が組織的に行われなければならない。この場合において，教育を受ける者が，学校生活を営む上で必要な規律を重んずるとともに，自ら進んで学習に取り組む意欲を高めることを重視して行われなければならない。

（大学）
第7条　大学は，学術の中心として，高い教養と専門的能力を培うとともに，深く真理を探究して新たな知見を創造し，これらの成果を広く社会に提供することにより，社会の発展に寄与するものとする。
2　大学については，自主性，自律性その他の大学における教育及び研究の特性が尊重されなければならない。

（私立学校）
第8条　私立学校の有する公の性質及び学校教育において果たす重要な役割にかんがみ，国及び地方公共団体は，その自主性を尊重しつつ，助成その他の適当な方法によって私立学校教育の振興に努めなければならない。

（教員）
第9条　法律に定める学校の教員は，自己の崇高な使命を深く自覚し，絶えず研究と修養に励み，その職責の遂行に努めなければならない。
2　前項の教員については，その使命と職責の重要性にかんがみ，その身分は尊重され，待遇の適正が期せられるとともに，養成と研修の充実が図られなければならない。

（家庭教育）
第10条　父母その他の保護者は，子の教育について第一義的責任を有するものであって，生活のために必要な習慣を身に付けさせるとともに，自立心を育成し，心身の調和のとれた発達を図るよう努めるものとする。
2　国及び地方公共団体は，家庭教育の自主性を尊重しつつ，保護者に対する学習の機会及び情報の提供その他の家庭教育を支援するために必要な施策を講ずるよう努めなければならない。

（幼児期の教育）
第11条　幼児期の教育は，生涯にわたる人格形成の基礎を培う重要なものであることにかんがみ，国及び地方公共団体は，幼児の健やかな成長に資する良好な環境の整備その他適当な方法によって，その振興に努めなければならない。

（社会教育）

161

第12条 個人の要望や社会の要請にこたえ，社会において行われる教育は，国及び地方公共団体によって奨励されなければならない。

2 国及び地方公共団体は，図書館，博物館，公民館その他の社会教育施設の設置，学校の施設の利用，学習の機会及び情報の提供その他の適当な方法によって社会教育の振興に努めなければならない。

（学校，家庭及び地域住民等の相互の連携協力）
第13条 学校，家庭及び地域住民その他の関係者は，教育におけるそれぞれの役割と責任を自覚するとともに，相互の連携及び協力に努めるものとする。

（政治教育）
第14条 良識ある公民として必要な政治的教養は，教育上尊重されなければならない。

2 法律に定める学校は，特定の政党を支持し，又はこれに反対するための政治教育その他政治的活動をしてはならない。

（宗教教育）
第15条 宗教に関する寛容の態度，宗教に関する一般的な教養及び宗教の社会生活における地位は，教育上尊重されなければならない。

2 国及び地方公共団体が設置する学校は，特定の宗教のための宗教教育その他宗教的活動をしてはならない。

第3章 教育行政

（教育行政）
第16条 教育は，不当な支配に服することなく，この法律及び他の法律の定めるところにより行われるべきものであり，教育行政は，国と地方公共団体との適切な役割分担及び相互の協力の下，公正かつ適正に行われなければならない。

2 国は，全国的な教育の機会均等と教育水準の維持向上を図るため，教育に関する施策を総合的に策定し，実施しなければならない。

3 地方公共団体は，その地域における教育の振興を図るため，その実情に応じた教育に関する施策を策定し，実施しなければならない。

4 国及び地方公共団体は，教育が円滑かつ継続的に実施されるよう，必要な財政上の措置を講じなければならない。

（教育振興基本計画）
第17条 政府は，教育の振興に関する施策の総合的かつ計画的な推進を図るため，教育の振興に関する施策についての基本的な方針及び講ずべき施策その他必要な事項について，基本的な計画を定め，これを国会に報告するとともに，公表しなければならない。

2 地方公共団体は，前項の計画を参酌し，その地域の実情に応じ，当該地方公共団体における教育の振興のための施策に関する基本的な計画を定めるよう努めなければならない。

第4章 法令の制定

第18条 この法律に規定する諸条項を実施するため，必要な法令が制定されなければならない。

附則（抄）

（施行期日）
1 この法律は，公布の日から施行する。

◆学校教育法（抄）
（昭和22年3月31日　法律第26号）

第1条 この法律で，学校とは，幼稚園，小学校，中学校，義務教育学校，高等学校，中等教育学校，特別支援学校，大学及び高等専門学校とする。

第21条 義務教育として行われる普通教育は，教育基本法（平成18年法律第120号）第5条第2項に規定する目的を実現するため，次に掲げる目標を達成するよう行われるものとする。

一　学校内外における社会的活動を促進し，自主，自律及び協同の精神，規範意識，公正な判断力並びに公共の精神に基づき主体的に社会の形成に参画し，その発展に寄与する態度を養うこと。

二　学校内外における自然体験活動を促進し，生命及び自然を尊重する精神並びに環境の保全に寄与する態度を養うこと。

三　我が国と郷土の現状と歴史について，正しい理解に導き，伝統と文化を尊重し，それらをはぐくんできた我が国と郷土を愛する態度を養うとともに，進んで外国の文化の理解を通じて，他国を尊重し，国際社会の平和と発展に寄与する態度を養うこと。

四　家族と家庭の役割，生活に必要な衣，食，住，情報，産業その他の事項について基礎的な理解と技能を養うこと。

五　読書に親しませ，生活に必要な国語を正しく理解し，使用する基礎的な能力を養うこと。

六　生活に必要な数量的な関係を正しく理解し，処理する基礎的な能力を養うこと。

七　生活にかかわる自然現象について，観察及び実験を通じて，科学的に理解し，処理する基礎的な能力を養うこと。

八　健康，安全で幸福な生活のために必要な習慣を養うとともに，運動を通じて体力を養い，心身の調和的発達を図ること。

九　生活を明るく豊かにする音楽，美術，文芸その他の芸術について基礎的な理解と技能を養うこと。

十　職業についての基礎的な知識と技能，勤労を重んずる態度及び個性に応じて将来の進路を選択する能力を養うこと。

第29条 小学校は，心身の発達に応じて，義務教育として行われる普通教育のうち基礎的なものを施すことを目的とする。

第30条 小学校における教育は，前条に規定する目的を実現するために必要な程度において第21条各号に掲げる目標を達成するよう行われるものとする。

② 前項の場合においては，生涯にわたり学習する基盤が培われるよう，基礎的な知識及び技能を習得させるとともに，これらを活用して課題を解決するために必要な思考力，判断力，表現力その他の能力をはぐくみ，主体的に学習に取り組む態度

を養うことに，特に意を用いなければならない。

第31条 小学校においては，前条第1項の規定による目標の達成に資するため，教育指導を行うに当たり，児童の体験的な学習活動，特にボランティア活動など社会奉仕体験活動，自然体験活動その他の体験活動の充実に努めるものとする。この場合において，社会教育関係団体その他の関係団体及び関係機関との連携に十分配慮しなければならない。

第32条 小学校の修業年限は，6年とする。

第33条 小学校の教育課程に関する事項は，第29条及び第30条の規定に従い，文部科学大臣が定める。

第34条 小学校においては，文部科学大臣の検定を経た教科用図書又は文部科学省が著作の名義を有する教科用図書を使用しなければならない。

② 前項に規定する教科用図書（以下この条において「教科用図書」という。）の内容を文部科学大臣の定めるところにより記録した電磁的記録（電子的方式，磁気的方式その他人の知覚によっては認識することができない方式で作られる記録であつて，電子計算機による情報処理の用に供されるものをいう。）である教材がある場合には，同項の規定にかかわらず，文部科学大臣の定めるところにより，児童の教育の充実を図るため必要があると認められる教育課程の一部において，教科用図書に代えて当該教材を使用することができる。

③ 前項に規定する場合において，視覚障害，発達障害その他の文部科学大臣の定める事由により教科用図書を使用して学習することが困難な児童に対し，教科用図書に用いられた文字，図形等の拡大又は音声への変換その他の同項に規定する教材を電子計算機において用いることが可能となる方法で指導することにより当該児童の学習上の困難の程度を低減させる必要があると認められるときは，文部科学大臣の定めるところにより，教育課程の全部又は一部において，教科用図書に代えて当該教材を使用することができる。

④ 教科用図書及び第2項に規定する教材以外の教材で，有益適切なものは，これを使用することができる。

⑤ 第1項の検定の申請に係る教科用図書に関し調査審議させるための審議会等（国家行政組織法（昭和23年法律第120号）第8条に規定する機関をいう。以下同じ。）については，政令で定める。

第45条 中学校は，小学校における教育の基礎の上に，心身の発達に応じて，義務教育として行われる普通教育を施すことを目的とする。

第46条 中学校における教育は，前条に規定する目的を実現するため，第21条各号に掲げる目標を達成するよう行われるものとする。

第47条 中学校の修業年限は，3年とする。

第48条 中学校の教育課程に関する事項は，第45条及び第46条の規定並びに次条において読み替えて準用する第30条第2項の規定に従い，文部科学大臣が定める。

第49条 第30条第2項，第31条，第34条，第35条及び第37条から第44条までの規定は，中学校に準用する。この場合において，第30条第2項中「前項」とあるのは「第46条」と，第31条中「前条第1項」とあるのは「第46条」と読み替えるものとする。

第49条の2 義務教育学校は，心身の発達に応じて，義務教育として行われる普通教育を基礎的なものから一貫して施すことを目的とする。

第49条の3 義務教育学校における教育は，前条に規定する目的を実現するため，第21条各号に掲げる目標を達成するよう行われるものとする。

第49条の4 義務教育学校の修業年限は，9年とする。

第49条の5 義務教育学校の課程は，これを前期6年の前期課程及び後期3年の後期課程に区分する。

第49条の6 義務教育学校の前期課程における教育は，第49条の2に規定する目的のうち，心身の発達に応じて，義務教育として行われる普通教育のうち基礎的なものを施すことを実現するために必要な程度において第21条各号に掲げる目標を達成するよう行われるものとする。

② 義務教育学校の後期課程における教育は，第49条の2に規定する目的のうち，前期課程における教育の基礎の上に，心身の発達に応じて，義務教育として行われる普通教育を施すことを実現するため，第21条各号に掲げる目標を達成するよう行われるものとする。

第49条の7 義務教育学校の前期課程及び後期課程の教育課程に関する事項は，第49条の2，第49条の3及び前条の規定並びに次条において読み替えて準用する第30条第2項の規定に従い，文部科学大臣が定める。

第49条の8 第30条第2項，第31条，第34条から第37条まで及び第42条から第44条までの規定は，義務教育学校に準用する。この場合において，第30条第2項中「前項」とあるのは「第49条の3」と，第31条中「前条第1項」とあるのは「第49条の3」と読み替えるものとする。

第50条 高等学校は，中学校における教育の基礎の上に，心身の発達及び進路に応じて，高度な普通教育及び専門教育を施すことを目的とする。

第51条 高等学校における教育は，前条に規定する目的を実現するため，次に掲げる目標を達成するよう行われるものとする。

一　義務教育として行われる普通教育の成果を更に発展拡充させて，豊かな人間性，創造性及び健やかな身体を養い，国家及び社会の形成者として必要な資質を養うこと。

二　社会において果たさなければならない使命の自覚に基づき，個性に応じて将来の進路を決定させ，一般的な教養を高め，専門的な知識，技術及び技能を習得させること。

三　個性の確立に努めるとともに，社会について，広く深い理解と健全な批判力を養い，社会の発展に寄与する態度を養うこと。

第52条 高等学校の学科及び教育課程に関する事項は，前2条の規定及び第62条において読み替えて準用する第30条第2項の規定に従い，文部科学大臣が定める。

第53条 高等学校には，全日制の課程のほか，定時制の課程を置くことができる。

② 高等学校には，定時制の課程のみを置くことができる。

第54条 高等学校には，全日制の課程又は定時制の

163

課程のほか，通信制の課程を置くことができる。

② 高等学校には，通信制の課程のみを置くことができる。

③ 市（指定都市を除く。以下この項において同じ。）町村（市町村が単独で又は他の市町村と共同して設立する公立大学法人を含む。）の設置する高等学校については都道府県の教育委員会，私立の高等学校については都道府県知事は，高等学校の通信制の課程のうち，当該高等学校の所在する都道府県の区域内に住所を有する者のほか，全国的に他の都道府県の区域内に住所を有する者を併せて生徒とするものその他政令で定めるもの（以下この項において「広域の通信制の課程」という。）に係る第4条第1項に規定する認可（政令で定める事項に係るものに限る。）を行うときは，あらかじめ，文部科学大臣に届け出なければならない。都道府県（都道府県が単独で又は他の地方公共団体と共同して設立する公立大学法人を含む。）又は指定都市（指定都市が単独で又は他の指定都市若しくは市町村と共同して設立する公立大学法人を含む。）の設置する高等学校の広域の通信制の課程について，当該都道府県又は指定都市の教育委員会（公立大学法人の設置する高等学校にあつては，当該公立大学法人）がこの項前段の政令で定める事項を行うときも，同様とする。

④ 通信制の課程に関し必要な事項は，文部科学大臣が，これを定める。

第55条 高等学校の定時制の課程又は通信制の課程に在学する生徒が，技能教育のための施設で当該施設の所在地の都道府県の教育委員会の指定するものにおいて教育を受けているときは，校長は，文部科学大臣の定めるところにより，当該施設における学習を当該高等学校における教科の一部の履修とみなすことができる。

② 前項の施設の指定に関し必要な事項は，政令で，これを定める。

第56条 高等学校の修業年限は，全日制の課程については，3年とし，定時制の課程及び通信制の課程については，3年以上とする。

第57条 高等学校に入学することのできる者は，中学校若しくはこれに準ずる学校若しくは義務教育学校を卒業した者若しくは中等教育学校の前期課程を修了した者又は文部科学大臣の定めるところにより，これと同等以上の学力があると認められた者とする。

第58条 高等学校には，専攻科及び別科を置くことができる。

② 高等学校の専攻科は，高等学校若しくはこれに準ずる学校若しくは中等教育学校を卒業した者又は文部科学大臣の定めるところにより，これと同等以上の学力があると認められた者に対して，精深な程度において，特別の事項を教授し，その研究を指導することを目的とし，その修業年限は，1年以上とする。

③ 高等学校の別科は，前条に規定する入学資格を有する者に対して，簡易な程度において，特別の技能教育を施すことを目的とし，その修業年限は，1年以上とする。

第58条の2 高等学校の専攻科の課程（修業年限が2年以上であることその他の文部科学大臣の定める

基準を満たすものに限る。）を修了した者（第90条第1項に規定する者に限る。）は，文部科学大臣の定めるところにより，大学に編入学することができる。

第61条 高等学校に，全日制の課程，定時制の課程又は通信制の課程のうち二以上の課程を置くときは，それぞれの課程に関する校務を分担して整理する教頭を置かなければならない。ただし，命を受けて当該課程に関する校務をつかさどる副校長が置かれる一の課程については，この限りでない。

第62条 第30条第2項，第31条，第34条，第37条第4項から第17項まで及び第19項並びに第42条から第44条までの規定は，高等学校に準用する。この場合において，第30条第2項中「前項」とあるのは「第51条」と，第31条中「前条第1項」とあるのは「第51条」と読み替えるものとする。

第63条 中等教育学校は，小学校における教育の基礎の上に，心身の発達及び進路に応じて，義務教育として行われる普通教育並びに高度な普通教育及び専門教育を一貫して施すことを目的とする。

第64条 中等教育学校における教育は，前条に規定する目的を実現するため，次に掲げる目標を達成するよう行われるものとする。

一 豊かな人間性，創造性及び健やかな身体を養い，国家及び社会の形成者として必要な資質を養うこと。

二 社会において果たさなければならない使命の自覚に基づき，個性に応じて将来の進路を決定させ，一般的な教養を高め，専門的な知識，技術及び技能を習得させること。

三 個性の確立に努めるとともに，社会について，広く深い理解と健全な批判力を養い，社会の発展に寄与する態度を養うこと。

第65条 中等教育学校の修業年限は，6年とする。

第66条 中等教育学校の課程は，これを前期3年の前期課程及び後期3年の後期課程に区分する。

第67条 中等教育学校の前期課程における教育は，第63条に規定する目的のうち，小学校における教育の基礎の上に，心身の発達に応じて，義務教育として行われる普通教育を施すことを実現するため，第21条各号に掲げる目標を達成するよう行われるものとする。

② 中等教育学校の後期課程における教育は，第63条に規定する目的のうち，心身の発達及び進路に応じて，高度な普通教育及び専門教育を施すことを実現するため，第64条各号に掲げる目標を達成するよう行われるものとする。

第68条 中等教育学校の前期課程の教育課程に関する事項並びに後期課程の学科及び教育課程に関する事項は，第63条，第64条及び前条の規定並びに第70条第1項において読み替えて準用する第30条第2項の規定に従い，文部科学大臣が定める。

第70条 第30条第2項，第31条，第34条，第37条第4項から第17項まで及び第19項，第42条から第44条まで，第59条並びに第60条第4項及び第6項の規定は中等教育学校に，第53条から第55条まで，第58条，第58条の2及び第61条の規定は中等教育学校の後期課程に，それぞれ準用する。この場合において，第30条第2項中「前項」とあるのは「第64条」と，第

164

資料編

31条中「前条第1項」とあるのは「第64条」と読み替えるものとする。

② 前項において準用する第53条又は第54条の規定により後期課程に定時制の課程又は通信制の課程を置く中等教育学校については、第65条の規定にかかわらず、当該定時制の課程又は通信制の課程に係る修業年限は、6年以上とする。この場合において、第66条中「後期3年の後期課程」とあるのは、「後期3年以上の後期課程」とする。

第71条 同一の設置者が設置する中学校及び高等学校においては、文部科学大臣の定めるところにより、中等教育学校に準じて、中学校における教育と高等学校における教育を一貫して施すことができる。

第72条 特別支援学校は、視覚障害者、聴覚障害者、知的障害者、肢体不自由者又は病弱者(身体虚弱者を含む。以下同じ。)に対して、幼稚園、小学校、中学校又は高等学校に準ずる教育を施すとともに、障害による学習上又は生活上の困難を克服し自立を図るために必要な知識技能を授けることを目的とする。

第74条 特別支援学校においては、第72条に規定する目的を実現するための教育を行うほか、幼稚園、小学校、中学校、義務教育学校、高等学校又は中等教育学校の要請に応じて、第81条第1項に規定する幼児、児童又は生徒の教育に関し必要な助言又は援助を行うよう努めるものとする。

第77条 特別支援学校の幼稚部の教育課程その他の保育内容、小学部及び中学部の教育課程又は高等部の学科及び教育課程に関する事項は、幼稚園、小学校、中学校又は高等学校に準じて、文部科学大臣が定める。

第81条 幼稚園、小学校、中学校、義務教育学校、高等学校及び中等教育学校においては、次項各号のいずれかに該当する幼児、児童及び生徒その他教育上特別の支援を必要とする幼児、児童及び生徒に対し、文部科学大臣の定めるところにより、障害による学習上又は生活上の困難を克服するための教育を行うものとする。

② 小学校、中学校、義務教育学校、高等学校及び中等教育学校には、次の各号のいずれかに該当する児童及び生徒のために、特別支援学級を置くことができる。

一 知的障害者
二 肢体不自由者
三 身体虚弱者
四 弱視者
五 難聴者
六 その他障害のある者で、特別支援学級において教育を行うことが適当なもの

③ 前項に規定する学校においては、疾病により療養中の児童及び生徒に対して、特別支援学級を設け、又は教員を派遣して、教育を行うことができる。

第82条 第26条、第27条、第31条(第49条及び第62条において読み替えて準用する場合を含む。)、第32条、第34条(第49条において準用する場合を含む。)、第36条、第37条(第28条、第49条及び第62条において準用する場合を含む。)、第42条から第44条まで、第47条及び第56条から第60条までの規

定は特別支援学校に、第84条の規定は特別支援学校の高等部に、それぞれ準用する。

◆学校教育法施行規則(抄)
(昭和22年5月23日 文部省令第11号)

第24条 校長は、その学校に在学する児童等の指導要録(学校教育法施行令第31条に規定する児童等の学習及び健康の状況を記録した書類の原本をいう。以下同じ。)を作成しなければならない。

② 校長は、児童等が進学した場合においては、その作成に係る当該児童等の指導要録の抄本又は写しを作成し、これを進学先の校長に送付しなければならない。

③ 校長は、児童等が転学した場合においては、その作成に係る当該児童等の指導要録の写しを作成し、その写し(転学してきた児童等については転学により送付を受けた指導要録(就学前の子どもに関する教育、保育等の総合的な提供の推進に関する法律施行令(平成26年政令第203号)第8条に規定する園児の学習及び健康の状況を記録した書類の原本を含む。)の写しを含む。)及び前項の抄本又は写しを転学先の校長、保育所の長又は認定こども園の長に送付しなければならない。

第25条 校長(学長を除く。)は、当該学校に在学する児童等について出席簿を作成しなければならない。

第28条 学校において備えなければならない表簿は、概ね次のとおりとする。

一 学校に関係のある法令
二 学則、日課表、教科用図書配当表、学校医執務記録簿、学校歯科医執務記録簿、学校薬剤師執務記録簿及び学校日誌
三 職員の名簿、履歴書、出勤簿並びに担任学級、担任の教科目又は科目及び時間表
四 指導要録、その写し及び抄本並びに出席簿及び健康診断に関する表簿
五 入学者の選抜及び成績考査に関する表簿
六 資産原簿、出納簿及び経費の予算決算についての帳簿並びに図書機械器具、標本、模型等の教具の目録
七 往復文書処理簿

② 前項の表簿(第24条第2項の抄本又は写しを除く。)は、別に定めるもののほか、5年間保存しなければならない。ただし、指導要録及びその写しのうち入学、卒業等の学籍に関する記録については、その保存期間は、20年間とする。

③ 学校教育法施行令第31条の規定により指導要録及びその写しを保存しなければならない期間は、前項のこれらの書類の保存期間から当該学校においてこれらの書類を保存していた期間を控除した期間とする。

第50条 小学校の教育課程は、国語、社会、算数、理科、生活、音楽、図画工作、家庭、体育及び外国語の各教科(以下この節において「各教科」という。)、特別の教科である道徳、外国語活動、総合的な学習の時間並びに特別活動によって編成するものとする。

165

2　私立の小学校の教育課程を編成する場合は，前項の規定にかかわらず，宗教を加えることができる。この場合においては，宗教をもって前項の道徳に代えることができる。

第51条　小学校（第52条の2第2項に規定する中学校連携型小学校及び第79条の9第2項に規定する中学校併設型小学校を除く。）の各学年における各教科，特別の教科である道徳，外国語活動，総合的な学習の時間及び特別活動のそれぞれの授業時数並びに各学年におけるこれらの総授業時数は，別表第1に定める授業時数を標準とする。

第52条　小学校の教育課程については，この節に定めるもののほか，教育課程の基準として文部科学大臣が別に公示する小学校学習指導要領によるものとする。

第52条の2　小学校（第79条の9第2項に規定する中学校併設型小学校を除く。）においては，中学校における教育との一貫性に配慮した教育を施すため，当該小学校の設置者が当該中学校の設置者との協議に基づき定めるところにより，教育課程を編成することができる。

2　前項の規定により教育課程を編成する小学校（以下「中学校連携型小学校」という。）は，第74条の2第1項の規定により教育課程を編成する中学校と連携し，その教育課程を実施するものとする。

第52条の3　中学校連携型小学校の各学年における各教科，特別の教科である道徳，外国語活動，総合的な学習の時間及び特別活動のそれぞれの授業時数並びに各学年におけるこれらの総授業時数は，別表第2の2に定める授業時数を標準とする。

第52条の4　中学校連携型小学校の教育課程については，この章に定めるもののほか，教育課程の基準の特例として文部科学大臣が別に定めるところによるものとする。

第53条　小学校においては，必要がある場合には，一部の各教科について，これらを合わせて授業を行うことができる。

第54条　児童が心身の状況によつて履修することが困難な各教科は，その児童の心身の状況に適合するように課さなければならない。

第55条　小学校の教育課程に関し，その改善に資する研究を行うため特に必要があり，かつ，児童の教育上適切な配慮がされると文部科学大臣が認める場合においては，文部科学大臣が別に定めるところにより，第50条第1項，第51条（中学校連携型小学校にあつては第52条の3，第79条の9第2項に規定する中学校併設型小学校にあつては第79条の12において準用する第79条の5第1項）又は第52条の規定によらないことができる。

第55条の2　文部科学大臣が，小学校において，当該小学校又は当該小学校が設置される地域の実態に照らし，より効果的な教育を実施するため，当該小学校又は当該地域の特色を生かした特別の教育課程を編成して教育を実施する必要があり，かつ，当該特別の教育課程について，教育基本法（平成18年法律第120号）及び学校教育法第30条第1項の規定等に照らして適切であり，児童の教育上適切な配慮がなされているものとして文部科学大臣が定める

基準を満たしていると認める場合においては，文部科学大臣が別に定めるところにより，第50条第1項，第51条（中学校連携型小学校にあつては第52条の3，第79条の9第2項に規定する中学校併設型小学校にあつては第79条の12において準用する第79条の5第1項）又は第52条の規定の全部又は一部によらないことができる。

第56条　小学校において，学校生活への適応が困難であるため相当の期間小学校を欠席し引き続き欠席すると認められる児童を対象として，その実態に配慮した特別の教育課程を編成して教育を実施する必要があると文部科学大臣が認める場合においては，文部科学大臣が別に定めるところにより，第50条第1項，第51条（中学校連携型小学校にあつては第52条の3，第79条の9第2項に規定する中学校併設型小学校にあつては第79条の12において準用する第79条の5第1項）又は第52条の規定によらないことができる。

第56条の2　小学校において，日本語に通じない児童のうち，当該児童の日本語を理解し，使用する能力に応じた特別の指導を行う必要があるものを教育する場合には，文部科学大臣が別に定めるところにより，第50条第1項，第51条（中学校連携型小学校にあつては第52条の3，第79条の9第2項に規定する中学校併設型小学校にあつては第79条の12において準用する第79条の5第1項）及び第52条の規定にかかわらず，特別の教育課程によることができる。

第56条の3　前条の規定により特別の教育課程による場合においては，校長は，児童が設置者の定めるところにより他の小学校，義務教育学校の前期課程又は特別支援学校の小学部において受けた授業を，当該小学校において受けた当該特別の教育課程に係る授業とみなすことができる。

第56条の4　小学校において，学齢を経過した者のうち，その者の年齢，経験又は勤労の状況その他の実情に応じた特別の指導を行う必要があるものを夜間その他特別の時間において教育する場合には，文部科学大臣が別に定めるところにより，第50条第1項，第51条（中学校連携型小学校にあつては第52条の3，第79条の9第2項に規定する中学校併設型小学校にあつては第79条の12において準用する第79条の5第1項）及び第52条の規定にかかわらず，特別の教育課程によることができる。

第56条の5　学校教育法第34条第2項に規定する教材（以下この条において「教科用図書代替教材」という。）は，同条第1項に規定する教科用図書（以下この条において「教科用図書」という。）の発行者が，その発行する教科用図書の内容の全部（電磁的記録に記録することに伴つて変更が必要となる内容を除く。）をそのまま記録した電磁的記録である教材とする。

2　学校教育法第34条第2項の規定による教科用図書代替教材の使用は，文部科学大臣が別に定める基準を満たすように行うものとする。

3　学校教育法第34条第3項に規定する文部科学大臣の定める事由は，次のとおりとする。

　　一　視覚障害，発達障害その他の障害
　　二　日本語に通じないこと
　　三　前2号に掲げる事由に準ずるもの

資　料　編

4　学校教育法第34条第3項の規定による教科用図書代替教材の使用は，文部科学大臣が別に定める基準を満たすように行うものとする。

第57条　小学校において，各学年の課程の修了又は卒業を認めるに当つては，児童の平素の成績を評価して，これを定めなければならない。

第58条　校長は，小学校の全課程を修了したと認めた者には，卒業証書を授与しなければならない。

第59条　小学校の学年は，4月1日に始まり，翌年3月31日に終わる。

第60条　授業終始の時刻は，校長が定める。

第61条　公立小学校における休業日は，次のとおりとする。ただし，第3号に掲げる日を除き，当該学校を設置する地方公共団体の教育委員会（公立大学法人の設置する小学校にあつては，当該公立大学法人の理事長。第3号において同じ。）が必要と認める場合は，この限りでない。

　一　国民の祝日に関する法律（昭和23年法律第178号）に規定する日

　二　日曜日及び土曜日

　三　学校教育法施行令第29条の規定により教育委員会が定める日

第62条　私立小学校における学期及び休業日は，当該学校の学則で定める

第63条　非常変災その他急迫の事情があるときは，校長は，臨時に授業を行わないことができる。この場合において，公立小学校についてはその旨を当該学校を設置する地方公共団体の教育委員会（公立大学法人の設置する小学校にあつては，当該公立大学法人の理事長）に報告しなければならない。

第72条　中学校の教育課程は，国語，社会，数学，理科，音楽，美術，保健体育，技術・家庭及び外国語の各教科（以下本章及び第7章中「各教科」という。），特別の教科である道徳，総合的な学習の時間並びに特別活動によつて編成するものとする。

第73条　中学校（併設型中学校，第74条の2第2項に規定する小学校連携型中学校，第75条第2項に規定する連携型中学校及び第79条の9第2項に規定する小学校併設型中学校を除く。）の各学年における各教科，特別の教科である道徳，総合的な学習の時間及び特別活動のそれぞれの授業時数並びに各学年におけるこれらの総授業時数は，別表第2に定める授業時数を標準とする。

第74条　中学校の教育課程については，この章に定めるもののほか，教育課程の基準として文部科学大臣が別に公示する中学校学習指導要領によるものとする。

第74条の2　中学校（併設型中学校，第75条第2項に規定する連携型中学校及び第79条の9第2項に規定する小学校併設型中学校を除く。）においては，小学校における教育との一貫性に配慮した教育を施すため，当該中学校の設置者が当該小学校の設置者との協議に基づき定めるところにより，教育課程を編成することができる。

2　前項の規定により教育課程を編成する中学校（以下「小学校連携型中学校」という。）は，中学校連携型小学校と連携し，その教育課程を実施するものとする。

第74条の3　小学校連携型中学校の各学年における各教科，特別の教科である道徳，総合的な学習の時間及び特別活動のそれぞれの授業時数並びに各学年におけるこれらの総授業時数は，別表第2の3に定める授業時数を標準とする。

第74条の4　小学校連携型中学校の教育課程については，この章に定めるもののほか，教育課程の基準の特例として文部科学大臣が別に定めるところによるものとする。

第75条　中学校（併設型中学校，小学校連携型中学校及び第79条の9第2項に規定する小学校併設型中学校を除く。）においては，高等学校における教育との一貫性に配慮した教育を施すため，当該中学校の設置者が当該高等学校の設置者との協議に基づき定めるところにより，教育課程を編成することができる。

2　前項の規定により教育課程を編成する中学校（以下「連携型中学校」という。）は，第87条第1項の規定により教育課程を編成する高等学校と連携し，その教育課程を実施するものとする。

第76条　連携型中学校の各学年における各教科，特別の教科である道徳，総合的な学習の時間及び特別活動のそれぞれの授業時数並びに各学年におけるこれらの総授業時数は，別表第4に定める授業時数を標準とする。

第77条　連携型中学校の教育課程については，この章に定めるもののほか，教育課程の基準の特例として文部科学大臣が別に定めるところによるものとする。

第77条の2　中学校は，当該中学校又は当該中学校が設置されている地域の実態に照らし，より効果的な教育を実施するため必要がある場合であって，生徒の教育上適切な配慮がなされているものとして文部科学大臣が定める基準を満たしていると認められるときは，文部科学大臣が別に定めるところにより，授業を，多様なメディアを高度に利用して，当該授業を行う教室等以外の場所で履修させることができる。

第78条の2　部活動指導員は，中学校におけるスポーツ，文化，科学等に関する教育活動（中学校の教育課程として行われるものを除く。）に係る技術的な指導に従事する。

第79条　第41条から第49条まで，第50条第2項，第54条から第68条までの規定は，中学校に準用する。この場合において，第42条中「5学級」とあるのは「2学級」と，第55条から第56条の2まで及び第56条の4の規定中「第50条第1項」とあるのは「第72条」と，「第51条（中学校連携型小学校にあつては第52条の3，第79条の9第2項に規定する中学校併設型小学校にあつては第79条の12において準用する第79条の5第1項）」とあるのは「第73条（併設型中学校にあつては第117条において準用する第107条，小学校連携型中学校にあつては第74条の3，連携型中学校にあつては第76条，第79条の9第2項に規定する小学校併設型中学校にあつては第79条の12において準用する第79条の5第2項）」と，「第52条」とあるのは「第74条」と，第55条の2中「第30条第1項」とあるのは「第46条」と，第56条の3中「他の小学校，義務教育学校の前期課程又は特別支援学校の小学部」とあるのは「他の中学校，義務教育学校

167

の後期課程，中等教育学校の前期課程又は特別支援学校の中学部」と読み替えるものとする。

第79条の5　次条第1項において準用する第50条第1項に規定する義務教育学校の前期課程の各学年における各教科，特別の教科である道徳，外国語活動，総合的な学習の時間及び特別活動のそれぞれの授業時数並びに各学年におけるこれらの総授業時数は，別表第2の2に定める授業時数を標準とする。

2　次条第2項において準用する第72条に規定する義務教育学校の後期課程の各学年における各教科，特別の教科である道徳，総合的な学習の時間及び特別活動のそれぞれの授業時数並びに各学年におけるこれらの総授業時数は，別表第2の3に定める授業時数を標準とする。

第79条の6　義務教育学校の前期課程の教育課程については，第50条，第52条の規定に基づき文部科学大臣が公示する小学校学習指導要領及び第55条から第56条の4までの規定を準用する。この場合において，第55条から第56条までの規定中「総則第50条第1項，第51条（中学校連携型小学校にあつては第52条の3，第79条の9第2項に規定する中学校併設型小学校にあつては第79条の12において準用する第79条の5第1項）又は第52条」とあるのは「第79条の5第1項又は第79条の6第1項において準用する第50条第1項若しくは第52条の規定に基づき文部科学大臣が公示する小学校学習指導要領」と，第55条の2中「第30条第1項」とあるのは「第49条の6第1項」と，第56条の2及び第56条の4中「第50条第1項，第51条（中学校連携型小学校にあつては第52条の3，第79条の9第2項に規定する中学校併設型小学校にあつては第79条の12において準用する第79条の5第1項）及び第52条」とあるのは「第79条の5第1項並びに第79条の6第1項において準用する第50条第1項及び第52条の規定に基づき文部科学大臣が公示する小学校学習指導要領」と読み替えるものとする。

2　義務教育学校の後期課程の教育課程については，第50条第2項，第55条から第56条の4まで及び第72条の規定並びに第74条の規定に基づき文部科学大臣が公示する中学校学習指導要領の規定を準用する。この場合において，第55条から第56条までの規定中「第50条第1項，第51条（中学校連携型小学校にあつては第52条の3，第79条の9第2項に規定する中学校併設型小学校にあつては第79条の12において準用する第79条の5第1項）又は第52条」とあるのは「第79条の5第2項又は第79条の6第2項において準用する第72条若しくは第74条の規定に基づき文部科学大臣が公示する中学校学習指導要領」と，第55条の2中「第30条第1項」とあるのは「第49条の6第2項」と，第56条の2及び第56条の4中「第50条第1項，第51条（中学校連携型小学校にあつては第52条の3，第79条の9第2項に規定する中学校併設型小学校にあつては第79条の12において準用する第79条の5第1項）及び第52条」とあるのは「第79条の5第2項並びに第79条の6第2項において準用する第72条及び第74条の規定に基づき文部科学大臣が公示する中学校学習指導要領」と，第56条の4中「他の小学校，義務教育学校の前期課程又は特別支援学校の小学部」とあるのは「他の中学校，義

務教育学校の後期課程，中等教育学校の前期課程又は特別支援学校の中学部」と読み替えるものとする。

第79条の7　義務教育学校の教育課程については，この章に定めるもののほか，教育課程の基準の特例として文部科学大臣が別に定めるところによるものとする。

第79条の8　第43条から第49条まで，第53条，第54条，第57条から第71条まで（第69条を除く。）及び第78条の規定は，義務教育学校に準用する。

2　第78条の2の規定は，義務教育学校の後期課程に準用する。

第79条の9　同一の設置者が設置する小学校（中学校連携型小学校を除く。）及び中学校（併設型中学校，小学校連携型中学校及び連携型中学校を除く。）においては，義務教育学校に準じて，小学校における教育と中学校における教育を一貫して施すことができる。

2　前項の規定により中学校における教育と一貫した教育を施す小学校（以下「中学校併設型小学校」という。）及び同項の規定により小学校における教育と一貫した教育を施す中学校（以下「小学校併設型中学校」という。）においては，小学校における教育と中学校における教育を一貫して施すためにふさわしい運営の仕組みを整えるものとする。

第79条の10　中学校併設型小学校の教育課程については，第4章に定めるもののほか，教育課程の基準の特例として文部科学大臣が別に定めるところによるものとする。

2　小学校併設型中学校の教育課程については，第5章に定めるもののほか，教育課程の基準の特例として文部科学大臣が別に定めるところによるものとする。

第79条の11　中学校併設型小学校及び小学校併設型中学校においては，小学校における教育と中学校における教育を一貫して施すため，設置者の定めるところにより，教育課程を編成するものとする。

第79条の12　第79条の5第1項の規定は中学校併設型小学校に，同条第2項の規定は小学校併設型中学校に準用する。

第83条　高等学校の教育課程は，別表第3に定める各教科に属する科目，総合的な探究の時間及び特別活動によつて編成するものとする。

第84条　高等学校の教育課程については，この章に定めるもののほか，教育課程の基準として文部科学大臣が別に公示する高等学校学習指導要領によるものとする。

第85条　高等学校の教育課程に関し，その改善に資する研究を行うため特に必要があり，かつ，生徒の教育上適切な配慮がなされていると文部科学大臣が認める場合においては，文部科学大臣が別に定めるところにより，前2条の規定によらないことができる。

第85条の2　文部科学大臣が，高等学校において，当該高等学校又は当該高等学校が設置されている地域の実態に照らし，より効果的な教育を実施するため，当該高等学校又は当該地域の特色を生かした特別の教育課程を編成して教育を実施する必要があり，かつ，当該特別の教育課程について，教育基本法及

資料編

び学校教育法第51条の規定等に照らして適切であり，生徒の教育上適切な配慮がなされているものとして文部科学大臣が定める基準を満たしていると認める場合においては，文部科学大臣が別に定めるところにより，第83条又は第84条の規定の全部又は一部によらないことができる。

第86条　高等学校において，学校生活への適応が困難であるため，相当の期間高等学校を欠席し引き続き欠席すると認められる生徒，高等学校を退学し，その後高等学校に入学していないと認められる者若しくは学校教育法第57条に規定する高等学校の入学資格を有するが，高等学校に入学していないと認められる者又は疾病による療養のため若しくは障害のため，相当の期間高等学校を欠席すると認められる生徒，高等学校を退学し，その後高等学校に入学していないと認められる者若しくは学校教育法第57条に規定する高等学校の入学資格を有するが，高等学校に入学していないと認められる者を対象として，その実態に配慮した特別の教育課程を編成して教育を実施する必要があると文部科学大臣が認める場合においては，文部科学大臣が別に定めるところにより，第83条又は第84条の規定によらないことができる。

第87条　高等学校（学校教育法第71条の規定により中学校における教育と一貫した教育を施すもの（以下「併設型高等学校」という。）を除く。）においては，中学校における教育との一貫性に配慮した教育を施すため，当該高等学校の設置者が当該中学校の設置者との協議に基づき定めるところにより，教育課程を編成することができる。

2　前項の規定により教育課程を編成する高等学校（以下「連携型高等学校」という。）は，連携型中学校と連携し，その教育課程を実施するものとする。

第88条　連携型高等学校の教育課程については，この章に定めるもののほか，教育課程の基準の特例として文部科学大臣が別に定めるところによるものとする。

第88条の2　スイス民法典に基づく財団法人である国際バカロレア事務局から国際バカロレア・ディプロマ・プログラムを提供する学校として認められた高等学校の教育課程については，この章に定めるもののほか，教育課程の基準の特例として文部科学大臣が別に定めるところによるものとする。

第88条の3　高等学校は，文部科学大臣が別に定めるところにより，授業を，多様なメディアを高度に利用して，当該授業を行う教室等以外の場所で履修させることができる。

第89条　高等学校においては，文部科学大臣の検定を経た教科用図書又は文部科学省が著作の名義を有する教科用図書のない場合には，当該高等学校の設置者の定めるところにより，他の適切な教科用図書を使用することができる。

第107条　次条第1項において準用する第72条に規定する中等教育学校の前期課程の各学年における各教科，特別の教科である道徳，総合的な学習の時間及び特別活動のそれぞれの授業時数並びに各学年におけるこれらの総授業時数は，別表第4に定める授業時数を標準とする。

第108条　中等教育学校の前期課程の教育課程については，第50条第2項，第55条から第56条の4まで及び第72条の規定並びに第74条の規定に基づき文部科学大臣が公示する中学校学習指導要領の規定を準用する。この場合において，第55条から第56条までの規定中「第50条第1項，第51条（中学校連携型小学校にあつては第52条の3，第79条の9第2項に規定する中学校併設型小学校にあつては第79条の12において準用する第79条の5第1項）又は第52条」とあるのは「第107条又は第108条第1項において準用する第72条若しくは第74条の規定に基づき文部科学大臣が公示する中学校学習指導要領」と，第55条の2中「第30条第1項」とあるのは「第67条第1項」と，第56条の2及び第56条の4中「第50条第1項，第51条（中学校連携型小学校にあつては第52条の3，第79条の9第2項に規定する中学校併設型小学校にあつては第79条の12において準用する第79条の5第1項）及び第52条」とあるのは「第107条並びに第108条第1項において準用する第72条及び第74条の規定に基づき文部科学大臣が公示する中学校学習指導要領」と，第56条の4中「他の小学校，義務教育学校の前期課程又は特別支援学校の小学部」とあるのは「他の中学校，義務教育学校の後期課程，中等教育学校の前期課程又は特別支援学校の中学部」と読み替えるものとする。

2　中等教育学校の後期課程の教育課程については，第83条，第85条から第86条まで及び第88条の2の規定並びに第84条の規定に基づき文部科学大臣が公示する高等学校学習指導要領の規定を準用する。この場合において，第85条中「前2条」とあり，並びに第85条の2及び第86条中「第83条又は第84条」とあり，第108条第2項において準用する第83条又は第84条の規定に基づき文部科学大臣が公示する高等学校学習指導要領」と，第85条の2中「第51条」とあるのは「第67条第2項」と読み替えるものとする。

第109条　中等教育学校の教育課程については，この章に定めるもののほか，教育課程の基準の特例として文部科学大臣が別に定めるところによるものとする。

第113条　第43条から第49条まで（第46条を除く。），第54条，第57条，第58条，第59条から第71条まで（第69条を除く。），第78条の2，第82条，第91条，第94条及び第100条の3の規定は，中等教育学校に準用する。この場合において，同条中「第104条第1項」とあるのは，「第113条第1項」と読み替えるものとする。

2　第78条の規定は，中等教育学校の前期課程に準用する。

3　第81条，第88条の3，第89条，第92条，第93条，第96条から第100条の2まで，第101条第2項，第102条，第103条第1項及び第104条第2項の規定は，中等教育学校の後期課程に準用する。この場合において，第96条第1項中「第85条，第85条の2又は第86条」とあるのは「第108条第2項において読み替えて準用する第85条，第85条の2又は第86条」と，「第83条又は第84条」とあるのは「第108条第2項において準用する第83条又は第84条の規定に基づき文部科学大臣が公示する高等学校学習指導要領」と読み替えるものとする。

169

第114条 併設型中学校の教育課程については，第5章に定めるもののほか，教育課程の基準の特例として文部科学大臣が別に定めるところによるものとする。

2 併設型高等学校の教育課程については，第6章に定めるもののほか，教育課程の基準の特例として文部科学大臣が別に定めるところによるものとする。

第115条 併設型中学校及び併設型高等学校においては，中学校における教育と高等学校における教育を一貫して施すため，設置者の定めるところにより，教育課程を編成するものとする。

第117条 第107条及び第110条の規定は，併設型中学校に準用する。

第126条 特別支援学校の小学部の教育課程は，国語，社会，算数，理科，生活，音楽，図画工作，家庭，体育及び外国語の各教科，特別の教科である道徳，外国語活動，総合的な学習の時間，特別活動並びに自立活動によつて編成するものとする。

2 前項の規定にかかわらず，知的障害者である児童を教育する場合は，生活，国語，算数，音楽，図画工作及び体育の各教科，特別の教科である道徳，特別活動並びに自立活動によつて教育課程を編成するものとする。ただし，必要がある場合には，外国語活動を加えて教育課程を編成することができる。

第127条 特別支援学校の中学部の教育課程は，国語，社会，数学，理科，音楽，美術，保健体育，技術・家庭及び外国語の各教科，特別の教科である道徳，総合的な学習の時間，特別活動並びに自立活動によつて編成するものとする。

2 前項の規定にかかわらず，知的障害者である生徒を教育する場合は，国語，社会，数学，理科，音楽，美術，保健体育及び職業・家庭の各教科，道徳，総合的な学習の時間，特別活動並びに自立活動によつて教育課程を編成するものとする。ただし，必要がある場合には，外国語科を加えて教育課程を編成することができる。

第128条 特別支援学校の高等部の教育課程は，別表第3及び別表第5に定める各教科に属する科目，総合的な探究の時間，特別活動並びに自立活動によつて編成するものとする。

2 前項の規定にかかわらず，知的障害者である生徒を教育する場合は，国語，社会，数学，理科，音楽，美術，保健体育，職業，家庭，外国語，情報，家政，農業，工業，流通・サービス及び福祉の各教科，第129条に規定する特別支援学校高等部学習指導要領で定めるこれら以外の教科及び道徳，総合的な学習の時間，特別活動並びに自立活動によつて教育課程を編成するものとする。

第129条 特別支援学校の幼稚部の教育課程その他の保育内容並びに小学部，中学部及び高等部の教育課程については，この章に定めるもののほか，教育課程その他の保育内容又は教育課程の基準として文部科学大臣が別に公示する特別支援学校幼稚部教育要領，特別支援学校小学部・中学部学習指導要領及び特別支援学校高等部学習指導要領によるものとする。

第130条 特別支援学校の小学部，中学部又は高等部においては，特に必要がある場合は，第126条から第128条までに規定する各教科（次項において「各教科」という。）又は別表第3及び別表第5に定める各教科に属する科目の全部又は一部について，合わせて授業を行うことができる。

2 特別支援学校の小学部，中学部又は高等部においては，知的障害者である児童若しくは生徒又は複数の種類の障害を併せ有する児童若しくは生徒を教育する場合において特に必要があるときは，各教科，特別の教科である道徳（特別支援学校の高等部にあつては，前条に規定する特別支援学校高等部学習指導要領で定める道徳），外国語活動，特別活動及び自立活動の全部又は一部について，合わせて授業を行うことができる。

第131条 特別支援学校の小学部，中学部又は高等部において，複数の種類の障害を併せ有する児童若しくは生徒を教育する場合又は教員を派遣して教育を行う場合において，特に必要があるときは，第126条から第129条までの規定にかかわらず，特別の教育課程によることができる。

2 前項の規定により特別の教育課程による場合において，文部科学大臣の検定を経た教科用図書又は文部科学省が著作の名義を有する教科用図書を使用することが適当でないときは，当該学校の設置者の定めるところにより，他の適切な教科用図書を使用することができる。

第132条 特別支援学校の小学部，中学部又は高等部の教育課程に関し，その改善に資する研究を行うため特に必要があり，かつ，児童又は生徒の教育上適切な配慮がなされていると文部科学大臣が認める場合においては，文部科学大臣が別に定めるところにより，第126条から第129条までの規定によらないことができる。

第132条の2 文部科学大臣が，特別支援学校の小学部，中学部又は高等部において，当該特別支援学校又は当該特別支援学校が設置される地域の実態に照らし，より効果的な教育を実施するため，当該特別支援学校又は当該地域の特色を生かした特別の教育課程を編成して教育を実施する必要があり，かつ，当該教育課程について，教育基本法及び学校教育法第72条の規定等に照らして適切であり，児童又は生徒の教育上適切な配慮がなされているものとして文部科学大臣が定める基準を満たしていると認める場合においては，文部科学大臣が別に定めるところにより，第126条から第129条までの規定の一部又は全部によらないことができる。

第132条の3 特別支援学校の小学部又は中学部において，日本語に通じない児童又は生徒のうち，当該児童又は生徒の日本語を理解し，使用する能力に応じた特別の指導を行う必要があるものを教育する場合には，文部科学大臣が別に定めるところにより，第126条，第127条及び第129条の規定にかかわらず，特別の教育課程によることができる。

第132条の4 前条の規定により特別の教育課程による場合においては，校長は，児童又は生徒が設置者の定めるところにより他の小学校，中学校，義務教育学校，中等教育学校の前期課程又は特別支援学校の小学部若しくは中学部において受けた授業を，当該児童又は生徒の在学する特別支援学校の小学部又は中学部において受けた当該特別の教育課程に係

資　料　編

る授業とみなすことができる。

第133条　校長は、生徒の特別支援学校の高等部の全課程の修了を認めるに当たつては、特別支援学校高等部学習指導要領に定めるところにより行うものとする。ただし、第132条又は第132条の2の規定により、特別支援学校の高等部の教育課程に関し第128条及び第129条の規定によらない場合においては、文部科学大臣が別に定めるところにより行うものとする。

　2　前項前段の規定により全課程の修了の要件として特別支援学校高等部学習指導要領の定めるところにより校長が定める単位数又は授業時数のうち、第135条第5項において準用する第88条の3に規定する授業の方法によるものは、それぞれ全課程の修了要件として定められた単位数又は授業時数の2分の1に満たないものとする。

第135条　第43条から第49条まで（第46条を除く。）、第54条、第59条から第63条まで、第65条から第68条まで、第82条及び第100条の3の規定は、特別支援学校に準用する。この場合において、同条中「第104条第1項」とあるのは、「第135条第1項」と読み替えるものとする。

　2　第57条、第58条、第64条及び第89条の規定は、特別支援学校の小学部、中学部及び高等部に準用する。

　3　第35条、第50条第2項及び第53条の規定は、特別支援学校の小学部に準用する。

　4　第35条、第50条第2項、第70条、第71条、第78条及び第78条の2の規定は、特別支援学校の中学部に準用する。

　5　第70条、第71条、第81条、第88条の3、第90条第1項から第3項まで、第91条から第95条まで、第97条第1項及び第2項、第98条から第100条の2まで並びに第104条第3項の規定は、特別支援学校の高等部に準用する。この場合において、第97条第1項及び第2項中「他の高等学校又は中等教育学校の後期課程」とあるのは「他の特別支援学校の高等部、高等学校又は中等教育学校の後期課程」と、同条第2項中「当該他の高等学校又は中等教育学校」とあるのは「当該他の特別支援学校、高等学校又は中等教育学校」と読み替えるものとする。

第138条　小学校、中学校若しくは義務教育学校又は中等教育学校の前期課程における特別支援学級に係る教育課程については、特に必要がある場合は、第50条第1項（第79条の6第1項において準用する場合を含む。）、第51条、第52条（第79条の6第1項において準用する場合を含む。）、第52条の3、第72条（第79条の6第2項及び第108条第1項において準用する場合を含む。）、第73条、第74条（第79条の6第2項及び第108条第1項において準用する場合を含む。）、第74条の3、第76条、第79条の5（第79条の12において準用する場合を含む。）及び第107条（第117条において準用する場合を含む。）の規定にかかわらず、特別の教育課程によることができる。

第139条　前条の規定により特別の教育課程による特別支援学級においては、文部科学大臣の検定を経た教科用図書を使用することが適当でない場合には、当該特別支援学級を置く学校の設置者の定めるとこ

ろにより、他の適切な教科用図書を使用することができる。

第140条　小学校、中学校若しくは義務教育学校又は中等教育学校の前期課程において、次の各号のいずれかに該当する児童又は生徒（特別支援学級の児童及び生徒を除く。）のうち当該障害に応じた特別の指導を行う必要があるものを教育する場合には、文部科学大臣が別に定めるところにより、第50条第1項（第79条の6第1項において準用する場合を含む。）、第51条、第52条（第79条の6第1項において準用する場合を含む。）、第52条の3、第72条（第79条の6第2項及び第108条第1項において準用する場合を含む。）、第73条、第74条（第79条の6第2項及び第108条第1項において準用する場合を含む。）、第74条の3、第79条の5（第79条の12において準用する場合を含む。）及び第107条（第117条において準用する場合を含む。）の規定にかかわらず、特別の教育課程によることができる。

　一　言語障害者
　二　自閉症者
　三　情緒障害者
　四　弱視者
　五　難聴者
　六　学習障害者
　七　注意欠陥多動性障害者
　八　その他障害のある者で、この条の規定により特別の教育課程による教育を行うことが適当なもの

第141条　前条の規定により特別の教育課程による場合においては、校長は、児童又は生徒が、当該小学校、中学校、義務教育学校又は中等教育学校の設置者の定めるところにより他の小学校、中学校、義務教育学校、中等教育学校の前期課程又は特別支援学校の小学部若しくは中学部において受けた授業を、当該小学校、中学校若しくは義務教育学校又は中等教育学校の前期課程において受けた当該特別の教育課程に係る授業とみなすことができる。

別表第1（第51条関係）

区分		第1学年	第2学年	第3学年	第4学年	第5学年	第6学年
各教科の授業時数	国語	306	315	245	245	175	175
	社会			70	90	100	105
	算数	136	175	175	175	175	175
	理科			90	105	105	105
	生活	102	105				
	音楽	68	70	60	60	50	50
	図画工作	68	70	60	60	50	50
	家庭					60	55
	体育	102	105	105	105	90	90
	外国語					70	70
特別の教科である道徳の授業時数		34	35	35	35	35	35
外国語活動の授業時数				35	35		

171

			70	70	70	70
総合的な学習の時間の授業時数			70	70	70	70
特別活動の授業時数	34	35	35	35	35	35
総授業時数	850	910	980	1015	1015	1015

備考

1　この表の授業時数の1単位時間は，45分とする。

2　特別活動の授業時数は，小学校学習指導要領で定める学級活動（学校給食に係るものを除く。）に充てるものとする。

3　第50条第2項の場合において，特別の教科である道徳のほかに宗教を加えるときは，宗教の授業時数をもつてこの表の特別の教科である道徳の授業時数の一部に代えることができる。（別表第2から別表第2の3まで及び別表第4の場合においても同様とする。）

別表第2（第73条関係）

区分		第1学年	第2学年	第3学年
各教科の授業時数	国　　　　　語	140	140	105
	社　　　　　会	105	105	140
	数　　　　　学	140	105	140
	理　　　　　科	105	140	140
	音　　　　　楽	45	35	35
	美　　　　　術	45	35	35
	保　健　体　育	105	105	105
	技　術・家　庭	70	70	35
	外　　国　　語	140	140	140
特別の教科である道徳の授業時数		35	35	35
総合的な学習の時間の授業時数		50	70	70
特別活動の授業時数		35	35	35
総　授　業　時　数		1015	1015	1015

注1　この表の授業時数の1単位時間は，50分とする。

2　特別活動の授業時数は，中学校学習指導要領で定める学級活動（学校給食に係るものを除く。）に充てるものとする。

別表第3（第83条，第108条，第128条関係）

（一）　各学科に共通する各教科

各教科	各教科に属する科目
国語	国語総合，国語表現，現代文A，現代文B，古典A，古典B
地理歴史	世界史A，世界史B，日本史A，日本史B，地理A，地理B
公民	現代社会，倫理，政治・経済
数学	数学Ⅰ，数学Ⅱ，数学Ⅲ，数学A，数学B，数学活用
理科	科学と人間生活，物理基礎，物理，化学基礎，化学，生物基礎，生物，地学基礎，地学，理科課題研究
保健体育	体育，保健
芸術	音楽Ⅰ，音楽Ⅱ，音楽Ⅲ，美術Ⅰ，美術Ⅱ，美術Ⅲ，工芸Ⅰ，工芸Ⅱ，工芸Ⅲ，書道Ⅰ，書道Ⅱ，書道Ⅲ
外国語	コミュニケーション英語基礎，コミュニケーション英語Ⅰ，コミュニケーション英語Ⅱ，コミュニケーション英語Ⅲ，英語表現Ⅰ，英語表現Ⅱ，英語会話
家庭	家庭基礎，家庭総合，生活デザイン
情報	社会と情報，情報の科学

（二）　主として専門学科において開設される各教科

各教科	各教科に属する科目
農業	農業と環境，課題研究，総合実習，農業情報処理，作物，野菜，果樹，草花，畜産，農業経営，農業機械，食品製造，食品化学，微生物利用，植物バイオテクノロジー，動物バイオテクノロジー，農業経済，食品流通，森林科学，森林経営，林産物利用，農業土木設計，農業土木施工，水循環，造園計画，造園施工，環境緑化材料，測量，生物活用，グリーンライフ
工業	工業技術基礎，課題研究，実習，製図，工業数理基礎，情報技術基礎，材料技術基礎，生産システム技術，工業技術英語，工業管理技術，環境工学基礎，機械工作，機械設計，原動機，電子機械，機械制御，自動車工学，自動車整備，電気基礎，電気機器，電力技術，電子技術，電子回路，電子計測制御，通信技術，電子情報技術，プログラミング技術，ハードウェア技術，ソフトウェア技術，コンピュータシステム技術，建築構造，建築計画，建築構造設計，建築施工，建築法規，設備計画，空気調和設備，衛生・防災設備，測量，土木基礎力学，土木構造設計，土木施工，社会基盤工学，工業化学，化学工学，地球環境化学，材料製造技術，工業材料，材料加工，セラミック化学，セラミック技術，セラミック工業，繊維製品，繊維・染色技術，染織デザイン，インテリア計画，インテリア装備，インテリアエレメント生産，デザイン技術，デザイン材料，デザイン史

172

資　料　編

商業	ビジネス基礎，課題研究，総合実践，ビジネス実務，マーケティング，商品開発，広告と販売促進，ビジネス経済，ビジネス経済応用，経済活動と法，簿記，財務会計Ⅰ，財務会計Ⅱ，原価計算，管理会計，情報処理，ビジネス情報，電子商取引，プログラミング，ビジネス情報管理
水産	水産海洋基礎，課題研究，総合実習，海洋情報技術，水産海洋科学，漁業，航海・計器，船舶運用，船用機関，機械設計工作，電気理論，移動体通信工学，海洋通信技術，資源増殖，海洋生物，海洋環境，小型船舶，食品製造，食品管理，水産流通，ダイビング，マリンスポーツ
家庭	生活産業基礎，課題研究，生活産業情報，消費生活，子どもの発達と保育，子ども文化，生活と福祉，リビングデザイン，服飾文化，ファッション造形基礎，ファッション造形，ファッションデザイン，服飾手芸，フードデザイン，食文化，調理，栄養，食品，食品衛生，公衆衛生
看護	基礎看護，人体と看護，疾病と看護，生活と看護，成人看護，老年看護，精神看護，在宅看護，母性看護，小児看護，看護の統合と実践，看護臨地実習，看護情報活用
情報	情報産業と社会，課題研究，情報の表現と管理，情報と問題解決，情報テクノロジー，アルゴリズムとプログラム，ネットワークシステム，データベース，情報システム実習，情報メディア，情報デザイン，表現メディアの編集と表現，情報コンテンツ実習
福祉	社会福祉基礎，介護福祉基礎，コミュニケーション技術，生活支援技術，介護過程，介護総合演習，介護実習，こころとからだの理解，福祉情報活用
理数	理数数学Ⅰ，理数数学Ⅱ，理数数学特論，理数物理，理数化学，理数生物，理数地学，課題研究
体育	スポーツ概論，スポーツⅠ，スポーツⅡ，スポーツⅢ，スポーツⅣ，スポーツⅤ，スポーツⅥ，スポーツ総合演習
音楽	音楽理論，音楽史，演奏研究，ソルフェージュ，声楽，器楽，作曲，鑑賞研究
美術	美術概論，美術史，素描，構成，絵画，版画，彫刻，ビジュアルデザイン，クラフトデザイン，情報メディアデザイン，映像表現，環境造形，鑑賞研究
英語	総合英語，英語理解，英語表現，異文化理解，時事英語

備考

一　（一）及び（二）の表の上欄に掲げる各教科について，それぞれの表の下欄に掲げる各教科に属する科目以外の科目を設けることができる。

二　（一）及び（二）の表の上欄に掲げる各教科以外の教科及び当該教科に関する科目を設けることができる。

◆小学校学習指導要領（抄）

　教育は，教育基本法第1条に定めるとおり，人格の完成を目指し，平和で民主的な国家及び社会の形成者として必要な資質を備えた心身ともに健康な国民の育成を期すという目的のもと，同法第2条に掲げる次の目標を達成するよう行われなければならない。

1　幅広い知識と教養を身に付け，真理を求める態度を養い，豊かな情操と道徳心を培うとともに，健やかな身体を養うこと。
2　個人の価値を尊重して，その能力を伸ばし，創造性を培い，自主及び自律の精神を養うとともに，職業及び生活との関連を重視し，勤労を重んずる態度を養うこと。
3　正義と責任，男女の平等，自他の敬愛と協力を重んずるとともに，公共の精神に基づき，主体的に社会の形成に参画し，その発展に寄与する態度を養うこと。
4　生命を尊び，自然を大切にし，環境の保全に寄与する態度を養うこと。
5　伝統と文化を尊重し，それらをはぐくんできた我が国と郷土を愛するとともに，他国を尊重し，国際社会の平和と発展に寄与する態度を養うこと。

　これからの学校には，こうした教育の目的及び目標の達成を目指しつつ，一人一人の児童が，自分のよさや可能性を認識するとともに，あらゆる他者を価値のある存在として尊重し，多様な人々と協働しながら様々な社会的変化を乗り越え，豊かな人生を切り拓き，持続可能な社会の創り手となることができるようにすることが求められる。このために必要な教育の在り方を具体化するのが，各学校において教育の内容等を組織的かつ計画的に組み立てた教育課程である。

　教育課程を通して，これからの時代に求められる教育を実現していくためには，よりよい学校教育を通してよりよい社会を創るという理念を学校と社会とが共有し，それぞれの学校において，必要な学習内容をどのように学び，どのような資質・能力を身に付けられるようにするのかを教育課程において明確にしながら，社会との連携及び協働によりその実現を図っていくという，社会に開かれた教育課程の実現が重要となる。

　学習指導要領とは，こうした理念の実現に向けて必要となる教育課程の基準を大綱的に定めるものである。学習指導要領が果たす役割の一つは，公の性質を有する学校における教育水準を全国的に確保することである。また，各学校がその特色を生かして創意工夫を重ね，長年にわたり積み重ねられてきた教育実践や学術研究の蓄積を生かしながら，児童や地域の現状や課題を捉え，家庭や地域社会と協力して，学習指導要領を踏まえた教育活動の更なる充実を図っていくことも重要である。

　児童が学ぶことの意義を実感できる環境を整え，一人一人の資質・能力を伸ばせるようにしていくことは，教職員をはじめとする学校関係者はもとより，家庭や地域の人々も含め，様々な立場から児童や学校に関わる全ての大人に期待される役割である。幼児期の教育の基礎の上に，中学校以降の教育や生涯にわたる学習とのつながりを見通しながら，児童の学習の在り方を展望していくために広く活用されるものとなることを期待して，ここに小学校学習指導要領を定める。

第1章　総　　則

第1　小学校教育の基本と教育課程の役割

1　各学校においては，教育基本法及び学校教育法その他の法令並びにこの章以下に示すところに従い，児童の人間として調和のとれた育成を目指し，児童の心身の発達の段階や特性及び学校や地域の実態を十分考慮して，適切な教育課程を編成するものとし，これらに掲げる目標を達成するよう教育を行うものとする。
2　学校の教育活動を進めるに当たっては，各学校において，第3の1に示す主体的・対話的で深い学びの実現に向けた授業改善を通して，創意工夫を生かした特色ある教育活動を展開する中で，次の(1)から(3)までに掲げる事項の実現を図り，児童に生きる力を育むことを目指すものとする。

(1) 基礎的・基本的な知識及び技能を確実に習得させ，これらを活用して課題を解決するために必要な思考力，判断力，表現力等を育むとともに，主体的に学習に取り組む態度を養い，個性を生かし多様な人々との協働を促す教育の充実に努めること。その際，児童の発達の段階を考慮して，児童の言語活動など，学習の基盤をつくる活動を充実するとともに，家庭との連携を図りながら，児童の学習習慣が確立するよう配慮すること。
(2) 道徳教育や体験活動，多様な表現や鑑賞の活動等を通して，豊かな心や創造性の涵養を目指した教育の充実に努めること。

　学校における道徳教育は，特別の教科である道徳（以下「道徳科」という。）を要として学校の教育活動全体を通じて行うものであり，道徳科はもとより，各教科，外国語活動，総合的な学習の時間及び特別活動のそれぞれの特質に応じて，児童の発達の段階を考慮して，適切な指導を行うこと。

　道徳教育は，教育基本法及び学校教育法に定められた教育の根本精神に基づき，自己の生き方を考え，主体的な判断の下に行動し，自立した人間として他者と共によりよく生きるための基盤となる道徳性を養うことを目標とすること。

　道徳教育を進めるに当たっては，人間尊重の精神と生命に対する畏敬の念を家庭，学校，その他社会における具体的な生活の中に生かし，豊かな心をもち，伝統と文化を尊重し，それらを育んできた我が国と郷土を愛し，個性豊かな文化の創造を図るとともに，平和で民主的な国家及び社会の形成者として，公共の精神を尊び，社会及び国家の発展に努め，他国を尊重し，国際社会の平和と発展や環境の保全に貢献し未来を拓く主体性のある日本人の育成に資することとなるよう特に留意すること。

(3) 学校における体育・健康に関する指導を，児童の発達の段階を考慮して，学校の教育活動全体を通じて適切に行うことにより，健康で安全な生活と豊かなスポーツライフの実現を目指した教育の充実に

資 料 編

努めること。特に，学校における食育の推進並びに
体力の向上に関する指導，安全に関する指導及び心
身の健康の保持増進に関する指導については，体育
科，家庭科及び特別活動の時間はもとより，各教科，
道徳科，外国語活動及び総合的な学習の時間などに
おいてもそれぞれの特質に応じて適切に行うよう努
めること。また，それらの指導を通して，家庭や地
域社会との連携を図りながら，日常生活において適
切な体育・健康に関する活動の実践を促し，生涯を
通じて健康・安全で活力ある生活を送るための基礎
が培われるよう配慮すること。
3 2の(1)から(3)までに掲げる事項の実現を図り，
豊かな創造性を備え持続可能な社会の創り手となる
ことが期待される児童に，生きる力を育むことを目
指すに当たっては，学校教育全体及び各教科，道
徳科，外国語活動，総合的な学習の時間及び特別活
動（以下「各教科等」という。ただし，第2の3の
(2)のア及びウにおいて，特別活動については学級活
動（学校給食に係るものを除く。）に限る。）の指導
を通してどのような資質・能力の育成を目指すのか
を明確にしながら，教育活動の充実を図るものとす
る。その際，児童の発達の段階や特性等を踏まえつ
つ，次に掲げることが偏りなく実現できるようにす
るものとする。
(1) 知識及び技能が習得されるようにすること。
(2) 思考力，判断力，表現力等を育成すること。
(3) 学びに向かう力，人間性等を涵養すること。
4 各学校においては，児童や学校，地域の実態を
適切に把握し，教育の目的や目標の実現に必要な教
育の内容等を教科等横断的な視点で組み立てていく
こと，教育課程の実施状況を評価してその改善を
図っていくこと，教育課程の実施に必要な人的又は
物的な体制を確保するとともにその改善を図ってい
くことなどを通して，教育課程に基づき組織的かつ
計画的に各学校の教育活動の質の向上を図っていく
こと（以下「カリキュラム・マネジメント」とい
う。）に努めるものとする。
第2　教育課程の編成
1　各学校の教育目標と教育課程の編成
　教育課程の編成に当たっては，学校教育全体や各
教科等における指導を通して育成を目指す資質・能
力を踏まえつつ，各学校の教育目標を明確にすると
ともに，教育課程の編成についての基本的な方針が
家庭や地域とも共有されるよう努めるものとする。
その際，第5章総合的な学習の時間の第2の1に基
づき定められる目標との関連を図るものとする。
2　教科等横断的な視点に立った資質・能力の育成
(1) 各学校においては，児童の発達の段階を考慮し，
言語能力，情報活用能力（情報モラルを含む。），問
題発見・解決能力等の学習の基盤となる資質・能力
を育成していくことができるよう，各教科等の特質
を生かし，教科等横断的な視点から教育課程の編成
を図るものとする。
(2) 各学校においては，児童や学校，地域の実態及
び児童の発達の段階を考慮し，豊かな人生の実現や
災害等を乗り越えて次代の社会を形成することに向
けた現代的な諸課題に対応して求められる資質・能
力を，教科等横断的な視点で育成していくことがで
きるよう，各学校の特色を生かした教育課程の編成

を図るものとする。
3　教育課程の編成における共通的事項
(1) 内容等の取扱い
ア　第2章以下に示す各教科，道徳科，外国語活動
　及び特別活動の内容に関する事項は，特に示す場
　合を除き，いずれの学校においても取り扱わなけ
　ればならない。
イ　学校において特に必要がある場合には，第2章
　以下に示していない内容を加えて指導することが
　できる。また，第2章以下に示す内容の取扱いの
　うち内容の範囲や程度等を示す事項は，全ての児
　童に対して指導するものとする内容の範囲や程度
　等を示したものであり，学校において特に必要が
　ある場合には，この事項にかかわらず加えて指導
　することができる。ただし，これらの場合には，
　第2章以下に示す各教科，道徳科，外国語活動及
　び特別活動の目標や内容の趣旨を逸脱したり，児
　童の負担過重となったりすることのないようにし
　なければならない。
ウ　第2章以下に示す各教科，道徳科，外国語活動
　及び特別活動の内容に掲げる事項の順序は，特に
　示す場合を除き，指導の順序を示すものではない
　ので，学校においては，その取扱いについて適切
　な工夫を加えるものとする。
エ　学年の内容を2学年まとめて示した教科及び外
　国語活動の内容は，2学年間かけて指導する事項
　を示したものである。各学校においては，これら
　の事項を児童や学校，地域の実態に応じ，2学年
　間を見通して計画的に指導することとし，特に示
　す場合を除き，いずれかの学年に分けて，又はい
　ずれの学年においても指導するものとする。
オ　学校において2以上の学年の児童で編制する学
　級について特に必要がある場合には，各教科及び
　道徳科の目標の達成に支障のない範囲内で，各教
　科及び道徳科の目標及び内容について学年別の順
　序によらないことができる。
カ　道徳科を要として学校の教育活動全体を通じて
　行う道徳教育の内容は，第3章特別の教科道徳の
　第2に示す内容とし，その実施に当たっては，第
　6に示す道徳教育に関する配慮事項を踏まえるも
　のとする。
(2) 授業時数等の取扱い
ア　各教科等の授業は，年間35週（第1学年につい
　ては34週）以上にわたって行うよう計画し，週当
　たりの授業時数が児童の負担過重にならないよう
　にするものとする。ただし，各教科等や学習活動
　の特質に応じ効果的な場合には，夏季，冬季，学
　年末等の休業日の期間に授業日を設定する場合を
　含め，これらの授業を特定の期間に行うことがで
　きる。
イ　特別活動の授業のうち，児童会活動，クラブ活
　動及び学校行事については，それらの内容に応じ，
　年間，学期ごと，月ごとなどに適切な授業時数を
　充てるものとする。
ウ　各学校の時間割については，次の事項を踏まえ
　適切に編成するものとする。
　(ｱ) 各教科等のそれぞれの授業の1単位時間は，
　　各学校において，各教科等の年間授業時数を確
　　保しつつ，児童の発達の段階及び各教科等や学

175

習活動の特質を考慮して適切に定めること。
(イ) 各教科等の特質に応じ，10分から15分程度の短い時間を活用して特定の教科等の指導を行う場合において，教師が，単元や題材など内容や時間のまとまりを見通した中で，その指導内容の決定や指導の成果の把握と活用等を責任を持って行う体制が整備されているときは，その時間を当該教科等の年間授業時数に含めることができること。
(ウ) 給食，休憩などの時間については，各学校において工夫を加え，適切に定めること。
(エ) 各学校において，児童や学校，地域の実態，各教科等や学習活動の特質等に応じて，創意工夫を生かした時間割を弾力的に編成できること。
エ　総合的な学習の時間における学習活動により，特別活動の学校行事に掲げる各行事の実施と同様の成果が期待できる場合においては，総合的な学習の時間における学習活動をもって相当する特別活動の学校行事に掲げる各行事の実施に替えることができる。
(3) 指導計画の作成等に当たっての配慮事項
各学校においては，次の事項に配慮しながら，学校の創意工夫を生かし，全体として，調和のとれた具体的な指導計画を作成するものとする。
ア　各教科等の指導内容については，(1)のアを踏まえつつ，単元や題材など内容や時間のまとまりを見通しながら，そのまとめ方や重点の置き方に適切な工夫を加え，第3の1に示す主体的・対話的で深い学びの実現に向けた授業改善を通して資質・能力を育む効果的な指導ができるようにすること。
イ　各教科等及び各学年相互間の関連を図り，系統的，発展的な指導ができるようにすること。
ウ　学年の内容を2学年まとめて示した教科及び外国語活動については，当該学年間を見通して，児童や学校，地域の実態に応じ，児童の発達の段階を考慮しつつ，効果的，段階的に指導するようにすること。
エ　児童の実態等を考慮し，指導の効果を高めるため，児童の発達の段階や指導内容の関連性等を踏まえつつ，合科的・関連的な指導を進めること。
4　学校段階等間の接続
教育課程の編成に当たっては，次の事項に配慮しながら，学校段階等間の接続を図るものとする。
(1) 幼児期の終わりまでに育ってほしい姿を踏まえた指導を工夫することにより，幼稚園教育要領等に基づく幼児期の教育を通して育まれた資質・能力を踏まえて教育活動を実施し，児童が主体的に自己を発揮しながら学びに向かうことが可能となるようにすること。
また，低学年における教育全体において，例えば生活科において育成する自立し生活を豊かにしていくための資質・能力が，他教科等の学習においても生かされるようにするなど，教科等間の関連を積極的に図り，幼児期の教育及び中学年以降の教育との円滑な接続が図られるよう工夫すること。特に，小学校入学当初においては，幼児期において自発的な活動としての遊びを通して育まれてきたことが，各教科等における学習に円滑に接続されるよう，生活

科を中心に，合科的・関連的な指導や弾力的な時間割の設定など，指導の工夫や指導計画の作成を行うこと。
(2) 中学校学習指導要領及び高等学校学習指導要領を踏まえ，中学校教育及びその後の教育との円滑な接続が図られるよう工夫すること。特に，義務教育学校，中学校連携型小学校及び中学校併設型小学校においては，義務教育9年間を見通した計画的かつ継続的な教育課程を編成すること。

第3　教育課程の実施と学習評価

1　主体的・対話的で深い学びの実現に向けた授業改善
各教科等の指導に当たっては，次の事項に配慮するものとする。
(1) 第1の3の(1)から(3)までに示すことが偏りなく実現されるよう，単元や題材など内容や時間のまとまりを見通しながら，児童の主体的・対話的で深い学びの実現に向けた授業改善を行うこと。
特に，各教科等において身に付けた知識及び技能を活用したり，思考力，判断力，表現力等や学びに向かう力，人間性等を発揮させたりして，学習の対象となる物事を捉え思考することにより，各教科等の特質に応じた物事を捉える視点や考え方（以下「見方・考え方」という。）が鍛えられていくことに留意し，児童が各教科等の特質に応じた見方・考え方を働かせながら，知識を相互に関連付けてより深く理解したり，情報を精査して考えを形成したり，問題を見いだして解決策を考えたり，思いや考えを基に創造したりすることに向かう過程を重視した学習の充実を図ること。
(2) 第2の2の(1)に示す言語能力の育成を図るため，各学校において必要な言語環境を整えるとともに，国語科を要としつつ各教科等の特質に応じて，児童の言語活動を充実すること。あわせて，(7)に示すとおり読書活動を充実すること。
(3) 第2の2の(1)に示す情報活用能力の育成を図るため，各学校において，コンピュータや情報通信ネットワークなどの情報手段を活用するために必要な環境を整え，これらを適切に活用した学習活動の充実を図ること。また，各種の統計資料や新聞，視聴覚教材や教育機器などの教材・教具の適切な活用を図ること。
あわせて，各教科等の特質に応じて，次の学習活動を計画的に実施すること。
ア　児童がコンピュータで文字を入力するなどの学習の基盤として必要となる情報手段の基本的な操作を習得するための学習活動
イ　児童がプログラミングを体験しながら，コンピュータに意図した処理を行わせるために必要な論理的思考力を身に付けるための学習活動
(4) 児童が学習の見通しを立てたり学習したことを振り返ったりする活動を，計画的に取り入れるように工夫すること。
(5) 児童が生命の有限性や自然の大切さ，主体的に挑戦してみることや多様な他者と協働することの重要性などを実感しながら理解することができるよう，各教科等の特質に応じた体験活動を重視し，家庭や地域社会と連携しつつ体系的・継続的に実施できるよう工夫すること。

176

資料編

(6) 児童が自ら学習課題や学習活動を選択する機会を設けるなど、児童の興味・関心を生かした自主的、自発的な学習が促されるよう工夫すること。
(7) 学校図書館を計画的に利用しその機能の活用を図り、児童の主体的・対話的で深い学びの実現に向けた授業改善に生かすとともに、児童の自主的、自発的な学習活動や読書活動を充実すること。また、地域の図書館や博物館、美術館、劇場、音楽堂等の施設の活用を積極的に図り、資料を活用した情報の収集や鑑賞等の学習活動を充実すること。
2　学習評価の充実
　学習評価の実施に当たっては、次の事項に配慮するものとする。
(1) 児童のよい点や進歩の状況などを積極的に評価し、学習したことの意義や価値を実感できるようにすること。また、各教科等の目標の実現に向けた学習状況を把握する観点から、単元や題材など内容や時間のまとまりを見通しながら評価の場面や方法を工夫して、学習の過程や成果を評価し、指導の改善や学習意欲の向上を図り、資質・能力の育成に生かすようにすること。
(2) 創意工夫の中で学習評価の妥当性や信頼性が高められるよう、組織的かつ計画的な取組を推進するとともに、学年や学校段階を越えて児童の学習の成果が円滑に接続されるように工夫すること。

第4　児童の発達の支援

1　児童の発達を支える指導の充実
　教育課程の編成及び実施に当たっては、次の事項に配慮するものとする。
(1) 学習や生活の基盤として、教師と児童との信頼関係及び児童相互のよりよい人間関係を育てるため、日頃から学級経営の充実を図ること。また、主に集団の場面で必要な指導や援助を行うガイダンスと、個々の児童の多様な実態を踏まえ、一人一人が抱える課題に個別に対応した指導を行うカウンセリングの双方により、児童の発達を支援すること。あわせて、小学校の低学年、中学年、高学年の学年の時期の特長を生かした指導の工夫を行うこと。
(2) 児童が、自己の存在感を実感しながら、よりよい人間関係を形成し、有意義で充実した学校生活を送る中で、現在及び将来における自己実現を図っていくことができるよう、児童理解を深め、学習指導と関連付けながら、生徒指導の充実を図ること。
(3) 児童が、学ぶことと自己の将来とのつながりを見通しながら、社会的・職業的自立に向けて必要な基盤となる資質・能力を身に付けていくことができるよう、特別活動を要としつつ各教科等の特質に応じて、キャリア教育の充実を図ること。
(4) 児童が、基礎的・基本的な知識及び技能の習得も含め、学習内容を確実に身に付けることができるよう、児童や学校の実態に応じ、個別学習やグループ別学習、繰り返し学習、学習内容の習熟の程度に応じた学習、児童の興味・関心等に応じた課題学習、補充的な学習や発展的な学習などの学習活動を取り入れることや、教師間の協力による指導体制を確保することなど、指導方法や指導体制の工夫改善により、個に応じた指導の充実を図ること。その際、第3の1の(3)に示す情報手段や教材・教具の活用を図ること。

2　特別な配慮を必要とする児童への指導
(1) 障害のある児童などへの指導
ア　障害のある児童などについては、特別支援学校等の助言又は援助を活用しつつ、個々の児童の障害の状態等に応じた指導内容や指導方法の工夫を組織的かつ計画的に行うものとする。
イ　特別支援学級において実施する特別の教育課程については、次のとおり編成するものとする。
　(ア) 障害による学習上又は生活上の困難を克服し自立を図るため、特別支援学校小学部・中学部学習指導要領第7章に示す自立活動を取り入れること。
　(イ) 児童の障害の程度や学級の実態等を考慮の上、各教科の目標や内容を下学年の教科の目標や内容に替えたり、各教科を、知的障害者である児童に対する教育を行う特別支援学校の各教科に替えたりするなどして、実態に応じた教育課程を編成すること。
ウ　障害のある児童に対して、通級による指導を行い、特別の教育課程を編成する場合には、特別支援学校小学部・中学部学習指導要領第7章に示す自立活動の内容を参考とし、具体的な目標や内容を定め、指導を行うものとする。その際、効果的な指導が行われるよう、各教科等と通級による指導との関連を図るなど、教師間の連携に努めるものとする。
エ　障害のある児童などについては、家庭、地域及び医療や福祉、保健、労働等の業務を行う関係機関との連携を図り、長期的な視点で児童への教育的支援を行うために、個別の教育支援計画を作成し活用することに努めるとともに、各教科等の指導に当たって、個々の児童の実態を的確に把握し、個別の指導計画を作成し活用することに努めるものとする。特に、特別支援学級に在籍する児童や通級による指導を受ける児童については、個々の児童の実態を的確に把握し、個別の教育支援計画や個別の指導計画を作成し、効果的に活用するものとする。
(2) 海外から帰国した児童などの学校生活への適応や、日本語の習得に困難のある児童に対する日本語指導
ア　海外から帰国した児童などについては、学校生活への適応を図るとともに、外国における生活経験を生かすなどの適切な指導を行うものとする。
イ　日本語の習得に困難のある児童については、個々の児童の実態に応じた指導内容や指導方法の工夫を組織的かつ計画的に行うものとする。特に、通級による日本語指導については、教師間の連携に努め、指導についての計画を個別に作成することなどにより、効果的な指導に努めるものとする。
(3) 不登校児童への配慮
ア　不登校児童については、保護者や関係機関と連携を図り、心理や福祉の専門家の助言又は援助を得ながら、社会的自立を目指す観点から、個々の児童の実態に応じた情報の提供その他の必要な支援を行うものとする。
イ　相当の期間小学校を欠席し引き続き欠席すると認められる児童を対象として、文部科学大臣が認める特別の教育課程を編成する場合には、児童の

177

実態に配慮した教育課程を編成するとともに，個別学習やグループ別学習など指導方法や指導体制の工夫改善に努めるものとする。

第5 学校運営上の留意事項

1 教育課程の改善と学校評価等

ア 各学校においては，校長の方針の下に，校務分掌に基づき教職員が適切に役割を分担しつつ，相互に連携しながら，各学校の特色を生かしたカリキュラム・マネジメントを行うよう努めるものとする。また，各学校が行う学校評価については，教育課程の編成，実施，改善が教育活動や学校運営の中核となることを踏まえ，カリキュラム・マネジメントと関連付けながら実施するよう留意するものとする。

イ 教育課程の編成及び実施に当たっては，学校保健計画，学校安全計画，食に関する指導の全体計画，いじめの防止等のための対策に関する基本的な方針など，各分野における学校の全体計画等と関連付けながら，効果的な指導が行われるように留意するものとする。

2 家庭や地域社会との連携及び協働と学校間の連携

教育課程の編成及び実施に当たっては，次の事項に配慮するものとする。

ア 学校がその目的を達成するため，学校や地域の実態等に応じ，教育活動の実施に必要な人的又は物的な体制を家庭や地域の人々の協力を得ながら整えるなど，家庭や地域社会との連携及び協働を深めること。また，高齢者や異年齢の子供など，地域における世代を越えた交流の機会を設けること。

イ 他の小学校や，幼稚園，認定こども園，保育所，中学校，高等学校，特別支援学校などとの間の連携や交流を図るとともに，障害のある幼児児童生徒との交流及び共同学習の機会を設け，共に尊重し合いながら協働して生活していく態度を育むようにすること。

第6 道徳教育に関する配慮事項

道徳教育を進めるに当たっては，道徳教育の特質を踏まえ，前項までに示す事項に加え，次の事項に配慮するものとする。

1 各学校においては，第1の2の(2)に示す道徳教育の目標を踏まえ，道徳教育の全体計画を作成し，校長の方針の下に，道徳教育の推進を主に担当する教師（以下「道徳教育推進教師」という。）を中心に，全教師が協力して道徳教育を展開すること。なお，道徳教育の全体計画の作成に当たっては，児童や学校，地域の実態を考慮して，学校の道徳教育の重点目標を設定するとともに，道徳科の指導方針，第3章特別の教科道徳の第2に示す内容との関連を踏まえた各教科，外国語活動，総合的な学習の時間及び特別活動における指導の内容及び時期並びに家庭や地域社会との連携の方法を示すこと。

2 各学校においては，児童の発達の段階や特性等を踏まえ，指導内容の重点化を図ること。その際，各学年を通じて，自立心や自律性，生命を尊重する心や他者を思いやる心を育てることに留意すること。また，各学年段階においては，次の事項に留意すること。

(1) 第1学年及び第2学年においては，挨拶などの基本的な生活習慣を身に付けること，善悪を判断し，してはならないことをしないこと，社会生活上のきまりを守ること。

(2) 第3学年及び第4学年においては，善悪を判断し，正しいと判断したことを行うこと，身近な人々と協力し助け合うこと，集団や社会のきまりを守ること。

(3) 第5学年及び第6学年においては，相手の考え方や立場を理解して支え合うこと，法やきまりの意義を理解して進んで守ること，集団生活の充実に努めること，伝統と文化を尊重し，それらを育んできた我が国と郷土を愛するとともに，他国を尊重すること。

3 学校や学級内の人間関係や環境を整えるとともに，集団宿泊活動やボランティア活動，自然体験活動，地域の行事への参加などの豊かな体験を充実すること。また，道徳教育の指導内容が，児童の日常生活に生かされるようにすること。その際，いじめの防止や安全の確保等にも資することとなるよう留意すること。

4 学校の道徳教育の全体計画や道徳教育に関する諸活動などの情報を積極的に公表したり，道徳教育の充実のために家庭や地域の人々の積極的な参加や協力を得たりするなど，家庭や地域社会との共通理解を深め，相互の連携を図ること。

第3章 特別の教科道徳

第1 目標

第1章総則の第1の2の(2)に示す道徳教育の目標に基づき，よりよく生きるための基盤となる道徳性を養うため，道徳的諸価値についての理解を基に，自己を見つめ，物事を多面的・多角的に考え，自己の生き方についての考えを深める学習を通して，道徳的な判断力，心情，実践意欲と態度を育てる。

第2 内容

学校の教育活動全体を通じて行う道徳教育の要である道徳科においては，以下に示す項目について扱う。

A 主として自分自身に関すること

[善悪の判断，自律，自由と責任]

〔第1学年及び第2学年〕

よいことと悪いこととの区別をし，よいと思うことを進んで行うこと。

〔第3学年及び第4学年〕

正しいと判断したことは，自信をもって行うこと。

〔第5学年及び第6学年〕

自由を大切にし，自律的に判断し，責任のある行動をすること。

[正直，誠実]

〔第1学年及び第2学年〕

うそをついたりごまかしをしたりしないで，素直に伸び伸びと生活すること。

〔第3学年及び第4学年〕

過ちは素直に改め，正直に明るい心で生活すること。

〔第5学年及び第6学年〕

誠実に，明るい心で生活すること。

[節度，節制]

資 料 編

〔第1学年及び第2学年〕
健康や安全に気を付け，物や金銭を大切にし，身
の回りを整え，わがままをしないで，規則正しい
生活をすること。
〔第3学年及び第4学年〕
自分でできることは自分でやり，安全に気を付け，
よく考えて行動し，節度のある生活をすること。
〔第5学年及び第6学年〕
安全に気を付けることや，生活習慣の大切さにつ
いて理解し，自分の生活を見直し，節度を守り節
制に心掛けること。
〔個性の伸長〕
〔第1学年及び第2学年〕
自分の特徴に気付くこと。
〔第3学年及び第4学年〕
自分の特徴に気付き，長所を伸ばすこと。
〔第5学年及び第6学年〕
自分の特徴を知って，短所を改め長所を伸ばすこ
と。
〔希望や勇気，努力と強い意志〕
〔第1学年及び第2学年〕
自分のやるべき勉強や仕事をしっかりと行うこと。
〔第3学年及び第4学年〕
自分でやろうと決めた目標に向かって，強い意志
をもち，粘り強くやり抜くこと。
〔第5学年及び第6学年〕
より高い目標を立て，希望と勇気をもち，困難が
あってもくじけずに努力して物事をやり抜くこと。
〔真理の探究〕
〔第5学年及び第6学年〕
真理を大切にし，物事を探究しようとする心をも
つこと。
B 主として人との関わりに関すること
〔親切，思いやり〕
〔第1学年及び第2学年〕
身近にいる人に温かい心で接し，親切にすること。
〔第3学年及び第4学年〕
相手のことを思いやり，進んで親切にすること。
〔第5学年及び第6学年〕
誰に対しても思いやりの心をもち，相手の立場に
立って親切にすること。
〔感謝〕
〔第1学年及び第2学年〕
家族など日頃世話になっている人々に感謝するこ
と。
〔第3学年及び第4学年〕
家族など生活を支えてくれている人々や現在の生
活を築いてくれた高齢者に，尊敬と感謝の気持ち
をもって接すること。
〔第5学年及び第6学年〕
日々の生活が家族や過去からの多くの人々の支え
合いや助け合いで成り立っていることに感謝し，
それに応えること。
〔礼儀〕
〔第1学年及び第2学年〕
気持ちのよい挨拶，言葉遣い，動作などに心掛け
て，明るく接すること。
〔第3学年及び第4学年〕
礼儀の大切さを知り，誰に対しても真心をもって

接すること。
〔第5学年及び第6学年〕
時と場をわきまえて，礼儀正しく真心をもって接
すること。
〔友情，信頼〕
〔第1学年及び第2学年〕
友達と仲よくし，助け合うこと。
〔第3学年及び第4学年〕
友達と互いに理解し，信頼し，助け合うこと。
〔第5学年及び第6学年〕
友達と互いに信頼し，学び合って友情を深め，異
性についても理解しながら，人間関係を築いてい
くこと。
〔相互理解，寛容〕
〔第3学年及び第4学年〕
自分の考えや意見を相手に伝えるとともに，相手
のことを理解し，自分と異なる意見も大切にする
こと。
〔第5学年及び第6学年〕
自分の考えや意見を相手に伝えるとともに，謙虚
な心をもち，広い心で自分と異なる意見や立場を
尊重すること。
C 主として集団や社会との関わりに関すること
〔規則の尊重〕
〔第1学年及び第2学年〕
約束やきまりを守り，みんなが使う物を大切にす
ること。
〔第3学年及び第4学年〕
約束や社会のきまりの意義を理解し，それらを守
ること。
〔第5学年及び第6学年〕
法やきまりの意義を理解した上で進んでそれらを
守り，自他の権利を大切にし，義務を果たすこと。
〔公正，公平，社会正義〕
〔第1学年及び第2学年〕
自分の好き嫌いにとらわれないで接すること。
〔第3学年及び第4学年〕
誰に対しても分け隔てをせず，公正，公平な態度
で接すること。
〔第5学年及び第6学年〕
誰に対しても差別をすることや偏見をもつことな
く，公正，公平な態度で接し，正義の実現に努め
ること。
〔勤労，公共の精神〕
〔第1学年及び第2学年〕
働くことのよさを知り，みんなのために働くこと。
〔第3学年及び第4学年〕
働くことの大切さを知り，進んでみんなのために
働くこと。
〔第5学年及び第6学年〕
働くことや社会に奉仕することの充実感を味わう
とともに，その意義を理解し，公共のために役に
立つことをすること。
〔家族愛，家庭生活の充実〕
〔第1学年及び第2学年〕
父母，祖父母を敬愛し，進んで家の手伝いなどを
して，家族の役に立つこと。
〔第3学年及び第4学年〕
父母，祖父母を敬愛し，家族みんなで協力し合っ

て楽しい家庭をつくること。
〔第5学年及び第6学年〕
父母，祖父母を敬愛し，家族の幸せを求めて，進んで役に立つことをすること。
〔よりよい学校生活，集団生活の充実〕
〔第1学年及び第2学年〕
先生を敬愛し，学校の人々に親しんで，学級や学校の生活を楽しくすること。
〔第3学年及び第4学年〕
先生や学校の人々を敬愛し，みんなで協力し合って楽しい学級や学校をつくること。
〔第5学年及び第6学年〕
先生や学校の人々を敬愛し，みんなで協力し合ってよりよい学級や学校をつくるとともに，様々な集団の中での自分の役割を自覚して集団生活の充実に努めること。
〔伝統と文化の尊重，国や郷土を愛する態度〕
〔第1学年及び第2学年〕
我が国や郷土の文化と生活に親しみ，愛着をもつこと。
〔第3学年及び第4学年〕
我が国や郷土の伝統と文化を大切にし，国や郷土を愛する心をもつこと。
〔第5学年及び第6学年〕
我が国や郷土の伝統と文化を大切にし，先人の努力を知り，国や郷土を愛する心をもつこと。
〔国際理解，国際親善〕
〔第1学年及び第2学年〕
他国の人々や文化に親しむこと。
〔第3学年及び第4学年〕
他国の人々や文化に親しみ，関心をもつこと。
〔第5学年及び第6学年〕
他国の人々や文化について理解し，日本人としての自覚をもって国際親善に努めること。
D　主として生命や自然，崇高なものとの関わりに関すること
〔生命の尊さ〕
〔第1学年及び第2学年〕
生きることのすばらしさを知り，生命を大切にすること。
〔第3学年及び第4学年〕
生命の尊さを知り，生命あるものを大切にすること。
〔第5学年及び第6学年〕
生命が多くの生命のつながりの中にあるかけがえのないものであることを理解し，生命を尊重すること。
〔自然愛護〕
〔第1学年及び第2学年〕
身近な自然に親しみ，動植物に優しい心で接すること。
〔第3学年及び第4学年〕
自然のすばらしさや不思議さを感じ取り，自然や動植物を大切にすること。
〔第5学年及び第6学年〕
自然の偉大さを知り，自然環境を大切にすること。
〔感動，畏敬の念〕
〔第1学年及び第2学年〕
美しいものに触れ，すがすがしい心をもつこと。

〔第3学年及び第4学年〕
美しいものや気高いものに感動する心をもつこと。
〔第5学年及び第6学年〕
美しいものや気高いものに感動する心や人間の力を超えたものに対する畏敬の念をもつこと。
〔よりよく生きる喜び〕
〔第5学年及び第6学年〕
よりよく生きようとする人間の強さや気高さを理解し，人間として生きる喜びを感じること。

第3　指導計画の作成と内容の取扱い

1　各学校においては，道徳教育の全体計画に基づき，各教科，外国語活動，総合的な学習の時間及び特別活動との関連を考慮しながら，道徳科の年間指導計画を作成するものとする。なお，作成に当たっては，第2に示す各学年段階の内容項目について，相当する各学年において全て取り上げることとする。その際，児童や学校の実態に応じ，2学年間を見通した重点的な指導や内容項目間の関連を密にした指導，一つの内容項目を複数の時間で扱う指導を取り入れるなどの工夫を行うものとする。

2　第2の内容の指導に当たっては，次の事項に配慮するものとする。

(1)　校長や教頭などの参加，他の教師との協力的な指導などについて工夫し，道徳教育推進教師を中心とした指導体制を充実すること。

(2)　道徳科が学校の教育活動全体を通じて行う道徳教育の要としての役割を果たすことができるよう，計画的・発展的な指導を行うこと。特に，各教科，外国語活動，総合的な学習の時間及び特別活動における道徳教育としては取り扱う機会が十分でない内容項目に関わる指導を補うことや，児童や学校の実態を踏まえて指導をより一層深めること，内容項目の相互の関連を捉え直したり発展させたりすることに留意すること。

(3)　児童が自ら道徳性を養う中で，自らを振り返って成長を実感したり，これからの課題や目標を見付けたりすることができるよう工夫すること。その際，道徳性を養うことの意義について，児童自らが考え，理解し，主体的に学習に取り組むことができるようにすること。

(4)　児童が多様な感じ方や考え方に接する中で，考えを深め，判断し，表現する力などを育むことができるよう，自分の考えを基に話し合ったり書いたりするなどの言語活動を充実すること。

(5)　児童の発達の段階や特性等を考慮し，指導のねらいに即して，問題解決的な学習，道徳的行為に関する体験的な学習等を適切に取り入れるなど，指導方法を工夫すること。その際，それらの活動を通じて学んだ内容の意義などについて考えることができるようにすること。また，特別活動等における多様な実践活動や体験活動も道徳科の授業に生かすようにすること。

(6)　児童の発達の段階や特性等を考慮し，第2に示す内容との関連を踏まえつつ，情報モラルに関する指導を充実すること。また，児童の発達の段階や特性等を考慮し，例えば，社会の持続可能な発展などの現代的な課題の取扱いにも留意し，身近な社会的課題を自分との関係において考え，それらの解決に寄与しようとする意欲や態度を育てるよう努めるこ

180

と。なお，多様な見方や考え方のできる事柄について，特定の見方や考え方に偏った指導を行うことのないようにすること。
(7) 道徳科の授業を公開したり，授業の実施や地域教材の開発や活用などに家庭や地域の人々，各分野の専門家等の積極的な参加や協力を得たりするなど，家庭や地域社会との共通理解を深め，相互の連携を図ること。
3　教材については，次の事項に留意するものとする。
(1) 児童の発達の段階や特性，地域の実情等を考慮し，多様な教材の活用に努めること。特に，生命の尊厳，自然，伝統と文化，先人の伝記，スポーツ，情報化への対応等の現代的な課題などを題材とし，児童が問題意識をもって多面的・多角的に考えたり，感動を覚えたりするような充実した教材の開発や活用を行うこと。
(2) 教材については，教育基本法や学校教育法その他の法令に従い，次の観点に照らし適切と判断されるものであること。
ア　児童の発達の段階に即し，ねらいを達成するのにふさわしいものであること。
イ　人間尊重の精神にかなうものであって，悩みや葛藤等の心の揺れ，人間関係の理解等の課題も含め，児童が深く考えることができ，人間としてよりよく生きる喜びや勇気を与えられるものであること。
ウ　多様な見方や考え方のできる事柄を取り扱う場合には，特定の見方や考え方に偏った取扱いがなされていないものであること。
4　児童の学習状況や道徳性に係る成長の様子を継続的に把握し，指導に生かすよう努める必要がある。ただし，数値などによる評価は行わないものとする。

第4章　外国語活動

第1　目　標
外国語によるコミュニケーションにおける見方・考え方を働かせ，外国語による聞くこと，話すことの言語活動を通して，コミュニケーションを図る素地となる資質・能力を次のとおり育成することを目指す。
(1) 外国語を通して，言語や文化について体験的に理解を深め，日本語と外国語との音声の違い等に気付くとともに，外国語の音声や基本的な表現に慣れ親しむようにする。
(2) 身近で簡単な事柄について，外国語で聞いたり話したりして自分の考えや気持ちなどを伝え合う力の素地を養う。
(3) 外国語を通して，言語やその背景にある文化に対する理解を深め，相手に配慮しながら，主体的に外国語を用いてコミュニケーションを図ろうとする態度を養う。

第2　各言語の目標及び内容等
英　語
1　目　標
英語学習の特質を踏まえ，以下に示す，聞くこと，話すこと［やり取り］，話すこと［発表］の三つの領域別に設定する目標の実現を目指した指導を通して，第1の(1)及び(2)に示す資質・能力を一体的に育成するとともに，その過程を通して，第1の(3)に示す資質・能力を育成する。
(1) 聞くこと
ア　ゆっくりはっきりと話された際に，自分のことや身の回りの物を表す簡単な語句を聞き取るようにする。
イ　ゆっくりはっきりと話された際に，身近で簡単な事柄に関する基本的な表現の意味が分かるようにする。
ウ　文字の読み方が発音されるのを聞いた際に，どの文字であるかが分かるようにする。
(2) 話すこと［やり取り］
ア　基本的な表現を用いて挨拶，感謝，簡単な指示をしたり，それらに応じたりするようにする。
イ　自分のことや身の回りの物について，動作を交えながら，自分の考えや気持ちなどを，簡単な語句や基本的な表現を用いて伝え合うようにする。
ウ　サポートを受けて，自分や相手のこと及び身の回りの物に関する事柄について，簡単な語句や基本的な表現を用いて質問をしたり質問に答えたりするようにする。
(3) 話すこと［発表］
ア　身の回りの物について，人前で実物などを見せながら，簡単な語句や基本的な表現を用いて話すようにする。
イ　自分のことについて，人前で実物などを見せながら，簡単な語句や基本的な表現を用いて話すようにする。
ウ　日常生活に関する身近で簡単な事柄について，人前で実物などを見せながら，自分の考えや気持ちなどを，簡単な語句や基本的な表現を用いて話すようにする。
2　内　容
〔第3学年及び第4学年〕
〔知識及び技能〕
(1) 英語の特徴等に関する事項
実際に英語を用いた言語活動を通して，次の事項を体験的に身に付けることができるよう指導する。
ア　言語を用いて主体的にコミュニケーションを図ることの楽しさや大切さを知ること。
イ　日本と外国の言語や文化について理解すること。
　(ｱ) 英語の音声やリズムなどに慣れ親しむとともに，日本語との違いを知り，言葉の面白さや豊かさに気付くこと。
　(ｲ) 日本と外国との生活や習慣，行事などの違いを知り，多様な考え方があることに気付くこと。
　(ｳ) 異なる文化をもつ人々との交流などを体験し，文化等に対する理解を深めること。
〔思考力，判断力，表現力等〕
(2) 情報を整理しながら考えなどを形成し，英語で表現したり，伝え合ったりすることに関する事項
具体的な課題等を設定し，コミュニケーションを行う目的や場面，状況などに応じて，情報や考えなどを表現することを通して，次の事項を身に付けることができるよう指導する。
ア　自分のことや身近で簡単な事柄について，簡単な語句や基本的な表現を使って，相手に配慮しながら，伝え合うこと。
イ　身近で簡単な事柄について，自分の考えや気持

ちなどが伝わるよう，工夫して質問をしたり質問に答えたりすること。
(3) 言語活動及び言語の働きに関する事項
① 言語活動に関する事項
(2)に示す事項については，(1)に示す事項を活用して，例えば次のような言語活動を通して指導する。
ア 聞くこと
　(ｱ) 身近で簡単な事柄に関する短い話を聞いておおよその内容を分かったりする活動。
　(ｲ) 身近な人や身の回りの物に関する簡単な語句や基本的な表現を聞いて，それらを表すイラストや写真などと結び付ける活動。
　(ｳ) 文字の読み方が発音されるのを聞いて，活字体で書かれた文字と結び付ける活動。
イ 話すこと［やり取り］
　(ｱ) 知り合いと簡単な挨拶を交わしたり，感謝や簡単な指示，依頼をして，それらに応じたりする活動。
　(ｲ) 自分のことや身の回りの物について，動作を交えながら，好みや要求などの自分の気持ちや考えなどを伝え合う活動。
　(ｳ) 自分や相手の好み及び欲しい物などについて，簡単な質問をしたり質問に答えたりする活動。
ウ 話すこと［発表］
　(ｱ) 身の回りの物の数や形状などについて，人前で実物やイラスト，写真などを見せながら話す活動。
　(ｲ) 自分の好き嫌いや，欲しい物などについて，人前で実物やイラスト，写真などを見せながら話す活動。
　(ｳ) 時刻や曜日，場所など，日常生活に関する身近で簡単な事柄について，人前で実物やイラスト，写真などを見せながら，自分の考えや気持ちなどを話す活動。
② 言語の働きに関する事項
　言語活動を行うに当たり，主として次に示すような言語の使用場面や言語の働きを取り上げるようにする。
ア 言語の使用場面の例
　(ｱ) 児童の身近な暮らしに関わる場面
　・家庭での生活・学校での学習や活動
　・地域の行事・子供の遊びなど
　(ｲ) 特有の表現がよく使われる場面
　・挨拶・自己紹介・買物
　・食事・道案内など
イ 言語の働きの例
　(ｱ) コミュニケーションを円滑にする
　・挨拶をする・相づちを打つなど
　(ｲ) 気持ちを伝える
　・礼を言う・褒めるなど
　(ｳ) 事実・情報を伝える
　・説明する・答えるなど
　(ｴ) 考えや意図を伝える
　・申し出る・意見を言うなど
　(ｵ) 相手の行動を促す
　・質問する・依頼する・命令するなど
3 指導計画の作成と内容の取扱い
(1) 指導計画の作成に当たっては，第5学年及び第6学年並びに中学校及び高等学校における指導との

接続に留意しながら，次の事項に配慮するものとする。
ア 単元など内容や時間のまとまりを見通して，その中で育む資質・能力の育成に向けて，児童の主体的・対話的で深い学びの実現を図るようにすること。その際，具体的な課題等を設定し，児童が外国語によるコミュニケーションにおける見方・考え方を働かせながら，コミュニケーションの目的や場面，状況などを意識して活動を行い，英語の音声や語彙，表現などの知識を，三つの領域における実際のコミュニケーションにおいて活用する学習の充実を図ること。
イ 学年ごとの目標を適切に定め，2学年間を通じて外国語活動の目標の実現を図るようにすること。
ウ 実際に英語を用いて互いの考えや気持ちを伝え合うなどの言語活動を行う際は，2の(1)に示す事項について理解したり練習したりするための指導を必要に応じて行うこと。また，英語を初めて学習することに配慮し，簡単な語句や基本的な表現を用いながら，友達との関わりを大切にした体験的な言語活動を行うこと。
エ 言語活動で扱う題材は，児童の興味・関心に合ったものとし，国語科や音楽科，図画工作科など，他教科等で児童が学習したことを活用したり，学校行事で扱う内容と関連付けたりするなどの工夫をすること。
オ 外国語活動を通して，外国語や外国の文化のみならず，国語や我が国の文化についても併せて理解を深めるようにすること。言語活動で扱う題材についても，我が国の文化や，英語の背景にある文化に対する関心を高め，理解を深めようとする態度を養うのに役立つものとすること。
カ 障害のある児童などについては，学習活動を行う場合に生じる困難さに応じた指導内容や指導方法の工夫を計画的，組織的に行うこと。
キ 学級担任の教師又は外国語活動を担当する教師が指導計画を作成し，授業を実施するに当たっては，ネイティブ・スピーカーや英語が堪能な地域人材などの協力を得る等，指導体制の充実を図るとともに，指導方法の工夫を行うこと。
(2) 2の内容の取扱いについては，次の事項に配慮するものとする。
ア 英語でのコミュニケーションを体験させる際は，児童の発達の段階を考慮した表現を用い，児童にとって身近なコミュニケーションの場面を設定すること。
イ 文字については，児童の学習負担に配慮しつつ，音声によるコミュニケーションを補助するものとして取り扱うこと。
ウ 言葉によらないコミュニケーションの手段もコミュニケーションを支えるものであることを踏まえ，ジェスチャーなどを取り上げ，その役割を理解させるようにすること。
エ 身近で簡単な事柄について，友達に質問をしたり質問に答えたりする力を育成するため，ペア・ワーク，グループ・ワークなどの学習形態について適宜工夫すること。その際，相手とコミュニケーションを行うことに課題がある児童については，個々の児童の特性に応じて指導内容や指導方

資 料 編

法を工夫すること。

オ　児童が身に付けるべき資質・能力や児童の実態，教材の内容などに応じて，視聴覚教材やコンピュータ，情報通信ネットワーク，教育機器などを有効活用し，児童の興味・関心をより高め，指導の効率化や言語活動の更なる充実を図るようにすること。

カ　各単元や各時間の指導に当たっては，コミュニケーションを行う目的，場面，状況などを明確に設定し，言語活動を通して育成すべき資質・能力を明確に示すことにより，児童が学習の見通しを立てたり，振り返ったりすることができるようにすること。

第3　指導計画の作成と内容の取扱い

1　外国語活動においては，言語やその背景にある文化に対する理解が深まるよう指導するとともに，外国語による聞くこと，話すことの言語活動を行う際は，英語を取り扱うことを原則とすること。

2　第1章総則の第1の2の(2)に示す道徳教育の目標に基づき，道徳科などとの関連を考慮しながら，第3章特別の教科道徳の第2に示す内容について，外国語活動の特質に応じて適切な指導をすること。

第5章　総合的な学習の時間

第1　目　標

　探究的な見方・考え方を働かせ，横断的・総合的な学習を行うことを通して，よりよく課題を解決し，自己の生き方を考えていくための資質・能力を次のとおり育成することを目指す。

(1)　探究的な学習の過程において，課題の解決に必要な知識及び技能を身に付け，課題に関わる概念を形成し，探究的な学習のよさを理解するようにする。

(2)　実社会や実生活の中から問いを見いだし，自分で課題を立て，情報を集め，整理・分析して，まとめ・表現することができるようにする。

(3)　探究的な学習に主体的・協働的に取り組むとともに，互いのよさを生かしながら，積極的に社会に参画しようとする態度を養う。

第2　各学校において定める目標及び内容

1　目　標

　各学校においては，第1の目標を踏まえ，各学校の総合的な学習の時間の目標を定める。

2　内　容

　各学校においては，第1の目標を踏まえ，各学校の総合的な学習の時間の内容を定める。

3　各学校において定める目標及び内容の取扱い

　各学校において定める目標及び内容の設定に当たっては，次の事項に配慮するものとする。

(1)　各学校において定める目標については，各学校における教育目標を踏まえ，総合的な学習の時間を通して育成を目指す資質・能力を示すこと。

(2)　各学校において定める目標及び内容については，他教科等の目標及び内容との違いに留意しつつ，他教科等で育成を目指す資質・能力との関連を重視すること。

(3)　各学校において定める目標及び内容については，日常生活や社会との関わりを重視すること。

(4)　各学校において定める内容については，目標を実現するにふさわしい探究課題，探究課題の解決を

通して育成を目指す具体的な資質・能力を示すこと。

(5)　目標を実現するにふさわしい探究課題については，学校の実態に応じて，例えば，国際理解，情報，環境，福祉・健康などの現代的な諸課題に対応する横断的・総合的な課題，地域の人々の暮らし，伝統と文化など地域や学校の特色に応じた課題，児童の興味・関心に基づく課題などを踏まえて設定すること。

(6)　探究課題の解決を通して育成を目指す具体的な資質・能力については，次の事項に配慮すること。

ア　知識及び技能については，他教科等及び総合的な学習の時間で習得する知識及び技能が相互に関連付けられ，社会の中で生きて働くものとして形成されるようにすること。

イ　思考力，判断力，表現力等については，課題の設定，情報の収集，整理・分析，まとめ・表現などの探究的な学習の過程において発揮され，未知の状況において活用できるものとして身に付けられるようにすること。

ウ　学びに向かう力，人間性等については，自分自身に関すること及び他者や社会との関わりに関することの両方の視点を踏まえること。

(7)　目標を実現するにふさわしい探究課題及び探究課題の解決を通して育成を目指す具体的な資質・能力については，教科等を越えた全ての学習の基盤となる資質・能力が育まれ，活用されるものとなるよう配慮すること。

第3　指導計画の作成と内容の取扱い

1　指導計画の作成に当たっては，次の事項に配慮するものとする。

(1)　年間や，単元など内容や時間のまとまりを見通して，その中で育む資質
　・能力の育成に向けて，児童の主体的・対話的で深い学びの実現を図るようにすること。その際，児童や学校，地域の実態等に応じて，児童が探究的な見方・考え方を働かせ，教科等の枠を超えた横断的・総合的な学習や児童の興味・関心等に基づく学習を行うなど創意工夫を生かした教育活動の充実を図ること。

(2)　全体計画及び年間指導計画の作成に当たっては，学校における全教育活動との関連の下に，目標及び内容，学習活動，指導方法や指導体制，学習の評価の計画などを示すこと。

(3)　他教科等及び総合的な学習の時間で身に付けた資質・能力を相互に関連付け，学習や生活において生かし，それらが総合的に働くようにすること。その際，言語能力，情報活用能力など全ての学習の基盤となる資質・能力を重視すること。

(4)　他教科等の目標及び内容との違いに留意しつつ，第1の目標並びに第2の各学校において定める目標及び内容を踏まえた適切な学習活動を行うこと。

(5)　各学校における総合的な学習の時間の名称については，各学校において適切に定めること。

(6)　障害のある児童などについては，学習活動を行う場合に生じる困難さに応じた指導内容や指導方法の工夫を計画的，組織的に行うこと。

(7)　第1章総則の第1の2の(2)に示す道徳教育の目標に基づき，道徳科などとの関連を考慮しながら，第3章特別の教科道徳の第2に示す内容について，

183

総合的な学習の時間の特質に応じて適切な指導をすること。

2　第2の内容の取扱いについては，次の事項に配慮するものとする。

(1) 第2の各学校において定める目標及び内容に基づき，児童の学習状況に応じて教師が適切な指導を行うこと。

(2) 探究的な学習の過程においては，他者と協働して課題を解決しようとする学習活動や，言語により分析し，まとめたり表現したりするなどの学習活動が行われるようにすること。その際，例えば，比較する，分類する，関連付けるなどの考えるための技法が活用されるようにすること。

(3) 探究的な学習の過程においては，コンピュータや情報通信ネットワークなどを適切かつ効果的に活用して，情報を収集・整理・発信するなどの学習活動が行われるよう工夫すること。その際，コンピュータで文字を入力するなどの学習の基盤として必要となる情報手段の基本的な操作を習得し，情報や情報手段を主体的に選択し活用できるよう配慮すること。

(4) 自然体験やボランティア活動などの社会体験，ものづくり，生産活動などの体験活動，観察・実験，見学や調査，発表や討論などの学習活動を積極的に取り入れること。

(5) 体験活動については，第1の目標並びに第2の各学校において定める目標及び内容を踏まえ，探究的な学習の過程に適切に位置付けること。

(6) グループ学習や異年齢集団による学習などの多様な学習形態，地域の人々の協力も得つつ，全教師が一体となって指導に当たるなどの指導体制について工夫を行うこと。

(7) 学校図書館の活用，他の学校との連携，公民館，図書館，博物館等の社会教育施設や社会教育関係団体等の各種団体との連携，地域の教材や学習環境の積極的な活用などの工夫を行うこと。

(8) 国際理解に関する学習を行う際には，探究的な学習に取り組むことを通して，諸外国の生活や文化などを体験したり調査したりするなどの学習活動が行われるようにすること。

(9) 情報に関する学習を行う際には，探究的な学習に取り組むことを通して，情報を収集・整理・発信したり，情報が日常生活や社会に与える影響を考えたりするなどの学習活動が行われるようにすること。第1章総則の第3の1の(3)のイに掲げるプログラミングを体験しながら論理的思考力を身に付けるための学習活動を行う場合には，プログラミングを体験することが，探究的な学習の過程に適切に位置付くようにすること。

第6章　特別活動

第1　目標

集団や社会の形成者としての見方・考え方を働かせ，様々な集団活動に自主的，実践的に取り組み，互いのよさや可能性を発揮しながら集団や自己の生活上の課題を解決することを通して，次のとおり資質・能力を育成することを目指す。

(1) 多様な他者と協働する様々な集団活動の意義や活動を行う上で必要となることについて理解し，行動の仕方を身に付けるようにする。

(2) 集団や自己の生活，人間関係の課題を見いだし，解決するために話し合い，合意形成を図ったり，意思決定したりすることができるようにする。

(3) 自主的，実践的な集団活動を通して身に付けたことを生かして，集団や社会における生活及び人間関係をよりよく形成するとともに，自己の生き方についての考えを深め，自己実現を図ろうとする態度を養う。

第2　各活動・学校行事の目標及び内容

〔学級活動〕

1　目　標

学級や学校での生活をよりよくするための課題を見いだし，解決するために話し合い，合意形成し，役割を分担して協力して実践したり，学級での話合いを生かして自己の課題の解決及び将来の生き方を描くために意思決定して実践したりすることに，自主的，実践的に取り組むことを通して，第1の目標に掲げる資質・能力を育成することを目指す。

2　内　容

1の資質・能力を育成するため，全ての学年において，次の各活動を通して，それぞれの活動の意義及び活動を行う上で必要となることについて理解し，主体的に考えて実践できるよう指導する。

(1) 学級や学校における生活づくりへの参画

ア　学級や学校における生活上の諸問題の解決

学級や学校における生活をよりよくするための課題を見いだし，解決するために話し合い，合意形成を図り，実践すること。

イ　学級内の組織づくりや役割の自覚

学級生活の充実や向上のため，児童が主体的に組織をつくり，役割を自覚しながら仕事を分担して，協力し合い実践すること。

ウ　学校における多様な集団の生活の向上

児童会など学級の枠を超えた多様な集団における活動や学校行事を通して学校生活の向上を図るため，学級としての提案や取組を話し合って決めること。

(2) 日常の生活や学習への適応と自己の成長及び健康安全

ア　基本的な生活習慣の形成

身の回りの整理や挨拶などの基本的な生活習慣を身に付け，節度ある生活にすること。

イ　よりよい人間関係の形成

学級や学校の生活において互いのよさを見付け，違いを尊重し合い，仲よくしたり信頼し合ったりして生活すること。

ウ　心身ともに健康で安全な生活態度の形成

現在及び生涯にわたって心身の健康を保持増進することや，事件や事故，災害等から身を守り安全に行動すること。

エ　食育の観点を踏まえた学校給食と望ましい食習慣の形成

給食の時間を中心としながら，健康によい食事のとり方など，望ましい食習慣の形成を図るとともに，食事を通して人間関係をよりよくすること。

(3) 一人一人のキャリア形成と自己実現

ア　現在や将来に希望や目標をもって生きる意欲や態度の形成

学級や学校での生活づくりに主体的に関わり，自己を生かそうとするとともに，希望や目標をもち，その実現に向けて日常の生活をよりよくしようとすること。

イ　社会参画意識の醸成や働くことの意義の理解
　清掃などの当番活動や係活動等の自己の役割を自覚して協働することの意義を理解し，社会の一員として役割を果たすために必要となることについて主体的に考えて行動すること。

ウ　主体的な学習態度の形成と学校図書館等の活用
　学ぶことの意義や現在及び将来の学習と自己実現とのつながりを考えたり，自主的に学習する場としての学校図書館等を活用したりしながら，学習の見通しを立て，振り返ること。

3　内容の取扱い
(1)　指導に当たっては，各学年段階で特に次の事項に配慮すること。

〔第1学年及び第2学年〕
　話合いの進め方に沿って，自分の意見を発表したり，他者の意見をよく聞いたりして，合意形成して実践することのよさを理解すること。基本的な生活習慣や，約束やきまりを守ることの大切さを理解して行動し，生活をよくするための目標を決めて実行すること。

〔第3学年及び第4学年〕
　理由を明確にして考えを伝えたり，自分と異なる意見も受け入れたりしながら，集団としての目標や活動内容について合意形成を図り，実践すること。自分のよさや役割を自覚し，よく考えて行動するなど節度ある生活を送ること。

〔第5学年及び第6学年〕
　相手の思いを受け止めて聞いたり，相手の立場や考え方を理解したりして，多様な意見のよさを積極的に生かして合意形成を図り，実践すること。高い目標をもって粘り強く努力し，自他のよさを伸ばし合うようにすること。

(2)　2の(3)の指導に当たっては，学校，家庭及び地域における学習や生活の見通しを立て，学んだことを振り返りながら，新たな学習や生活への意欲につなげたり，将来の生き方を考えたりする活動を行うこと。その際，児童が活動を記録し蓄積する教材等を活用すること。

〔児童会活動〕
1　目　標
　異年齢の児童同士で協力し，学校生活の充実と向上を図るための諸問題の解決に向けて，計画を立て役割を分担し，協力して運営することに自主的，実践的に取り組むことを通して，第1の目標に掲げる資質・能力を育成することを目指す。

2　内　容
　1の資質・能力を育成するため，学校の全児童をもって組織する児童会において，次の各活動の意義及び活動を行う上で必要となることについて理解し，主体的に考えて実践できるよう指導する。

(1)　児童会の組織づくりと児童会活動の計画や運営
　児童が主体的に組織をつくり，役割を分担し，計画を立て，学校生活の課題を見いだし解決するために話し合い，合意形成を図り実践すること。

(2)　異年齢集団による交流
　児童会が計画や運営を行う集会等の活動において，学年や学級が異なる児童と共に楽しく触れ合い，交流を図ること。

(3)　学校行事への協力
　学校行事の特質に応じて，児童会の組織を活用して，計画の一部を担当したり，運営に協力したりすること。

3　内容の取扱い
(1)　児童会の計画や運営は，主として高学年の児童が行うこと。その際，学校の全児童が主体的に活動に参加できるものとなるよう配慮すること。

〔クラブ活動〕
1　目　標
　異年齢の児童同士で協力し，共通の興味・関心を追求する集団活動の計画を立てて運営することに自主的，実践的に取り組むことを通して，個性の伸長を図りながら，第1の目標に掲げる資質・能力を育成することを目指す。

2　内　容
　1の資質・能力を育成するため，主として第4学年以上の同好の児童をもって組織するクラブにおいて，次の各活動を通して，それぞれの活動の意義及び活動を行う上で必要となることについて理解し，主体的に考えて実践できるよう指導する。

(1)　クラブの組織づくりとクラブ活動の計画や運営
　児童が活動計画を立て，役割を分担し，協力して運営に当たること。

(2)　クラブを楽しむ活動
　異なる学年の児童と協力し，創意工夫を生かしながら共通の興味・関心を追求すること。

(3)　クラブの成果の発表
　活動の成果について，クラブの成員の発言・発想を生かし，協力して全校の児童や地域の人々に発表すること。

〔学校行事〕
1　目　標
　全校又は学年の児童で協力し，よりよい学校生活を築くための体験的な活動を通して，集団への所属感や連帯感を深め，公共の精神を養いながら，第1の目標に掲げる資質・能力を育成することを目指す。

2　内　容
　1の資質・能力を育成するため，全ての学年において，全校又は学年を単位として，次の各行事において，学校生活に秩序と変化を与え，学校生活の充実と発展に資する体験的な活動を行うことを通して，それぞれの学校行事の意義及び活動を行う上で必要となることについて理解し，主体的に考えて実践できるよう指導する。

(1)　儀式的行事
　学校生活に有意義な変化や折り目を付け，厳粛で清新な気分を味わい，新しい生活の展開への動機付けとなるようにすること。

(2)　文化的行事
　平素の学習活動の成果を発表し，自己の向上の意欲を一層高めたり，文化や芸術に親しんだりするようにすること。

(3)　健康安全・体育的行事
　心身の健全な発達や健康の保持増進，事件や事故，

災害等から身を守る安全な行動や規律ある集団行動の体得，運動に親しむ態度の育成，責任感や連帯感の涵養，体力の向上などに資するようにすること。
(4) 遠足・集団宿泊的行事
　自然の中での集団宿泊活動などの平素と異なる生活環境にあって，見聞を広め，自然や文化などに親しむとともに，よりよい人間関係を築くなどの集団生活の在り方や公衆道徳などについての体験を積むことができるようにすること。
(5) 勤労生産・奉仕的行事
　勤労の尊さや生産の喜びを体得するとともに，ボランティア活動などの社会奉仕の精神を養う体験が得られるようにすること。
　3　内容の取扱い
(1) 児童や学校，地域の実態に応じて，2に示す行事の種類ごとに，行事及びその内容を重点化するとともに，各行事の趣旨を生かした上で，行事間の関連や統合を図るなど精選して実施すること。また，実施に当たっては，自然体験や社会体験などの体験活動を充実するとともに，体験活動を通して気付いたことなどを振り返り，まとめたり，発表し合ったりするなどの事後の活動を充実すること。

第3　指導計画の作成と内容の取扱い

　1　指導計画の作成に当たっては，次の事項に配慮するものとする。
(1) 特別活動の各活動及び学校行事を見通して，その中で育む資質・能力の育成に向けて，児童の主体的・対話的で深い学びの実現を図るようにすること。その際，よりよい人間関係の形成，よりよい集団生活の構築や社会への参画及び自己実現に資するよう，児童が集団や社会の形成者としての見方・考え方を働かせ，様々な集団活動に自主的，実践的に取り組む中で，互いのよさや個性，多様な考えを認め合い，等しく合意形成に関わり役割を担うようにすることを重視すること。
(2) 各学校においては特別活動の全体計画や各活動及び学校行事の年間指導計画を作成すること。その際，学校の創意工夫を生かし，学級や学校，地域の実態，児童の発達の段階などを考慮するとともに，第2に示す内容相互及び各教科，道徳科，外国語活動，総合的な学習の時間などの指導との関連を図り，児童による自主的，実践的な活動が助長されるようにすること。また，家庭や地域の人々との連携，社会教育施設等の活用などを工夫すること。
(3) 学級活動における児童の自発的，自治的な活動を中心として，各活動と学校行事を相互に関連付けながら，個々の児童についての理解を深め，教師と児童，児童相互の信頼関係を育み，学級経営の充実を図ること。その際，特に，いじめの未然防止等を含めた生徒指導との関連を図るようにすること。
(4) 低学年においては，第1章総則の第2の4の(1)を踏まえ，他教科等との関連を積極的に図り，指導の効果を高めるようにするとともに，幼稚園教育要領等に示す幼児期の終わりまでに育ってほしい姿との関連を考慮すること。特に，小学校入学当初においては，生活科を中心とした関連的な指導や，弾力的な時間割の設定を行うなどの工夫をすること。
(5) 障害のある児童などについては，学習活動を行う場合に生じる困難さに応じた指導内容や指導方法

の工夫を計画的，組織的に行うこと。
(6) 第1章総則の第1の2の(2)に示す道徳教育の目標に基づき，道徳科などとの関連を考慮しながら，第3章特別の教科道徳の第2に示す内容について，特別活動の特質に応じて適切な指導をすること。
　2　第2の内容の取扱いについては，次の事項に配慮するものとする。
(1) 学級活動，児童会活動及びクラブ活動の指導については，指導内容の特質に応じて，教師の適切な指導の下に，児童の自発的，自治的な活動が効果的に展開されるようにすること。その際，よりよい生活を築くために自分たちできまりをつくって守る活動などを充実するよう工夫すること。
(2) 児童及び学校の実態並びに第1章総則の第6の2に示す道徳教育の重点などを踏まえ，各学年において取り上げる指導内容の重点化を図るとともに，必要に応じて，内容間の関連や統合を図ったり，他の内容を加えたりすることができること。
(3) 学校生活への適応や人間関係の形成などについては，主に集団の場面で必要な指導や援助を行うガイダンスと，個々の児童の多様な実態を踏まえ，一人一人が抱える課題に個別に対応した指導を行うカウンセリング（教育相談を含む。）の双方の趣旨を踏まえて指導を行うこと。特に入学当初や各学年のはじめにおいては，個々の児童が学校生活に適応するとともに，希望や目標をもって生活できるよう工夫すること。あわせて，児童の家庭との連絡を密にすること。
(4) 異年齢集団による交流を重視するとともに，幼児，高齢者，障害のある人々などとの交流や対話，障害のある幼児児童生徒との交流及び共同学習の機会を通して，協働することや，他者の役に立ったり社会に貢献したりすることの喜びを得られる活動を充実すること。
　3　入学式や卒業式などにおいては，その意義を踏まえ，国旗を掲揚するとともに，国歌を斉唱するよう指導するものとする。

◆中学校学習指導要領（抄）

　教育は，教育基本法第1条に定めるとおり，人格の完成を目指し，平和で民主的な国家及び社会の形成者として必要な資質を備えた心身ともに健康な国民の育成を期すという目的のもと，同法第2条に掲げる次の目標を達成するよう行われなければならない。
　1　幅広い知識と教養を身に付け，真理を求める態度を養い，豊かな情操と道徳心を培うとともに，健やかな身体を養うこと。
　2　個人の価値を尊重して，その能力を伸ばし，創造性を養い，自主及び自律の精神を養うとともに，職業及び生活との関連を重視し，勤労を重んずる態度を養うこと。
　3　正義と責任，男女の平等，自他の敬愛と協力を重んずるとともに，公共の精神に基づき，主体的に社会の形成に参画し，その発展に寄与する態度を養うこと。
　4　生命を尊び，自然を大切にし，環境の保全に寄

資料編

与する態度を養うこと。
5　伝統と文化を尊重し，それらをはぐくんできた我が国と郷土を愛するとともに，他国を尊重し，国際社会の平和と発展に寄与する態度を養うこと。
　これからの学校には，こうした教育の目的及び目標の達成を目指しつつ，一人一人の生徒が，自分のよさや可能性を認識するとともに，あらゆる他者を価値のある存在として尊重し，多様な人々と協働しながら様々な社会的変化を乗り越え，豊かな人生を切り拓き，持続可能な社会の創り手となることができるようにすることが求められる。このために必要な教育の在り方を具体化するのが，各学校において教育の内容等を組織的かつ計画的に組み立てた教育課程である。
　教育課程を通して，これからの時代に求められる教育を実現していくためには，よりよい学校教育を通してよりよい社会を創るという理念を学校と社会とが共有し，それぞれの学校において，必要な学習内容をどのように学び，どのような資質・能力を身に付けられるようにするのかを教育課程において明確にしながら，社会との連携及び協働によりその実現を図っていくという，社会に開かれた教育課程の実現が重要となる。
　学習指導要領とは，こうした理念の実現に向けて必要となる教育課程の基準を大綱的に定めるものである。学習指導要領が果たす役割の一つは，公の性質を有する学校における教育水準を全国的に確保することである。また，各学校がその特色を生かして創意工夫を重ね，長年にわたり積み重ねられてきた教育実践や学術研究の蓄積を生かしながら，生徒や地域の現状や課題を捉え，家庭や地域社会と協力して，学習指導要領を踏まえた教育活動の更なる充実を図っていくことも重要である。
　生徒が学ぶことの意義を実感できる環境を整え，一人一人の資質・能力を伸ばせるようにしていくことは，教職員をはじめとする学校関係者はもとより，家庭や地域の人々も含め，様々な立場から生徒や学校に関わる全ての大人に期待される役割である。幼児期の教育及び小学校教育の基礎の上に，高等学校以降の教育や生涯にわたる健康とのつながりを見通しながら，生徒の学習の在り方を展望していくために広く活用されるものとなることを期待して，ここに中学校学習指導要領を定める。

第1章　総則

第1　中学校教育の基本と教育課程の役割

1　各学校においては，教育基本法及び学校教育法その他の法令並びにこの章以下に示すところに従い，生徒の人間として調和のとれた育成を目指し，生徒の心身の発達の段階や特性及び学校や地域の実態を十分考慮して，適切な教育課程を編成するものとし，これらに掲げる目標を達成するよう教育を行うものとする。
2　学校の教育活動を進めるに当たっては，各学校において，第3の1に示す主体的・対話的で深い学びの実現に向けた授業改善を通して，創意工夫を生かした特色ある教育活動を展開する中で，次の(1)から(3)までに掲げる事項の実現を図り，生徒に生きる力を育むことを目指すものとする。

(1)　基礎的・基本的な知識及び技能を確実に習得させ，これらを活用して課題を解決するために必要な思考力，判断力，表現力等を育むとともに，主体的に学習に取り組む態度を養い，個性を生かし多様な人々との協働を促す教育の充実に努めること。その際，生徒の発達の段階を考慮して，生徒の言語活動など，学習の基盤をつくる活動を充実するとともに，家庭との連携を図りながら，生徒の学習習慣が確立するよう配慮すること。
(2)　道徳教育や体験活動，多様な表現や鑑賞の活動等を通して，豊かな心や創造性の涵養を目指した教育の充実に努めること。
　学校における道徳教育は，特別の教科である道徳（以下「道徳科」という。）を要として学校の教育活動全体を通じて行うものであり，道徳科はもとより，各教科，総合的な学習の時間及び特別活動のそれぞれの特質に応じて，生徒の発達の段階を考慮して，適切な指導を行うこと。
　道徳教育は，教育基本法及び学校教育法に定められた教育の根本精神に基づき，自己の生き方を考え，主体的な判断の下に行動し，自立した人間として他者と共によりよく生きるための基盤となる道徳性を養うことを目標とすること。
　道徳教育を進めるに当たっては，人間尊重の精神と生命に対する畏敬の念を家庭，学校，その他社会における具体的な生活の中に生かし，豊かな心をもち，伝統と文化を尊重し，それらを育んできた我が国と郷土を愛し，個性豊かな文化の創造を図るとともに，平和で民主的な国家及び社会の形成者として，公共の精神を尊び，社会及び国家の発展に努め，他国を尊重し，国際社会の平和と発展や環境の保全に貢献し未来を拓く主体性のある日本人の育成に資することとなるよう特に留意すること。
(3)　学校における体育・健康に関する指導を，生徒の発達の段階を考慮して，学校の教育活動全体を通じて適切に行うことにより，健康で安全な生活と豊かなスポーツライフの実現を目指した教育の充実に努めること。特に，学校における食育の推進並びに体力の向上に関する指導，安全に関する指導及び心身の健康の保持増進に関する指導については，保健体育科，技術・家庭科及び特別活動の時間はもとより，各教科，道徳科及び総合的な学習の時間などにおいてもそれぞれの特質に応じて適切に行うよう努めること。また，それらの指導を通して，家庭や地域社会との連携を図りながら，日常生活において適切な体育・健康に関する活動の実践を促し，生涯を通じて健康・安全で活力ある生活を送るための基礎が培われるよう配慮すること。
3　2の(1)から(3)までに掲げる事項の実現を図り，豊かな創造性を備え持続可能な社会の創り手となることが期待される生徒に，生きる力を育むことを目指して，学校教育全体並びに各教科，道徳科，総合的な学習の時間及び特別活動（以下「各教科等」という。ただし，第2の3の(2)のア及びウにおいて，特別活動については学級活動（学校給食に係るものを除く。）に限る。）の指導を通してどのような資質・能力の育成を目指すのかを明確にしながら，教育活動の充実を図るものとする。その際，生徒の発達の段階や特性等を踏まえつつ，次に掲げ

187

ることが偏りなく実現できるようにするものとする。
(1) 知識及び技能が習得されるようにすること。
(2) 思考力，判断力，表現力等を育成すること。
(3) 学びに向かう力，人間性等を涵養すること。
4　各学校においては，生徒や学校，地域の実態を適切に把握し，教育の目的や目標の実現に必要な教育の内容等を教科等横断的な視点で組み立てていくこと，教育課程の実施状況を評価してその改善を図っていくこと，教育課程の実施に必要な人的又は物的な体制を確保するとともにその改善を図っていくことなどを通して，教育課程に基づき組織的かつ計画的に各学校の教育活動の質の向上を図っていくこと（以下「カリキュラム・マネジメント」という。）に努めるものとする。

第2　教育課程の編成
1　各学校の教育目標と教育課程の編成
　教育課程の編成に当たっては，学校教育全体や各教科等における指導を通して育成を目指す資質・能力を踏まえつつ，各学校の教育目標を明確にするとともに，教育課程の編成についての基本的な方針が家庭や地域とも共有されるよう努めるものとする。その際，第4章総合的な学習の時間の第2の1に基づき定められる目標との関連を図るものとする。
2　教科等横断的な視点に立った資質・能力の育成
(1) 各学校においては，生徒の発達の段階を考慮し，言語能力，情報活用能力（情報モラルを含む。），問題発見・解決能力等の学習の基盤となる資質・能力を育成していくことができるよう，各教科等の特質を生かし，教科等横断的な視点から教育課程の編成を図るものとする。
(2) 各学校においては，生徒や学校，地域の実態及び生徒の発達の段階を考慮し，豊かな人生の実現や災害等を乗り越えて次代の社会を形成することに向けた現代的な諸課題に対応して求められる資質・能力を，教科等横断的な視点で育成していくことができるよう，各学校の特色を生かした教育課程の編成を図るものとする。
3　教育課程の編成における共通的な事項
(1) 内容等の取扱い
　ア　第2章以下に示す各教科，道徳科及び特別活動の内容に関する事項は，特に示す場合を除き，いずれの学校においても取り扱わなければならない。
　イ　学校において特に必要がある場合には，第2章以下に示していない内容を加えて指導することができる。また，第2章以下に示す内容の取扱いのうち内容の範囲や程度等を示す事項は，全ての生徒に対して指導するものとする内容の範囲や程度等を示したものであり，学校において特に必要がある場合には，この事項にかかわらず加えて指導することができる。ただし，これらの場合には，第2章以下に示す各教科，道徳科及び特別活動の目標や内容の趣旨を逸脱したり，生徒の負担過重となったりすることのないようにしなければならない。
　ウ　第2章以下に示す各教科，道徳科及び特別活動の内容に掲げる事項の順序は，特に示す場合を除き，指導の順序を示すものではないので，学校においては，その取扱いについて適切な工夫を加えるものとする。

　エ　学校において2以上の学年の生徒で編制する学級について特に必要がある場合には，各教科の目標の達成に支障のない範囲内で，各教科の目標及び内容について学年別の順序によらないことができる。
　オ　各学校においては，生徒や学校，地域の実態を考慮して，生徒の特性等に応じた多様な学習活動が行えるよう，第2章に示す各教科や，特に必要な教科を，選択教科として開設し生徒に履修させることができる。
　　その場合にあっては，全ての生徒に指導すべき内容との関連を図りつつ，選択教科の授業時数及び内容を適切に定め選択教科の指導計画を作成し，生徒の負担加重となることのないようにしなければならない。特に必要な教科の名称，目標，内容などについては，各学校が適切に定めるものとする。
　カ　道徳科を要として学校の教育活動全体を通じて行う道徳教育の内容は，第3章特別の教科道徳の第2に示す内容とし，その実施に当たっては，第6に示す道徳教育に関する配慮事項を踏まえるものとする。
(2) 授業時数等の取扱い
　ア　各教科等の授業は，年間35週以上にわたって行うよう計画し，週当たりの授業時数が生徒の負担過重にならないようにするものとする。ただし，各教科等や学習活動の特質に応じ効果的な場合には，夏季，冬季，学年末等の休業日の期間に授業日を設定する場合を含め，これらの授業を特定の期間に行うことができる。
　イ　特別活動の授業のうち，生徒会活動及び学校行事については，それらの内容に応じ，年間，学期ごと，月ごとなどに適切な授業時数を充てるものとする。
　ウ　各学校の時間割については，次の事項を踏まえ適切に編成するものとする。
　　(ｱ)　各教科等のそれぞれの授業の1単位時間は，各学校において，各教科等の年間授業時数を確保しつつ，生徒の発達の段階及び各教科等や学習活動の特質を考慮して適切に定めること。
　　(ｲ)　各教科等の特質に応じ，10分から15分程度の短い時間を活用して特定の教科等の指導を行う場合において，当該教科等を担当する教師が，単元や題材など内容や時間のまとまりを見通した中で，その指導内容の決定や指導の成果の把握と活用等を責任を持って行う体制が整備されているときは，その時間を当該教科等の年間授業時数に含めることができること。
　　(ｳ)　給食，休憩などの時間については，各学校において工夫を加え，適切に定めること。
　　(ｴ)　各学校において，生徒や学校，地域の実態，各教科等や学習活動の特質等に応じて，創意工夫を生かした時間割を弾力的に編成できること。
　エ　総合的な学習の時間における学習活動により，特別活動の学校行事に掲げる各行事の実施と同様の成果が期待できる場合においては，総合的な学習の時間における学習活動をもって相当する特別活動の学校行事に掲げる各行事の実施に替えることができる。

資料編

(3) 指導計画の作成等に当たっての配慮事項

各学校においては，次の事項に配慮しながら，学校の創意工夫を生かし，全体として，調和のとれた具体的な指導計画を作成するものとする。

ア 各教科等の指導内容については，(1)のアを踏まえつつ，単元や題材など内容や時間のまとまりを見通しながら，そのまとめ方や重点の置き方に適切な工夫を加え，第3の1に示す主体的・対話的で深い学びの実現に向けた授業改善を通して資質・能力を育む効果的な指導ができるようにすること。

イ 各教科等及び各学年相互間の関連を図り，系統的，発展的な指導ができるようにすること。

4 学校段階間の接続

教育課程の編成に当たっては，次の事項に配慮しながら，学校段階間の接続を図るものとする。

(1) 小学校学習指導要領を踏まえ，小学校教育までの学習の成果が中学校教育に円滑に接続され，義務教育段階の終わりまでに育成することを目指す資質・能力を，生徒が確実に身に付けることができるよう工夫すること。特に，義務教育学校，小学校連携型中学校及び小学校併設型中学校においては，義務教育9年間を見通した計画的かつ継続的な教育課程を編成すること。

(2) 高等学校学習指導要領を踏まえ，高等学校教育及びその後の教育との円滑な接続が可能となるよう工夫すること。特に，中等教育学校，連携型中学校及び併設型中学校においては，中等教育6年間を見通した計画的かつ継続的な教育課程を編成すること。

第3 教育課程の実施と学習評価

1 主体的・対話的で深い学びの実現に向けた授業改善

各教科等の指導に当たっては，次の事項に配慮するものとする。

(1) 第1の3の(1)から(3)までに示すことが偏りなく実現されるよう，単元や題材など内容や時間のまとまりを見通しながら，生徒の主体的・対話的で深い学びの実現に向けた授業改善を行うこと。

特に，各教科等において身に付けた知識及び技能を活用したり，思考力，判断力，表現力等や学びに向かう力，人間性等を発揮させたりして，学習の対象となる物事を捉え思考することにより，各教科等の特質に応じた物事を捉える視点や考え方（以下「見方・考え方」という。）が鍛えられていくことに留意し，生徒が各教科等の特質に応じた見方・考え方を働かせながら，知識を相互に関連付けてより深く理解したり，情報を精査して考えを形成したり，問題を見いだして解決策を考えたり，思いや考えを基に創造したりすることに向かう過程を重視した学習の充実を図ること。

(2) 第2の2の(1)に示す言語能力の育成を図るため，各学校において必要な言語環境を整えるとともに，国語科を要としつつ各教科等の特質に応じて，生徒の言語活動を充実すること。あわせて，(7)に示すとおり読書活動を充実すること。

(3) 第2の2の(1)に示す情報活用能力の育成を図るため，各学校において，コンピュータや情報通信ネットワークなどの情報手段を活用するために必要な環境を整え，これらを適切に活用した学習活動の充実を図ること。また，各種の統計資料や新聞，視聴覚教材や教育機器などの教材・教具の適切な活用を図ること。

(4) 生徒が学習の見通しを立てたり学習したことを振り返ったりする活動を，計画的に取り入れるように工夫すること。

(5) 生徒が生命の有限性や自然の大切さ，主体的に挑戦してみることや多様な他者と協働することの重要性などを実感しながら理解することができるよう，各教科等の特質に応じた体験活動を重視し，家庭や地域社会と連携しつつ体系的・継続的に実施できるよう工夫すること。

(6) 生徒が自ら学習課題や学習活動を選択する機会を設けるなど，生徒の興味・関心を生かした自主的，自発的な学習が促されるよう工夫すること。

(7) 学校図書館を計画的に利用しその機能の活用を図り，生徒の主体的・対話的で深い学びの実現に向けた授業改善に生かすとともに，生徒の自主的，自発的な学習活動や読書活動を充実すること。また，地域の図書館や博物館，美術館，劇場，音楽堂等の施設の活用を積極的に図り，資料を活用した情報の収集や鑑賞等の学習活動を充実すること。

2 学習評価の充実

学習評価の実施に当たっては，次の事項に配慮するものとする。

(1) 生徒のよい点や進歩の状況などを積極的に評価し，学習したことの意義や価値を実感できるようにすること。また，各教科等の目標の実現に向けた学習状況を把握する観点から，単元や題材など内容や時間のまとまりを見通しながら評価の場面や方法を工夫して，学習の過程や成果を評価し，指導の改善や学習意欲の向上を図り，資質・能力の育成に生かすようにすること。

(2) 創意工夫の中で学習評価の妥当性や信頼性が高められるよう，組織的かつ計画的な取組を推進するとともに，学年や学校段階を越えて生徒の学習の成果が円滑に接続されるように工夫すること。

第4 生徒の発達の支援

1 生徒の発達を支える指導の充実

教育課程の編成及び実施に当たっては，次の事項に配慮するものとする。

(1) 学習や生活の基盤として，教師と生徒との信頼関係及び生徒相互のよりよい人間関係を育てるため，日頃から学級経営の充実を図ること。また，主に集団の場面で必要な指導や援助を行うガイダンスと，個々の生徒の多様な実態を踏まえ，一人一人が抱える課題に個別に対応した指導を行うカウンセリングの双方により，生徒の発達を支援すること。

(2) 生徒が，自己の存在感を実感しながら，よりよい人間関係を形成し，有意義で充実した学校生活を送る中で，現在及び将来における自己実現を図っていくことができるよう，生徒理解を深め，学習指導と関連付けながら，生徒指導の充実を図ること。

(3) 生徒が，学ぶことと自己の将来とのつながりを見通しながら，社会的・職業的自立に向けて必要な基盤となる資質・能力を身に付けていくことができるよう，特別活動を要としつつ各教科等の特質に応じて，キャリア教育の充実を図ること。その中で，生徒が自らの生き方を考え主体的に進路を選択する

ことができるよう，学校の教育活動全体を通じ，組織的かつ計画的な進路指導を行うこと。

(4) 生徒が，基礎的・基本的な知識及び技能の習得も含め，学習内容を確実に身に付けることができるよう，生徒や学校の実態に応じ，個別学習やグループ別学習，繰り返し学習，学習内容の習熟の程度に応じた学習，生徒の興味・関心等に応じた課題学習，補充的な学習や発展的な学習などの学習活動を取り入れることや，教師間の協力による指導体制を確保することなどにより，指導方法や指導体制の工夫改善により，個に応じた指導の充実を図ること。その際，第3の1の(3)に示す情報手段や教材・教具の活用を図ること。

2　特別な配慮を必要とする生徒への指導

(1) 障害のある生徒などへの指導

ア　障害のある生徒などについては，特別支援学校等の助言又は援助を活用しつつ，個々の生徒の障害の状態等に応じた指導内容や指導方法の工夫を組織的かつ計画的に行うこと。

イ　特別支援学級において実施する特別の教育課程については，次のとおり編成するものとする。

(ア) 障害による学習上又は生活上の困難を克服し自立を図るため，特別支援学校小学部・中学部学習指導要領第7章に示す自立活動を取り入れること。

(イ) 生徒の障害の程度や学級の実態等を考慮の上，各教科の目標や内容を下学年の目標や内容に替えたり，各教科を，知的障害者である生徒に対する教育を行う特別支援学校の各教科に替えたりするなどして，実態に応じた教育課程を編成すること。

ウ　障害のある生徒に対して，通級による指導を行い，特別の教育課程を編成する場合には，特別支援学校小学部・中学部学習指導要領第7章に示す自立活動の内容を参考とし，具体的な目標や内容を定め，指導を行うものとする。その際，効果的な指導が行われるよう，各教科等と通級による指導との関連を図るなど，教師間の連携に努めるものとする。

エ　障害のある生徒などについては，家庭，地域及び医療や福祉，保健，労働等の業務を行う関係機関との連携を図り，長期的な視点で生徒への教育的支援を行うために，個別の教育支援計画を作成し活用することに努めるとともに，各教科等の指導に当たって，個々の生徒の実態を的確に把握し，個別の指導計画を作成し活用することに努めるものとする。

　特に，特別支援学級に在籍する生徒や通級による指導を受ける生徒については，個々の生徒の実態を的確に把握し，個別の教育支援計画や個別の指導計画を作成し，効果的に活用するものとする。

(2) 海外から帰国した生徒などの学校生活への適応や，日本語の習得に困難のある生徒に対する日本語指導

ア　海外から帰国した生徒などについては，学校生活への適応を図るとともに，外国における生活経験を生かすなどの適切な指導を行うものとする。

イ　日本語の習得に困難のある生徒については，個々の生徒の実態に応じた指導内容や指導方法の

工夫を組織的かつ計画的に行うものとする。特に，通級による日本語指導については，教師間の連携に努め，指導についての計画を個別に作成することなどにより，効果的な指導に努めるものとする。

(3) 不登校生徒への配慮

ア　不登校生徒については，保護者や関係機関と連携を図り，心理や福祉の専門家の助言又は援助を得ながら，社会的自立を目指す観点から，個々の生徒の実態に応じた情報の提供その他の必要な支援を行うものとする。

イ　相当の期間中学校を欠席し引き続き欠席すると認められる生徒を対象として，文部科学大臣が認める特別の教育課程を編成する場合には，生徒の実態に配慮した教育課程を編成するとともに，個別学習やグループ別学習など指導方法や指導体制の工夫改善に努めるものとする。

(4) 学齢を経過した者への配慮

ア　夜間その他の特別の時間に授業を行う課程において学齢を経過した者を対象として特別の教育課程を編成する場合には，学齢を経過した者の年齢，経験又は勤労状況その他の実情を踏まえ，中学校教育の目的及び目標並びに第2章以下に示す各教科等の目標に照らして，中学校教育を通じて育成を目指す資質・能力を身に付けることができるようにするものとする。

イ　学齢を経過した者を教育する場合には，個別学習やグループ別学習など指導方法や指導体制の工夫改善に努めるものとする。

第5　学校運営上の留意事項

1　教育課程の改善と学校評価，教育課程外の活動との連携等

ア　各学校においては，校長の方針の下に，校務分掌に基づき教職員が適切に役割を分担しつつ，相互に連携しながら，各学校の特色を生かしたカリキュラム・マネジメントを行うよう努めるものとする。また，各学校が行う学校評価については，教育課程の編成，実施，改善が教育活動や学校運営の中核となることを踏まえつつ，カリキュラム・マネジメントと関連付けながら実施するよう留意するものとする。

イ　教育課程の編成及び実施に当たっては，学校保健計画，学校安全計画，食に関する指導の全体計画，いじめの防止等のための対策に関する基本的な方針など，各分野における学校の全体計画等と関連付けながら，効果的な指導が行われるように留意するものとする。

ウ　教育課程外の学校教育活動と教育課程の関連が図られるように留意するものとする。特に，生徒の自主的，自発的な参加により行われる部活動については，スポーツや文化，科学等に親しませ，学習意欲の向上や責任感，連帯感の涵養等，学校教育が目指す資質・能力の育成に資するものであり，学校教育の一環として，教育課程との関連が図られるよう留意すること。その際，学校や地域の実態に応じ，地域の人々の協力，社会教育施設や社会教育関係団体等の各種団体との連携などの運営上の工夫を行い，持続可能な運営体制が整えられるようにするものとする。

2　家庭や地域社会との連携及び協働と学校間の連

資料編

携
　教育課程の編成及び実施に当たっては，次の事項に配慮するものとする。
ア　学校がその目的を達成するため，学校や地域の実態等に応じ，教育活動の実施に必要な人的又は物的な体制を家庭や地域の人々の協力を得ながら整えるなど，家庭や地域社会との連携及び協働を深めること。また，高齢者や異年齢の子供など，地域における世代を越えた交流の機会を設けること。
イ　他の中学校や，幼稚園，認定こども園，保育所，小学校，高等学校，特別支援学校などとの間の連携や交流を図るとともに，障害のある幼児児童生徒との交流及び共同学習の機会を設け，共に尊重し合いながら協働して生活していく態度を育むよう努めること。

第6　道徳教育に関する配慮事項
　道徳教育を進めるに当たっては，道徳教育の特質を踏まえ，前項までに示す事項に加え，次の事項に配慮するものとする。
1　各学校においては，第1の2の(2)に示す道徳教育の目標を踏まえ，道徳教育の全体計画を作成し，校長の方針の下に，道徳教育の推進を主に担当する教師（以下「道徳教育推進教師」という。）を中心に，全教師が協力して道徳教育を展開すること。なお，道徳教育の全体計画の作成に当たっては，生徒や学校，地域の実態を考慮して，学校の道徳教育の重点目標を設定するとともに，道徳科の指導方針，第3章特別の教科道徳の第2に示す内容との関連を踏まえた各教科，総合的な学習の時間及び特別活動における指導の内容及び時期並びに家庭や地域社会との連携の方法を示すこと。
2　各学校においては，生徒の発達の段階や特性等を踏まえ，指導内容の重点化を図ること。その際，小学校における道徳教育の指導内容を更に発展させ，自立心や自律性を高め，規律ある生活をすること，生命を尊重する心や自らの弱さを克服して気高く生きようとする心を育てること，法やきまりの意義に関する理解を深めること，自らの将来の生き方を考え主体的に社会の形成に参画する意欲と態度を養うこと，伝統と文化を尊重し，それらを育んできた我が国と郷土を愛するとともに，他国を尊重すること，国際社会に生きる日本人としての自覚を身に付けることに留意すること。
3　学校や学級内の人間関係や環境を整えるとともに，職場体験活動やボランティア活動，自然体験活動，地域の行事への参加などの豊かな体験を充実すること。また，道徳教育の指導内容が，生徒の日常生活に生かされるようにすること。その際，いじめの防止や安全の確保等にも資することとなるよう留意すること。
4　学校の道徳教育の全体計画や道徳教育に関する諸活動などの情報を積極的に公表したり，道徳教育の充実のために家庭や地域の人々の積極的な参加や協力を得たりするなど，家庭や地域社会との共通理解を深め，相互の連携を図ること。

第3章　特別の教科道徳

第1　目　標
　第1章総則の第1の2の(2)に示す道徳教育の目標に基づき，よりよく生きるための基盤となる道徳性を養うため，道徳的諸価値についての理解を基に，自己を見つめ，物事を広い視野から多面的・多角的に考え，人間としての生き方についての考えを深める学習を通して，道徳的な判断力，心情，実践意欲と態度を育てる。

第2　内　容
　学校の教育活動全体を通じて行う道徳教育の要である道徳科においては，以下に示す項目について扱う。
A　主として自分自身に関すること
［自主，自律，自由と責任］
　自律の精神を重んじ，自主的に考え，判断し，誠実に実行してその結果に責任をもつこと。
［節度，節制］
　望ましい生活習慣を身に付け，心身の健康の増進を図り，節度を守り節制に心掛け，安全で調和のある生活をすること。
［向上心，個性の伸長］
　自己を見つめ，自己の向上を図るとともに，個性を伸ばして充実した生き方を追求すること。
［希望と勇気，克己と強い意志］
　より高い目標を設定し，その達成を目指し，希望と勇気をもち，困難や失敗を乗り越えて着実にやり遂げること。
［真理の探究，創造］
　真実を大切にし，真理を探究して新しいものを生み出そうと努めること。
B　主として人との関わりに関すること
［思いやり，感謝］
　思いやりの心をもって人と接するとともに，家族などの支えや多くの人々の善意により日々の生活や現在の自分があることに感謝し，進んでそれに応え，人間愛の精神を深めること。
［礼儀］
　礼儀の意義を理解し，時と場に応じた適切な言動をとること。
［友情，信頼］
　友情の尊さを理解して心から信頼できる友達をもち，互いに励まし合い，高め合うとともに，異性についての理解を深め，悩みや葛藤も経験しながら人間関係を深めていくこと。
［相互理解，寛容］
　自分の考えや意見を相手に伝えるとともに，それぞれの個性や立場を尊重し，いろいろなものの見方や考え方があることを理解し，寛容の心をもって謙虚に他に学び，自らを高めていくこと。
C　主として集団や社会との関わりに関すること
［遵法精神，公徳心］
　法やきまりの意義を理解し，それらを進んで守るとともに，そのよりよい在り方について考え，自他の権利を大切にし，義務を果たして，規律ある安定した社会の実現に努めること。
［公正，公平，社会正義］
　正義と公正さを重んじ，誰に対しても公平に接し，差別や偏見のない社会の実現に努めること。
［社会参画，公共の精神］

191

社会参画の意識と社会連帯の自覚を高め，公共の精神をもってよりよい社会の実現に努めること。
[勤労]
勤労の尊さや意義を理解し，将来の生き方について考えを深め，勤労を通じて社会に貢献すること。
[家族愛，家庭生活の充実]
父母，祖父母を敬愛し，家族の一員としての自覚をもって充実した家庭生活を築くこと。
[よりよい学校生活，集団生活の充実]
教師や学校の人々を敬愛し，学級や学校の一員としての自覚をもち，協力し合ってよりよい校風をつくるとともに，様々な集団の意義や集団の中での自分の役割と責任を自覚して集団生活の充実に努めること。
[郷土の伝統と文化の尊重，郷土を愛する態度]
郷土の伝統と文化を大切にし，社会に尽くした先人や高齢者に尊敬の念を深め，地域社会の一員としての自覚をもって郷土を愛し，進んで郷土の発展に努めること。
[我が国の伝統と文化の尊重，国を愛する態度]
優れた伝統の継承と新しい文化の創造に貢献するとともに，日本人としての自覚をもって国を愛し，国家及び社会の形成者として，その発展に努めること。
[国際理解，国際貢献]
世界の中の日本人としての自覚をもち，他国を尊重し，国際的視野に立って，世界の平和と人類の発展に寄与すること。
D　主として生命や自然，崇高なものとの関わりに関すること
[生命の尊さ]
生命の尊さについて，その連続性や有限性なども含めて理解し，かけがえのない生命を尊重すること。
[自然愛護]
自然の崇高さを知り，自然環境を大切にすることの意義を理解し，進んで自然の愛護に努めること。
[感動，畏敬の念]
美しいものや気高いものに感動する心をもち，人間の力を超えたものに対する畏敬の念を深めること。
[よりよく生きる喜び]
人間には自らの弱さや醜さを克服する強さや気高く生きようとする心があることを理解し，人間として生きることに喜びを見いだすこと。

第3　指導計画の作成と内容の取扱い

1　各学校においては，道徳教育の全体計画に基づき，各教科，総合的な学習の時間及び特別活動との関連を考慮しながら，道徳科の年間指導計画を作成するものとする。なお，作成に当たっては，第2に示す内容項目について，各学年において全て取り上げることとする。その際，生徒や学校の実態に応じ，3学年間を見通した重点的な指導や内容項目間の関連を密にした指導，一つの内容項目を複数の時間で扱う指導を取り入れるなどの工夫を行うものとする。

2　第2の内容の指導に当たっては，次の事項に配慮するものとする。

(1) 学級担任の教師が行うことを原則とするが，校長や教頭などの参加，他の教師との協力的な指導などについて工夫し，道徳教育推進教師を中心とした指導体制を充実すること。

(2) 道徳科が学校の教育活動全体を通じて行う道徳教育の要としての役割を果たすことができるよう，計画的・発展的な指導を行うこと。特に，各教科，総合的な学習の時間及び特別活動における道徳教育としては取り扱う機会が十分でない内容項目に関わる指導を補うことや，生徒や学校の実態等を踏まえて指導をより一層深めること，内容項目の相互の関連を捉え直したり発展させたりすることに留意すること。

(3) 生徒が自ら道徳性を養う中で，自らを振り返って成長を実感したり，これからの課題や目標を見付けたりすることができるよう工夫すること。
その際，道徳性を養うことの意義について，生徒自らが考え，理解し，主体的に学習に取り組むことができるようにすること。また，発達の段階を考慮し，人間としての弱さを認めながら，それを乗り越えてよりよく生きようとすることのよさについて，教師が生徒と共に考える姿勢を大切にすること。

(4) 生徒が多様な感じ方や考え方に接する中で，考えを深め，判断し，表現する力などを育むことができるよう，自分の考えを基に討論したり書いたりするなどの言語活動を充実すること。その際，様々な価値観について多面的・多角的な視点から振り返って考える機会を設けるとともに，生徒が多様な見方や考え方に接しながら，更に新しい見方や考え方を生み出していくことができるようにすること。

(5) 生徒の発達の段階や特性等を考慮し，指導のねらいに即して，問題解決的な学習，道徳的行為に関する体験的な学習等を適切に取り入れるなど，指導方法を工夫すること。その際，それらの活動を通じて学んだ内容の意義などについて考えることができるようにすること。また，特別活動等における多様な実践活動や体験活動も道徳科の授業に生かすようにすること。

(6) 生徒の発達の段階や特性等を考慮し，第2に示す内容との関連を踏まえつつ，情報モラルに関する指導を充実すること。また，例えば，科学技術の発展と生命倫理との関係や社会の持続可能な発展などの現代的な課題の取扱いにも留意し，身近な社会的課題を自分との関係において考え，その解決に向けて取り組もうとする意欲や態度を育てるよう努めること。なお，多様な見方や考え方のできる事柄について，特定の見方や考え方に偏った指導を行うことのないようにすること。

(7) 道徳科の授業を公開したり，授業の実施や地域教材の開発や活用などに家庭や地域の人々，各分野の専門家等の積極的な参加や協力を得たりするなど，家庭や地域社会との共通理解を深め，相互の連携を図ること。

3　教材については，次の事項に留意するものとする。

(1) 生徒の発達の段階や特性，地域の実情等を考慮し，多様な教材の活用に努めること。特に，生命の尊厳，社会参画，自然，伝統と文化，先人の伝記，スポーツ，情報化への対応等の現代的な課題などを題材とし，生徒が問題意識をもって多面的・多角的に考えたり，感動を覚えたりするような充実した教

材の開発や活用を行うこと。

(2) 教材については，教育基本法や学校教育法その他の法令に従い，次の観点に照らし適切と判断されるものであること。

ア　生徒の発達の段階に即し，ねらいを達成するのにふさわしいものであること。

イ　人間尊重の精神にかなうものであって，悩みや葛藤等の心の揺れ，人間関係の理解等の課題も含め，生徒が深く考えることができ，人間としてよりよく生きる喜びや勇気を与えられるものであること。

ウ　多様な見方や考え方のできる事柄を取り扱う場合には，特定の見方や考え方に偏った取扱いがなされていないものであること。

4　生徒の学習状況や道徳性に係る成長の様子を継続的に把握し，指導に生かすよう努める必要がある。ただし，数値などによる評価は行わないものとする。

第4章　総合的な学習の時間

第1　目標

探究的な見方・考え方を働かせ，横断的・総合的な学習を行うことを通して，よりよく課題を解決し，自己の生き方を考えていくための資質・能力を次のとおり育成することを目指す。

(1) 探究的な学習の過程において，課題の解決に必要な知識及び技能を身に付け，課題に関わる概念を形成し，探究的な学習のよさを理解するようにする。

(2) 実社会や実生活の中から問いを見いだし，自分で課題を立て，情報を集め，整理・分析して，まとめ・表現することができるようにする。

(3) 探究的な学習に主体的・協働的に取り組むとともに，互いのよさを生かしながら，積極的に社会に参画しようとする態度を養う。

第2　各学校において定める目標及び内容

1　目標

各学校においては，第1の目標を踏まえ，各学校の総合的な学習の時間の目標を定める。

2　内容

各学校においては，第1の目標を踏まえ，各学校の総合的な学習の時間の内容を定める。

3　各学校において定める目標及び内容の取扱い

各学校において定める目標及び内容の設定に当たっては，次の事項に配慮するものとする。

(1) 各学校において定める目標については，各学校における教育目標を踏まえ，総合的な学習の時間を通して育成を目指す資質・能力を示すこと。

(2) 各学校において定める目標及び内容については，他教科等の目標及び内容との違いに留意しつつ，他教科等で育成を目指す資質・能力との関連を重視すること。

(3) 各学校において定める目標及び内容については，日常生活や社会との関わりを重視すること。

(4) 各学校において定める内容については，目標を実現するにふさわしい探究課題，探究課題の解決を通して育成を目指す具体的な資質・能力を示すこと。

(5) 目標を実現するにふさわしい探究課題については，学校の実態に応じて，例えば，国際理解，情報，環境，福祉・健康などの現代的な諸課題に対応する横断的・総合的な課題，地域や学校の特色に応じた課題，生徒の興味・関心に基づく課題，職業や自己の将来に関する課題などを踏まえて設定すること。

(6) 探究課題の解決を通して育成を目指す具体的な資質・能力については，次の事項に配慮すること。

ア　知識及び技能については，他教科等及び総合的な学習の時間で習得する知識及び技能が相互に関連付けられ，社会の中で生きて働くものとして形成されるようにすること。

イ　思考力，判断力，表現力等については，課題の設定，情報の収集，整理・分析，まとめ・表現などの探究的な学習の過程において発揮され，未知の状況において活用できるものとして身に付けられるようにすること。

ウ　学びに向かう力，人間性等については，自分自身に関すること及び他者や社会との関わりに関することの両方の視点を踏まえること。

(7) 目標を実現するにふさわしい探究課題及び探究課題の解決を通して育成を目指す具体的な資質・能力については，教科等を越えた全ての学習の基盤となる資質・能力が育まれ，活用されるものとなるよう配慮すること。

第3　指導計画の作成と内容の取扱い

1　指導計画の作成に当たっては，次の事項に配慮するものとする。

(1) 年間や，単元など内容や時間のまとまりを見通して，その中で育む資質・能力の育成に向けて，生徒の主体的・対話的で深い学びの実現を図るようにすること。その際，生徒や学校，地域の実態等に応じて，生徒が探究的な見方・考え方を働かせ，教科等の枠を超えた横断的・総合的な学習や生徒の興味・関心等に基づく学習を行うなど創意工夫を生かした教育活動の充実を図ること。

(2) 全体計画及び年間指導計画の作成に当たっては，学校における全教育活動との関連の下に，目標及び内容，学習活動，指導方法や指導体制，学習の評価の計画などを示すこと。その際，小学校における総合的な学習の時間の取組を踏まえること。

(3) 他教科等及び総合的な学習の時間で身に付けた資質・能力を相互に関連付け，学習や生活において生かし，それらが総合的に働くようにすること。その際，言語能力，情報活用能力など全ての学習の基盤となる資質・能力を重視すること。

(4) 他教科等の目標及び内容との違いに留意しつつ，第1の目標並びに第2の各学校において定める目標及び内容を踏まえた適切な学習活動を行うこと。

(5) 各学校における総合的な学習の時間の名称については，各学校において適切に定めること。

(6) 障害のある生徒などについては，学習活動を行う場合に生じる困難さに応じた指導内容や指導方法の工夫を計画的，組織的に行うこと。

(7) 第1章総則の第1の2の(2)に示す道徳教育の目標に基づき，道徳科などとの関連を考慮しながら，第3章特別の教科道徳の第2に示す内容について，総合的な学習の時間の特質に応じて適切な指導をすること。

2　第2の内容の取扱いについては，次の事項に配慮するものとする。

(1) 第2の各学校において定める目標及び内容に基づき，生徒の学習状況に応じて教師が適切な指導を

行うこと。
(2) 探究的な学習の過程においては，他者と協働して課題を解決しようとする学習活動や，言語により分析し，まとめたり表現したりするなどの学習活動が行われるようにすること。その際，例えば，比較する，分類する，関連付けるなどの考えるための技法が活用されるようにすること。
(3) 探究的な学習の過程においては，コンピュータや情報通信ネットワークなどを適切かつ効果的に活用して，情報を収集・整理・発信するなどの学習活動が行われるよう工夫をすること。その際，情報や情報手段を主体的に選択し活用できるよう配慮すること。
(4) 自然体験や職場体験活動，ボランティア活動などの社会体験，ものづくり，生産活動などの体験活動，観察・実験，見学や調査，発表や討論などの学習活動を積極的に取り入れること。
(5) 体験活動については，第1の目標並びに第2の各学校において定める目標及び内容を踏まえ，探究的な学習の過程に適切に位置付けること。
(6) グループ学習や異年齢集団による学習などの多様な学習形態，地域の人々の協力も得つつ，全教師が一体となって指導に当たるなどの指導体制について工夫を行うこと。
(7) 学校図書館の活用，他の学校との連携，公民館，図書館，博物館等の社会教育施設や社会教育関係団体等の各種団体との連携，地域の教材や学習環境の積極的な活用などの工夫を行うこと。
(8) 職業や自己の将来に関する学習を行う際には，探究的な学習に取り組むことを通して，自己を理解し，将来の生き方を考えるなどの学習活動が行われるようにすること。

第5章　特別活動

第1　目標
集団や社会の形成者としての見方・考え方を働かせ，様々な集団活動に自主的，実践的に取り組み，互いのよさや可能性を発揮しながら集団や自己の生活上の課題を解決することを通して，次のとおり資質・能力を育成することを目指す。
(1) 多様な他者と協働する様々な集団活動の意義や活動を行う上で必要となることについて理解し，行動の仕方を身に付けるようにする。
(2) 集団や自己の生活，人間関係の課題を見いだし，解決するために話し合い，合意形成を図ったり，意思決定したりすることができるようにする。
(3) 自主的，実践的な集団活動を通して身に付けたことを生かして，集団や社会における生活及び人間関係をよりよく形成するとともに，人間としての生き方についての考えを深め，自己実現を図ろうとする態度を養う。

第2　各活動・学校行事の目標及び内容
〔学級活動〕
　1　目標
学級や学校での生活をよりよくするための課題を見いだし，解決するために話し合い，合意形成を図り，役割を分担して協力して実践したり，学級での話合いを生かして自己の課題の解決及び将来の生き方を描くために意思決定して実践したりすることに，自主的，実践的に取り組むことを通して，第1の目標に掲げる資質・能力を育成することを目指す。
　2　内容
1の資質・能力を育成するため，全ての学年において，次の各活動を通して，それぞれの活動の意義及び活動を行う上で必要となることについて理解し，主体的に考えて実践できるよう指導する。
(1) 学級や学校における生活づくりへの参画
ア　学級や学校における生活上の諸問題の解決
学級や学校における生活をよりよくするための課題を見いだし，解決するために話し合い，合意形成を図り，実践すること。
イ　学級内の組織づくりや役割の自覚
学級生活の充実や向上のため，生徒が主体的に組織をつくり，役割を自覚しながら仕事を分担して，協力し合い実践すること。
ウ　学校における多様な集団の生活の向上
生徒会など学級の枠を超えた多様な集団における活動や学校行事を通して学校生活の向上を図るため，学級としての提案や取組を話し合って決めること。
(2) 日常の生活や学習への適応と自己の成長及び健康安全
ア　自他の個性の理解と尊重，よりよい人間関係の形成
自他の個性を理解して尊重し，互いのよさや可能性を発揮しながらよりよい集団生活をつくること。
イ　男女相互の理解と協力
男女相互について理解するとともに，共に協力し尊重し合い，充実した生活づくりに参画すること。
ウ　思春期の不安や悩みの解決，性的な発達への対応
心や体に関する正しい理解を基に，適切な行動をとり，悩みや不安に向き合い乗り越えようとすること。
エ　心身ともに健康で安全な生活態度や習慣の形成
節度ある生活を送るなど現在及び生涯にわたって心身の健康を保持増進するとともに，事件や事故，災害等から身を守り安全に行動すること。
オ　食育の観点を踏まえた学校給食と望ましい食習慣の形成
給食の時間を中心としながら，成長や健康管理を意識するなど，望ましい食習慣の形成を図るとともに，食事を通して人間関係をよりよくすること。
(3) 一人一人のキャリア形成と自己実現
ア　社会生活，職業生活との接続を踏まえた主体的な学習態度の形成と学校図書館等の活用
現在及び将来の学習と自己実現とのつながりを考えたり，自主的に学習する場としての学校図書館等を活用したりしながら，学ぶことと働くことの意義を意識して学習の見通しを立て，振り返ること。
イ　社会参画意識の醸成や勤労観・職業観の形成
社会の一員としての自覚や責任をもち，社会生活を営む上で必要なマナーやルール，働くことや社会に貢献することについて考えて行動すること。

資 料 編

ウ　主体的な進路の選択と将来設計
　　目標をもって，生き方や進路に関する適切な情報を収集・整理し，自己の個性や興味・関心と照らして考えること。
3　内容の取扱い
(1) 2の(1)の指導に当たっては，集団としての意見をまとめる話合い活動など小学校からの積み重ねや経験を生かし，それらを発展させることができるよう工夫すること。
(2) 2の(3)の指導に当たっては，学校，家庭及び地域における学習や生活の見通しを立て，学んだことを振り返ったり，新たな学習や生活への意欲につなげたり，将来の生き方を考えたりする活動を行うこと。その際，生徒が活動を記録し蓄積する教材等を活用すること。
〔生徒会活動〕
1　目標
　　異年齢の生徒同士で協力し，学校生活の充実と向上を図るための諸問題の解決に向けて，計画を立て役割を分担し，協力して運営することに自主的，実践的に取り組むことを通して，第1の目標に掲げる資質・能力を育成することを目指す。
2　内容
　　1の資質・能力を育成するため，学校の全生徒をもって組織する生徒会において，次の各活動を通して，それぞれの活動の意義及び活動を行う上で必要となることについて理解し，主体的に考えて実践できるよう指導する。
(1) 生徒会の組織づくりと生徒会活動の計画や運営
　　生徒が主体的に組織をつくり，役割を分担し，計画を立て，学校生活の課題を見いだし解決するために話し合い，合意形成を図り実践すること。
(2) 学校行事への協力
　　学校行事の特質に応じて，生徒会の組織を活用して，計画の一部を担当したり，運営に主体的に協力したりすること。
(3) ボランティア活動などの社会参画
　　地域や社会の課題を見いだし，具体的な対策を考え，実践し，地域や社会に参画できるようにすること。
〔学校行事〕
1　目標
　　全校又は学年の生徒で協力し，よりよい学校生活を築くための体験的な活動を通して，集団への所属感や連帯感を深め，公共の精神を養いながら，第1の目標に掲げる資質・能力を育成することを目指す。
2　内容
　　1の資質・能力を育成するため，全ての学年において，全校又は学年を単位として，次の各行事において，学校生活に秩序と変化を与え，学校生活の充実と発展に資する体験的な活動を行うことを通して，それぞれの学校行事の意義及び活動を行う上で必要となることについて理解し，主体的に考えて実践できるよう指導する。
(1) 儀式的行事
　　学校生活に有意義な変化や折り目を付け，厳粛で清新な気分を味わい，新しい生活の展開への動機付けとなるようにすること。
(2) 文化的行事

平素の学習活動の成果を発表し，自己の向上の意欲を一層高めたり，文化や芸術に親しんだりするようにすること。
(3) 健康安全・体育的行事
　　心身の健全な発達や健康の保持増進，事件や事故，災害等から身を守る安全な行動や規律ある集団行動の体得，運動に親しむ態度の育成，責任感や連帯感の涵養，体力の向上などに資するようにすること。
(4) 旅行・集団宿泊的行事
　　平素と異なる生活環境にあって，見聞を広め，自然や文化などに親しむとともに，よりよい人間関係を築くなどの集団生活の在り方や公衆道徳などについての体験を積むことができるようにすること。
(5) 勤労生産・奉仕的行事
　　勤労の尊さや生産の喜びを体得し，職場体験活動などの勤労観・職業観に関わる啓発的な体験が得られるようにするとともに，共に助け合って生きることの喜びを体得し，ボランティア活動などの社会奉仕の精神を養う体験が得られるようにすること。
3　内容の取扱い
(1) 生徒や学校，生徒の実態に応じて，2に示す行事の種類ごとに，行事及びその内容を重点化するとともに，各行事の趣旨を生かした上で，行事間の関連や統合を図るなど精選して実施すること。また，実施に当たっては，自然体験や社会体験などの体験活動を充実するとともに，体験活動を通して気付いたことなどを振り返り，まとめたり，発表し合ったりするなどの活動の充実を図ること。

第3　指導計画の作成と内容の取扱い

1　指導計画の作成に当たっては，次の事項に配慮するものとする。
(1) 特別活動の各活動及び学校行事を見通して，その中で育む資質・能力の育成に向けて，生徒の主体的・対話的で深い学びの実現を図るようにすること。その際，よりよい人間関係の形成，よりよい集団生活の構築や社会への参画及び自己実現に資するよう，生徒が集団や社会の形成者としての見方・考え方を働かせ，様々な集団活動に自主的，実践的に取り組む中で，互いのよさや個性，多様な考えを認め合い，等しく合意形成に関わり役割を担うようにすることを重視すること。
(2) 各学校においては特別活動の全体計画や各活動及び学校行事の年間指導計画を作成すること。その際，学校の創意工夫を生かすとともに，学級や学校，地域の実態，生徒の発達の段階などを考慮するとともに，第2に示す内容相互及び各教科，道徳科，総合的な学習の時間などの指導との関連を図り，生徒による自主的，実践的な活動が助長されるようにすること。また，家庭や地域の人々との連携，社会教育施設等の活用などを工夫すること。
(3) 学級活動における生徒の自発的，自治的な活動を中心として，各活動と学校行事を相互に関連付けながら，個々の生徒についての理解を深め，教師と生徒，生徒相互の信頼関係を育み，学級経営の充実を図ること。その際，特に，いじめの未然防止等を含めた生徒指導との関連を図るようにすること。
(4) 障害のある生徒などについては，学習活動を行う場合に生じる困難さに応じた指導内容や指導方法の工夫を計画的，組織的に行うこと。

195

(5) 第1章総則の第1の2の(2)に示す道徳教育の目標に基づき，道徳科などとの関連を考慮しながら，第3章特別の教科道徳の第2に示す内容について，特別活動の特質に応じて適切な指導をすること。

2 第2の内容の取扱いについては，次の事項に配慮するものとする。

(1) 学級活動及び生徒会活動の指導については，指導内容の特質に応じて，教師の適切な指導の下に，生徒の自発的，自治的な活動が効果的に展開されるようにすること。その際，よりよい生活を築くために自分たちできまりをつくって守る活動などを充実するよう工夫すること。

(2) 生徒及び学校の実態並びに第1章総則の第6の2に示す道徳教育の重点などを踏まえ，各学年において取り上げる指導内容の重点化を図るとともに，必要に応じて，内容間の関連や統合を図ったり，他の内容を加えたりすることができること。

(3) 学校生活への適応や人間関係の形成，進路の選択などについては，主に集団の場面で必要な指導や援助を行うガイダンスと，個々の生徒の多様な実態を踏まえ，一人一人が抱える課題に個別に対応した指導を行うカウンセリング（教育相談を含む。）の双方の趣旨を踏まえて指導を行うこと。

特に入学当初においては，個々の生徒が学校生活に適応するとともに，希望や目標をもって生活をできるよう工夫すること。あわせて，生徒の家庭との連絡を密にすること。

(4) 異年齢集団による交流を重視するとともに，幼児，高齢者，障害のある人々などとの交流や対話，障害のある幼児児童生徒との交流及び共同学習の機会を通して，協働することや，他者の役に立ったり社会に貢献したりすることの喜びを得られる活動を充実すること。

3 入学式や卒業式などにおいては，その意義を踏まえ，国旗を掲揚するとともに，国歌を斉唱するよう指導するものとする。

◆高等学校学習指導要領（抄）

教育は，教育基本法第1条に定めるとおり，人格の完成を目指し，平和で民主的な国家及び社会の形成者として必要な資質を備えた心身ともに健康な国民の育成を期するという目的のもと，同法第2条に掲げる次の目標を達成するよう行われなければならない。

1 幅広い知識と教養を身に付け，真理を求める態度を養い，豊かな情操と道徳心を培うとともに，健やかな身体を養うこと。

2 個人の価値を尊重して，その能力を伸ばし，創造性を培い，自主及び自律の精神を養うとともに，職業及び生活との関連を重視し，勤労を重んずる態度を養うこと。

3 正義と責任，男女の平等，自他の敬愛と協力を重んずるとともに，公共の精神に基づき，主体的に社会の形成に参画し，その発展に寄与する態度を養うこと。

4 生命を尊び，自然を大切にし，環境の保全に寄与する態度を養うこと。

5 伝統と文化を尊重し，それらをはぐくんできた我が国と郷土を愛するとともに，他国を尊重し，国際社会の平和と発展に寄与する態度を養うこと。

これからの学校には，こうした教育の目的及び目標の達成を目指しつつ，一人一人の生徒が，自分のよさや可能性を認識するとともに，あらゆる他者を価値のある存在として尊重し，多様な人々と協働しながら様々な社会的変化を乗り越え，豊かな人生を切り拓き，持続可能な社会の創り手となることができるようにすることが求められる。このために必要な教育の在り方を具体化するのが，各学校において教育の内容等を組織的かつ計画的に組み立てた教育課程である。教育課程を通して，これからの時代に求められる教育を実現していくためには，よりよい学校教育を通してよりよい社会を創るという理念を学校と社会が共有し，それぞれの学校において，必要な学習内容をどのように学び，どのような資質・能力を身に付けられるようにするのかを教育課程において明確にしながら，社会との連携及び協働によりその実現を図っていくという，社会に開かれた教育課程の実現が重要となる。

学習指導要領とは，こうした理念の実現に向けて必要となる教育課程の基準を大綱的に定めるものである。学習指導要領が果たす役割の一つは，公の性質を有する学校における教育水準を全国的に確保することである。また，各学校がその特色を生かして創意工夫を重ね，長年にわたり積み重ねられてきた教育実践や学術研究の蓄積を生かしながら，生徒や地域の現状や課題を捉え，家庭や地域社会と協力して，学習指導要領を踏まえた教育活動の更なる充実を図っていくことも重要である。

生徒が学ぶことの意義を実感できる環境を整え，一人一人の資質・能力を伸ばせるようにしていくことは，教職員をはじめとする学校関係者はもとより，家庭や地域の人々も含め，様々な立場から生徒や学校に関わる全ての大人に期待される役割である。幼児期の教育及び義務教育の基礎の上に，高等学校卒業以降の教育や職業，生涯にわたる学習とのつながりを見通しながら，生徒の学習の在り方を展望していくために広く活用されるものとなることを期待して，ここに高等学校学習指導要領を定める。

第1章　総　則

第1款　高等学校教育の基本と教育課程の役割

1 各学校においては，教育基本法及び学校教育法その他の法令並びにこの章以下に示すところに従い，生徒の人間として調和のとれた育成を目指し，生徒の心身の発達の段階や特性，課程や学科の特色及び学校や地域の実態を十分考慮して，適切な教育課程を編成するものとし，これらに掲げる目標を達成するよう教育を行うものとする。

2 学校の教育活動を進めるに当たっては，各学校において，第3款の1に示す主体的・対話的で深い学びの実現に向けた授業改善を通して，創意工夫を生かした特色ある教育活動を展開する中で，次の(1)から(3)までに掲げる事項の実現を図り，生徒に生きる力を育むことを目指すものとする。

(1) 基礎的・基本的な知識及び技能を確実に習得させ，これらを活用して課題を解決するために必要な

思考力，判断力，表現力等を育むとともに，主体的に学習に取り組む態度を養い，個性を生かし多様な人々との協働を促す教育の充実に努めること。その際，生徒の発達の段階を考慮して，生徒の言語活動など，学習の基盤をつくる活動を充実するとともに，家庭との連携を図りながら，生徒の学習習慣が確立するよう配慮すること。
(2) 道徳教育や体験活動，多様な表現や鑑賞の活動等を通して，豊かな心や創造性の涵養を目指した教育の充実に努めること。

学校における道徳教育は，人間としての在り方生き方に関する教育を学校の教育活動全体を通じて行うことによりその充実を図るものとし，各教科に属する科目（以下「各教科・科目」という。），総合的な探究の時間及び特別活動（以下「各教科・科目等」という。）のそれぞれの特質に応じて，適切な指導を行うこと。

道徳教育は，教育基本法及び学校教育法に定められた教育の根本精神に基づき，生徒が自己探求と自己実現に努め国家・社会の一員としての自覚に基づき行為しうる発達の段階にあることを考慮し，人間としての在り方生き方を考え，主体的な判断の下に行動し，自立した人間として他者と共によりよく生きるための基盤となる道徳性を養うことを目標とすること。

道徳教育を進めるに当たっては，人間尊重の精神と生命に対する畏敬の念を家庭，学校，その他社会における具体的な生活の中に生かし，豊かな心をもち，伝統と文化を尊重し，それらを育んできた我が国と郷土を愛し，個性豊かな文化の創造を図るとともに，平和で民主的な国家及び社会の形成者として，公共の精神を尊び，社会及び国家の発展に努め，他国を尊重し，国際社会の平和と発展や環境の保全に貢献し未来を拓く主体性のある日本人の育成に資することとなるよう特に留意すること。
(3) 学校における体育・健康に関する指導を，生徒の発達の段階を考慮して，学校の教育活動全体を通じて適切に行うことにより，健康で安全な生活と豊かなスポーツライフの実現を目指した教育の充実に努めること。特に，学校における食育の推進並びに体力の向上に関する指導，安全に関する指導及び心身の健康の保持増進に関する指導については，保健体育科，家庭科及び特別活動の時間はもとより，各教科・科目及び総合的な探究の時間などにおいてもそれぞれの特質に応じて適切に行うよう努めること。また，それらの指導を通して，家庭や地域社会との連携を図りながら，日常生活において適切な体育・健康に関する活動の実践を促し，生涯を通じて健康・安全で活力ある生活を送るための基礎が培われるよう配慮すること。
3　2の(1)から(3)までに掲げる事項の実現を図り，豊かな創造性を備え持続可能な社会の創り手となることが期待される生徒に，生きる力を育むことを目指すに当たっては，学校教育全体及び各教科・科目等の指導を通してどのような資質・能力の育成を目指すのかを明確にしながら，教育活動の充実を図るものとする。その際，生徒の発達の段階や特性等を踏まえつつ，次に掲げることが偏りなく実現できるようにするものとする。

(1) 知識及び技能が習得されるようにすること。
(2) 思考力，判断力，表現力等を育成すること。
(3) 学びに向かう力，人間性等を涵養すること。
4　学校においては，地域や学校の実態等に応じて，就業やボランティアに関わる体験的な学習の指導を適切に行うようにし，勤労の尊さや創造することの喜びを体得させ，望ましい勤労観，職業観の育成や社会奉仕の精神の涵養に資するものとする。
5　各学校においては，生徒や学校，地域の実態を適切に把握し，教育の目的や目標の実現に必要な教育の内容等を教科等横断的な視点で組み立てていくこと，教育課程の実施状況を評価してその改善を図っていくこと，教育課程の実施に必要な人的又は物的な体制を確保するとともにその改善を図っていくことなどを通して，教育課程に基づき組織的かつ計画的に各学校の教育活動の質の向上を図っていくこと（以下「カリキュラム・マネジメント」という。）に努めるものとする。

第2款　教育課程の編成
1　各学校の教育目標と教育課程の編成
　教育課程の編成に当たっては，学校教育全体や各教科・科目等における指導を通して育成を目指す資質・能力を踏まえつつ，各学校の教育目標を明確にするとともに，教育課程の編成についての基本的な方針が家庭や地域とも共有されるよう努めるものとする。その際，第4章の第2の1に基づき定められる目標との関連を図るものとする。
2　教科等横断的な視点に立った資質・能力の育成
(1) 各学校においては，生徒の発達の段階を考慮し，言語能力，情報活用能力（情報モラルを含む。），問題発見・解決能力等の学習の基盤となる資質・能力を育成していくことができるよう，各教科・科目等の特質を生かし，教科等横断的な視点から教育課程の編成を図るものとする。
(2) 各学校においては，生徒や学校，地域の実態及び生徒の発達の段階を考慮し，豊かな人生の実現や災害等を乗り越えて次代の社会を形成することに向けた現代的な諸課題に対応して求められる資質・能力を，教科等横断的な視点で育成していくことができるよう，各学校の特色を生かした教育課程の編成を図るものとする。
3　教育課程の編成における共通的事項
(1) 各教科・科目及び単位数等
ア　卒業までに履修させる単位数等
　各学校においては，卒業までに履修させるイからオまでに示す各教科・科目及びその単位数，総合的な探究の時間の単位数並びに特別活動及びその授業時数に関する事項を定めるものとする。この場合，各教科・科目及び総合的な探究の時間の単位数の計は，(2)のア，イ及びウの（7）に掲げる各教科・科目の単位数並びに総合的な探究の時間の単位数を含めて74単位以上とする。
　単位については，1単位時間を50分とし，35単位時間の授業を1単位として計算することを標準とする。ただし，通信制の課程においては，5に定めるところによるものとする。
イ　各学科に共通する各教科・科目及び総合的な探究の時間並びに標準単位数
　各学校においては，教育課程の編成に当たって，

次の表に掲げる各教科・科目及び総合的な探究の時間並びにそれぞれの標準単位数を踏まえ，生徒に履修させる各教科・科目及び総合的な探究の時間並びにそれらの単位数について適切に定めるものとする。ただし，生徒の実態等を考慮し，特に必要がある場合には，標準単位数の標準の限度を超えて単位数を増加して配当することができる。

教科等	科目	標準単位数
国語	現代の国語	2
	言語文化	2
	論理国語	4
	文学国語	4
	国語表現	4
	古典探究	4
地理歴史	地理総合	2
	地理探究	3
	歴史総合	2
	日本史探究	3
	世界史探究	3
公民	公共	2
	倫理	2
	政治・経済	2
数学	数学Ⅰ	3
	数学Ⅱ	4
	数学Ⅲ	3
	数学A	2
	数学B	2
	数学C	2
理科	科学と人間生活	2
	物理基礎	2
	物理	4
	化学基礎	2
	化学	4
	生物基礎	2
	生物	4
	地学基礎	2
	地学	4
保健体育	体育	7～8
	保健	2
芸術	音楽Ⅰ	2
	音楽Ⅱ	2
	音楽Ⅲ	2
	美術Ⅰ	2
	美術Ⅱ	2
	美術Ⅲ	2
	工芸Ⅰ	2
	工芸Ⅱ	2
	工芸Ⅲ	2
	書道Ⅰ	2
	書道Ⅱ	2
	書道Ⅲ	2
外国語	英語コミュニケーションⅠ	3
	英語コミュニケーションⅡ	4
	英語コミュニケーションⅢ	4
	論理・表現Ⅰ	2

	論理・表現Ⅱ	2
	論理・表現Ⅲ	2
家庭	家庭基礎	2
	家庭総合	4
情報	情報Ⅰ	2
	情報Ⅱ	2
理数	理数探究基礎	1
	理数探究	2～5
総合的な探究の時間		3～6

ウ 主として専門学科において開設される各教科・科目

各学校においては，教育課程の編成に当たって，次の表に掲げる主として専門学科（専門教育を主とする学科をいう。以下同じ。）において開設される各教科・科目及び設置者の定めるそれぞれの標準単位数を踏まえ，生徒に履修させる各教科・科目及びその単位数について適切に定めるものとする。

教科	科目
農業	農業と環境，課題研究，総合実習，農業と情報，作物，野菜，果樹，草花，畜産，栽培と環境，飼育と環境，農業経営，農業機械，植物バイオテクノロジー，食品製造，食品化学，食品微生物，食品流通，森林科学，森林経営，林産物利用，農業土木設計，農業土木施工，水循環，造園計画，造園施工管理，造園植栽，測量，生物活用，地域資源活用
工業	工業技術基礎，課題研究，実習，製図，工業情報数理，工業材料技術，工業技術英語，工業管理技術，工業環境技術，機械工作，機械設計，原動機，電子機械，生産技術，自動車工学，自動車整備，船舶工学，電気回路，電気機器，電力技術，電子技術，電子回路，電子計測制御，通信技術，プログラミング技術，ハードウェア技術，ソフトウェア技術，コンピュータシステム技術，建築構造，建築計画，建築構造設計，建築施工，建築法規，設備計画，空気調和設備，衛生・防災設備，測量，土木基盤力学，土木構造設計，土木施工，社会基盤工学，工業化学，化学工学，地球環境化学，材料製造技術，材料工学，材料加工，セラミック化学，セラミック技術，セラミック工業，繊維製品，繊維・染色技術，染織デザイン，インテリア計画，インテリア装備，インテリアエレメント生産，デザイン実践，デザイン材料，デザイン史
商業	ビジネス基礎，課題研究，総合実践，ビジネス・コミュニケーション，マーケティング，商品開発と流通，観光ビジネス，ビジネス・マネジメント，グローバル経済，ビジネス法規，簿記，財務会計Ⅰ，財務会計Ⅱ，原価計算，管理会計，情報処理，ソフトウェア活用，プログラミング，ネットワーク活用，

資料編

	ネットワーク管理
水産	水産海洋基礎, 課題研究, 総合実習, 海洋情報技術, 水産海洋科学, 漁業, 航海・計器, 船舶運用, 船用機関, 機械設計工作, 電気理論, 移動体通信工学, 海洋通信技術, 資源増殖, 海洋生物, 海洋環境, 小型船舶, 食品製造, 食品管理, 水産流通, ダイビング, マリンスポーツ
家庭	生活産業基礎, 課題研究, 生活産業情報, 消費生活, 保育基礎, 保育実践, 生活と福祉, 住生活デザイン, 服飾文化, ファッション造形基礎, ファッション造形, ファッションデザイン, 服飾手芸, フードデザイン, 食文化, 調理, 栄養, 食品, 食品衛生, 公衆衛生, 総合調理実習
看護	基礎看護, 人体の構造と機能, 疾病の成り立ちと回復の促進, 健康支援と社会保障制度, 成人看護, 老年看護, 小児看護, 母性看護, 精神看護, 在宅看護, 看護の統合と実践, 看護臨地実習, 看護情報
情報	情報産業と社会, 課題研究, 情報の表現と管理, 情報テクノロジー, 情報セキュリティ, 情報システムのプログラミング, ネットワークシステム, データベース, 情報デザイン, コンテンツの制作と発信, メディアとサービス, 情報実習
福祉	社会福祉基礎, 介護福祉基礎, コミュニケーション技福祉術, 生活支援技術, 介護過程, 介護総合演習, 介護実習, こころとからだの理解, 福祉情報
理数	理数数学Ⅰ, 理数数学Ⅱ, 理数数学特論, 理数物理, 理数化学, 理数生物, 理数地学
体育	スポーツ概論, スポーツⅠ, スポーツⅡ, スポーツⅢ, スポーツⅣ, スポーツⅤ, スポーツⅥ, スポーツ総合演習
音楽	音楽理論, 音楽史, 演奏研究, ソルフェージュ, 声楽, 器楽, 作曲, 鑑賞研究
美術	美術概論, 美術史, 鑑賞研究, 素描, 構成, 絵画, 版画, 彫刻, ビジュアルデザイン, クラフトデザイン, 情報メディアデザイン, 映像表現, 環境造形
英語	総合英語Ⅰ, 総合英語Ⅱ, 総合英語Ⅲ, ディベート・ディスカッションⅠ, ディベート・ディスカッションⅡ, エッセイライティングⅠ, エッセイライティングⅡ

エ　学校設定科目

学校においては，生徒や学校，地域の実態及び学科の特色等に応じ，特色ある教育課程の編成に資するよう，イ及びウの表に掲げる教科について，これらに属する科目以外の科目（以下「学校設定科目」という。）を設けることができる。この場合において，学校設定科目の名称，目標，内容，単位数等については，その科目の属する教科の目標に基づき，高等学校教育としての水準の確保に十分配慮し，各学校の定めるところによるものとする。

オ　学校設定教科

（ア）学校においては，生徒や学校，地域の実態及び学科の特色等に応じ，特色ある教育課程の編成に資するよう，イ及びウの表に掲げる教科以外の教科（以下「学校設定教科」という。）及び当該教科に関する科目を設けることができる。この場合において，学校設定教科及び当該教科に関する科目の名称，目標，内容，単位数等については，高等学校教育の目標に基づき，高等学校教育としての水準の確保に十分配慮し，各学校の定めるところによるものとする。

（イ）学校においては，学校設定教科に関する科目として「産業社会と人間」を設けることができる。この科目の目標，内容，単位数等を各学校において定めるに当たっては，産業社会における自己の在り方生き方について考えさせ，社会に積極的に寄与し，生涯にわたって学習に取り組む意欲や態度を養うとともに，生徒の主体的な各教科・科目の選択に資するよう，就業体験活動等の体験的な学習や調査・研究などを通して，次のような事項について指導することに配慮するものとする。

㋐　社会生活や職業生活に必要な基本的な能力や態度及び望ましい勤労観，職業観の育成

㋑　我が国の産業の発展とそれがもたらした社会の変化についての考察

㋒　自己の将来の生き方や進路についての考察及び各教科・科目の履修計画の作成

（2）各教科・科目の履修等

ア　各学科に共通する必履修教科・科目及び総合的な探究の時間

（ア）全ての生徒に履修させる各教科・科目（以下「必履修教科・科目」という。）は，次のとおりとし，その単位数は，（1）のイに標準単位数として示された単位数を下らないものとする。ただし，生徒の実態及び専門学科の特色等を考慮し，特に必要がある場合には，「数学Ⅰ」及び「英語コミュニケーションⅠ」については2単位とすることができ，その他の必履修教科・科目（標準単位数が2単位であるものを除く。）については その単位数の一部を減じることができる。

㋐　国語のうち「現代の国語」及び「言語文化」

㋑　地理歴史のうち「地理総合」及び「歴史総合」

㋒　公民のうち「公共」

㋓　数学のうち「数学Ⅰ」

㋔　理科のうち「科学と人間生活」，「物理基礎」，「化学基礎」，「生物基礎」及び「地学基礎」のうちから2科目（うち1科目は「科学と人間生活」とする。）又は「物理基礎」，「化学基礎」，「生物基礎」及び「地学基礎」のうちから3科目

㋕　保健体育のうち「体育」及び「保健」

㋖　芸術のうち「音楽Ⅰ」，「美術Ⅰ」，「工芸Ⅰ」及び「書道Ⅰ」のうちから1科目

㋗　外国語のうち「英語コミュニケーションⅠ」（英語以外の外国語を履修する場合は，学校設定科目として設ける1科目とし，その標準単位数は3単位とする。）

199

㋜　家庭のうち「家庭基礎」及び「家庭総合」の
うちから1科目
㋝　情報のうち「情報Ⅰ」
(ｲ)　総合的な探究の時間については，全ての生徒
に履修させるものとし，その単位数は，(1)のイ
に標準単位数として示された単位数の下限を下
らないものとする。ただし，特に必要がある場
合には，その単位数を2単位とすることができ
る。
(ｳ)　外国の高等学校に留学していた生徒について，
外国の高等学校における履修により，必履修教
科・科目又は総合的な探究の時間の履修と同様
の成果が認められる場合においては，外国の高
等学校における履修をもって相当する必履修教
科・科目又は総合的な探究の時間の履修の一部
又は全部に替えることができる。
イ　専門学科における各教科・科目の履修
専門学科における各教科・科目の履修については，
アのほか次のとおりとする。
(ｱ)　専門学科においては，専門教科・科目((1)の
ウの表に掲げる各教科・科目，同表に掲げる教
科に属する学校設定科目及び専門教育に関する
学校設定教科に関する科目をいう。以下同じ。)
について，全ての生徒に履修させる単位数は，
25単位を下らないこと。ただし，商業に関する
学科においては，上記の単位数のうちに外国語に
属する科目の単位を5単位まで含めることがで
きること。また，商業に関する学科以外の専門
学科においては，各学科の目標を達成する上で，
専門教科・科目以外の各教科・科目の履修によ
り，専門教科・科目の履修と同様の成果が期待
できる場合においては，その専門教科・科目以
外の各教科・科目の単位を5単位まで上記の単
位数の中に含めることができること。
(ｲ)　専門教科・科目の履修によって，アの必履修
教科・科目の履修と同様の成果が期待できる場
合においては，その専門教科・科目の履修を
もって，必履修教科・科目の履修の一部又は全
部に替えることができること。
(ｳ)　職業教育を主とする専門学科においては，総
合的な探究の時間の履修により，農業，工業，
商業，水産，家庭若しくは情報の各教科の「課
題研究」，看護の「看護臨地実習」又は福祉の
「介護総合演習」(以下「課題研究等」という。)
の履修と同様の成果が期待できる場合において
は，総合的な探究の時間の履修をもって課題研
究等の履修の一部又は全部に替えることができ
ること。また，課題研究等の履修により，総合
的な探究の時間の履修と同様の成果が期待でき
る場合においては，課題研究等の履修をもって
総合的な探究の時間の履修の一部又は全部に替
えることができること。
ウ　総合学科における各教科・科目の履修等
総合学科における各教科・科目の履修等について
は，アのほか次のとおりとする。
(ｱ)　総合学科においては，(1)のオの(ｲ)に掲げ
る「産業社会と人間」を全ての生徒に原則とし
て入学年次に履修させるものとし，標準単位数
は2～4単位とすること。

(ｲ)　総合学科においては，学年による教育課程の
区分を設けない課程(以下「単位制による課
程」という。)とすることを原則とするととも
に，「産業社会と人間」及び専門教科・科目を
合わせて25単位以上設け，生徒が多様な各教
科・科目から主体的に選択履修できるようにす
ること。その際，生徒が選択履修するに当たっ
ての指針となるよう，体系性や専門性等におい
て相互に関連する各教科・科目によって構成さ
れる科目群を複数設けるとともに，必要に応じ，
それら以外の各教科・科目を設け，生徒が自由
に選択履修できるようにすること。
(3)　各教科・科目等の授業時数等
ア　全日制の課程における各教科・科目及びホーム
ルーム活動の授業は，年間35週行うことを標準と
し，必要がある場合には，各教科・科目の授業を
特定の学期又は特定の期間(夏季，冬季，学年末
等の休業日の期間に授業日を設定する場合を含
む。)に行うことができる。
イ　全日制の課程における週当たりの授業時数は，
30単位時間を標準とする。ただし，必要がある場
合には，これを増加することができる。
ウ　定時制の課程における授業日数の季節的配分又
は週若しくは1日当たりの授業時数については，
生徒の勤労状況と地域の諸事情等を考慮して，適
切に定めるものとする。
エ　ホームルーム活動の授業時数については，原則
として，年間35単位時間以上とするものとする。
オ　生徒会活動及び学校行事については，学校の実
態に応じて，それぞれ適切な授業時数を充てるも
のとする。
カ　定時制の課程において，特別の事情がある場合
には，ホームルーム活動の授業時数の一部を減じ，
又はホームルーム活動及び生徒会活動の内容の一
部を行わないものとすることができる。
キ　各教科・科目等のそれぞれの授業の1単位時間
は，各学校において，各教科・科目等の授業時数
を確保しつつ，生徒の実態及び各教科・科目等の
特質を考慮して適切に定めるものとする。
ク　各教科・科目等の特質に応じ，10分から15分程
度の短い時間を活用して特定の各教科・科目等の
指導を行う場合において，当該各教科・科目等を
担当する教師が単元や題材など内容のまとまりを
見通した中で，その指導内容の決定や指導の成果
の把握と活用等を責任をもって行う体制が整備さ
れているときは，その時間を当該各教科・科目の
授業時数に含めることができる。
ケ　総合的な探究の時間における学習活動により，
特別活動の学校行事に掲げる各行事の実施と同様
の成果が期待できる場合においては，総合的な探
究の時間における学習活動をもって相当する特別
活動の学校行事に掲げる各行事の実施に替えるこ
とができる。
コ　理数の「理数探究基礎」又は「理数探究」の履
修により，総合的な探究の時間の履修と同様の成
果が期待できる場合においては，「理数探究基礎」
又は「理数探究」の履修をもって総合的な探究の
時間の履修の一部又は全部に替えることができる。
(4)　選択履修の趣旨を生かした適切な教育課程の編

資 料 編

成

　教育課程の編成に当たっては，生徒の特性，進路等に応じた適切な各教科・科目の履修ができるようにし，このため，多様な各教科・科目を設け生徒が自由に選択履修することのできるよう配慮するものとする。また，教育課程の類型を設け，そのいずれかの類型を選択して履修させる場合においても，その類型において履修させることになっている各教科・科目以外の各教科・科目を履修させたり，生徒が自由に選択履修することのできる各教科・科目を設けたりするものとする。

(5) 各教科・科目等の内容等の取扱い
　ア　学校においては，第2章以下に示していない事項を加えて指導することができる。また，第2章以下に示す内容の取扱いのうち内容の範囲や程度等を示す事項は，当該科目を履修する全ての生徒に対して指導するものとする内容の範囲や程度等を示したものであり，学校において必要がある場合には，この事項にかかわらず指導することができる。ただし，これらの場合には，第2章以下に示す教科，科目及び特別活動の目標や内容の趣旨を逸脱したり，生徒の負担が過重となったりすることのないようにするものとする。
　イ　第2章以下に示す各教科・科目及び特別活動の内容に掲げる事項の順序は，特に示す場合を除き，指導の順序を示すものではないので，学校においては，その取扱いについて適切な工夫を加えるものとする。
　ウ　学校においては，あらかじめ計画して，各教科・科目の内容及び総合的な探究の時間における学習活動を学期の区分に応じて単位ごとに分割して指導することができる。
　エ　学校においては，特に必要がある場合には，第2章及び第3章に示す教科及び科目の目標の趣旨を損なわない範囲内で，各教科・科目の内容に関する事項について，基礎的・基本的な事項に重点を置くなどその内容を適切に選択して指導することができる。
(6) 指導計画の作成に当たって配慮すべき事項
　各学校においては，次の事項に配慮しながら，学校の創意工夫を生かし，全体として，調和のとれた具体的な指導計画を作成するものとする。
　ア　各教科・科目等の指導内容については，単元や題材など内容や時間のまとまりを見通しながら，そのまとめ方や重点の置き方に適切な工夫を加え，第3款の1に示す主体的・対話的で深い学びの実現に向けた授業改善を通して資質・能力を育む効果的な指導ができるようにすること。
　イ　各教科・科目等について相互の関連を図り，系統的，発展的な指導ができるようにすること。
(7) キャリア教育及び職業教育に関して配慮すべき事項
　ア　学校においては，第5款の1に示すキャリア教育及び職業教育を推進するために，生徒の特性や進路，学校や地域の実態等を考慮し，地域や産業界等との連携を図り，産業現場等における長期間の実習を取り入れるなどの就業体験活動の機会を積極的に設けるとともに，地域や産業界等の人々の協力を積極的に得るよう配慮するものとする。

　イ　普通科においては，生徒の特性や進路，学校や地域の実態等を考慮し，必要に応じて，適切な職業に関する各教科・科目の履修の機会の確保について配慮するものとする。
　ウ　職業教育を主とする専門学科においては，次の事項に配慮するものとする。
　(ア)　職業に関する各教科・科目については，実験・実習に配当する授業時数を十分確保するようにすること。
　(イ)　生徒の実態を考慮し，職業に関する各教科・科目の履修を容易にするため特別な配慮が必要な場合には，各分野における基礎的又は中核的な科目を重点的に選択し，その内容については基礎的・基本的な事項が確実に身に付くように取り扱い，また，主として実験・実習によって指導するなどの工夫をこらすようにすること。
　エ　職業に関する各教科・科目については，次の事項に配慮するものとする。
　(ア)　職業に関する各教科・科目については，就業体験活動をもって実習に替えることができること。この場合，就業体験活動は，その各教科・科目の内容に直接関係があり，かつ，その一部としてあらかじめ計画し，評価されるものであることを要すること。
　(イ)　農業，水産及び家庭に関する各教科・科目の指導に当たっては，ホームプロジェクト並びに学校家庭クラブ及び学校農業クラブなどの活動を活用して，学習の効果を上げるよう留意すること。この場合，ホームプロジェクトについては，その各教科・科目の授業時数の10分の2以内をこれに充てることができること。
　(ウ)　定時制及び通信制の課程において，職業に関する各教科・科目を履修する生徒が，現にその各教科・科目と密接な関係を有する職業（家事を含む。）に従事している場合で，その職業における実務等が，その各教科・科目の一部を履修した場合と同様の成果があると認められるときは，その実務等をもってその各教科・科目の履修の一部に替えることができること。
4　学校段階等間の接続
　教育課程の編成に当たっては，次の事項に配慮しながら，学校段階等間の接続を図るものとする。
(1) 現行の中学校学習指導要領を踏まえ，中学校教育までの学習の成果が高等学校教育に円滑に接続され，高等学校教育段階の終わりまでに育成することを目指す資質・能力を，生徒が確実に身に付けることができるよう工夫すること。特に，中等教育学校，連携型高等学校及び併設型高等学校においては，中等教育6年間を見通した計画的かつ継続的な教育課程を編成すること。
(2) 生徒や学校の実態等に応じ，必要がある場合には，例えば次のような工夫を行い，義務教育段階での学習内容の確実な定着を図るようにすること。
　ア　各教科・科目の指導に当たり，義務教育段階での学習内容の確実な定着を図るための学習機会を設けること。
　イ　義務教育段階での学習内容の確実な定着を図りながら，必履修教科・科目の内容を十分に習得させることができるよう，その単位数を標準単位数

201

の標準の限度を超えて増加して配当すること。
ウ　義務教育段階での学習内容の確実な定着を図ることを目標とした学校設定科目等を履修させた後に，必履修教科・科目を履修させるようにすること。
(3) 大学や専門学校等における教育や社会的・職業的自立，生涯にわたる学習のために，高等学校卒業以降の教育や職業との円滑な接続が図られるよう，関連する教育機関や企業等との連携により，卒業後の進路に求められる資質・能力を着実に育成することができるよう工夫すること。
5　通信制の課程における教育課程の特例
　通信制の課程における教育課程については，1から4まで（3の(3)，(4)並びに(7)のエの（7）及び（イ）を除く。）並びに第1款及び第3款から第7款までに定めるところによるほか，次に定めるところによる。
(1) 各教科・科目の添削指導の回数及び面接指導の単位時間（1単位時間は，50分として計算するものとする。以下同じ。）数の標準は，1単位につき次の表のとおりとする。

各教科・科目	添削指導（回）	面接指導（単位時間）
国語，地理歴史，公民及び数学に属する科目	3	1
理科に属する科目	3	4
保健体育に属する科目のうち「体育」	1	5
保健体育に属する科目のうち「保健」	3	1
芸術及び外国語に属する科目	3	4
家庭及び情報に属する科目並びに専門教科・科目	各教科・科目の必要に応じて2～3	各教科・科目の必要に応じて2～8

(2) 学校設定教科に関する科目のうち専門教科・科目以外のものの添削指導の回数及び面接指導の単位時間数については，1単位につき，それぞれ1回以上及び1単位時間以上を確保した上で，各学校が適切に定めるものとする。
(3) 理数に属する科目及び総合的な探究の時間の添削指導の回数及び面接指導の単位時間数については，1単位につき，それぞれ1回以上及び1単位時間以上を確保した上で，各学校において，学習活動に応じ適切に定めるものとする。
(4) 各学校における面接指導の1回あたりの時間は，各学校において，(1)から(3)までの標準を踏まえ，各教科・科目及び総合的な探究の時間の面接指導の単位時間数を確保しつつ，生徒の実態並びに各教科・科目及び総合的な探究の時間の特質を考慮して適切に定めるものとする。
(5) 学校が，その指導計画に，各教科・科目又は特別活動について体系的に行われるラジオ放送，テレビ放送その他の多様なメディアを利用して行う学習

を計画的かつ継続的に取り入れた場合で，生徒がこれらの方法により学習し，報告課題の作成等により，その成果が満足できると認められるときは，その生徒について，その各教科・科目の面接指導の時間数又は特別活動の時間数（以下「面接指導等時間数」という。）のうち，10分の6以内の時間数を免除することができる。また，生徒の実態等を考慮して特に必要がある場合は，面接指導等時間数のうち，複数のメディアを利用することにより，各メディアごとにそれぞれ10分の6以内の時間数を免除することができる。ただし免除する時間数は，合わせて10分の8を超えることができない。
　なお，生徒の面接指導等時間数を免除しようとする場合には，本来行われるべき学習の量と質を低下させることがないよう十分配慮しなければならない。
(6) 特別活動については，ホームルーム活動を含めて，各々の生徒の卒業までに30単位時間以上指導するものとする。なお，特別の事情がある場合には，ホームルーム活動及び生徒会活動の内容の一部を行わないものとすることができる。

第3款　教育課程の実施と学習評価
1　主体的・対話的で深い学びの実現に向けた授業改善
　各教科・科目等の指導に当たっては，次の事項に配慮するものとする。
(1) 第1款の3の(1)から(3)までに示すことが偏りなく実現されるよう，単元や題材など内容や時間のまとまりを見通しながら，生徒の主体的・対話的で深い学びの実現に向けた授業改善を行うこと。
　特に，各教科・科目等において身に付けた知識及び技能を活用したり，思考力，判断力，表現力等や学びに向かう力，人間性等を発揮させたりして，学習の対象となる物事を捉え思考することにより，各教科・科目等の特質に応じた物事を捉える視点や考え方（以下「見方・考え方」という。）が鍛えられていくことに留意し，生徒が各教科・科目の特質に応じた見方・考え方を働かせながら，知識を相互に関連付けてより深く理解したり，情報を精査して考えを形成したり，問題を見いだして解決策を考えたり，思いや考えを基に創造したりすることに向かう過程を重視した学習の充実を図ること。
(2) 第2款の2の(1)に示す言語能力の育成を図るため，各学校において必要な言語環境を整えるとともに，国語科を要としつつ各教科・科目等の特質に応じて，生徒の言語活動を充実すること。あわせて，(6)に示すとおり読書活動を充実すること。
(3) 第2款の2の(1)に示す情報活用能力の育成を図るため，各学校において，コンピュータや情報通信ネットワークなどの情報手段を活用するために必要な環境を整え，これらを適切に活用した学習活動の充実を図ること。また，各種の統計資料や新聞，視聴覚教材や教育機器などの教材・教具の適切な活用を図ること。
(4) 生徒が学習の見通しを立てたり学習したことを振り返ったりする活動を，計画的に取り入れるように工夫すること。
(5) 生徒が生命の有限性や自然の大切さ，主体的に挑戦してみることや多様な他者と協働することの重要性などを実感しながら理解することができるよう，

資 料 編

各教科・科目等の特質に応じた体験活動を重視し，家庭や地域社会と連携しつつ体系的・継続的に実施できるよう工夫すること。
(6) 学校図書館を計画的に利用しその機能の活用を図り，生徒の主体的・対話的で深い学びの実現に向けた授業改善に生かすとともに，生徒の自主的，自発的な学習活動や読書活動を充実すること。また，地域の図書館や博物館，美術館，劇場，音楽堂等の施設の活用を積極的に図り，資料を活用した情報の収集や鑑賞等の学習活動を充実すること。
2 学習評価の充実
学習評価の実施に当たっては，次の事項に配慮するものとする。
(1) 生徒のよい点や進歩の状況などを積極的に評価し，学習したことの意義や価値を実感できるようにすること。また，各教科・科目等の目標の実現に向けた学習状況を把握する観点から，単元や題材など内容や時間のまとまりを見通しながら評価の場面や方法を工夫して，学習の過程や成果を評価し，指導の改善や学習意欲の向上を図り，資質・能力の育成に生かすようにすること。
(2) 創意工夫の中で学習評価の妥当性や信頼性が高められるよう，組織的かつ計画的な取組を推進するとともに，学年や学校段階を越えて生徒の学習の成果が円滑に接続されるように工夫すること。

第4款 単位の修得及び卒業の認定
1 各教科・科目及び総合的な探究の時間の単位の修得の認定
(1) 学校においては，生徒が学校の定める指導計画に従って各教科・科目を履修し，その成果が教科及び科目の目標からみて満足できると認められる場合には，その各教科・科目について履修した単位を修得したことを認定しなければならない。
(2) 学校においては，生徒が学校の定める指導計画に従って総合的な探究の時間を履修し，その成果が第4章の第2の1に基づき定められた目標からみて満足できると認められる場合には，総合的な探究の時間について履修した単位を修得したことを認定しなければならない。
(3) 学校においては，生徒が1科目又は総合的な探究の時間を2以上の年次にわたって履修したときは，各年次ごとにその各教科・科目又は総合的な探究の時間について履修した単位を修得したことを認定することを原則とする。また，単位の修得の認定を学期の区分ごとに行うことができる。
2 卒業までに修得させる単位数
学校においては，卒業までに修得させる単位数を定め，校長は，当該単位数を修得した者で，特別活動の成果がその目標からみて満足できると認められるものについて，高等学校の全課程の修了を認定するものとする。この場合，卒業までに修得させる単位数は，74単位以上とする。なお，普通科においては，卒業までに修得させる単位数に含めることができる学校設定科目及び学校設定教科に関する科目に係る修得単位数は，合わせて20単位を超えることができない。
3 各学年の課程の修了の認定
学校においては，各学年の課程の修了の認定については，単位制が併用されていることを踏まえ，弾

力的に行うよう配慮するものとする。
第5款 生徒の発達の支援
1 生徒の発達を支える指導の充実
教育課程の編成及び実施に当たっては，次の事項に配慮するものとする。
(1) 学習や生活の基盤として，教師と生徒との信頼関係及び生徒相互のよりよい人間関係を育てるため，日頃からホームルーム経営の充実を図ること。また，主に集団の場面で必要な指導や援助を行うガイダンスと，個々の生徒の多様な実態を踏まえ，一人一人が抱える課題に個別に対応した指導を行うカウンセリングの双方により，生徒の発達を支援すること。
(2) 生徒が，自己の存在感を実感しながら，よりよい人間関係を形成し，有意義で充実した学校生活を送る中で，現在及び将来における自己実現を図っていくことができるよう，生徒理解を深め，学習指導と関連付けながら，生徒指導の充実を図ること。
(3) 生徒が，学ぶことと自己の将来とのつながりを見通しながら，社会的・職業的自立に向けて必要な基盤となる資質・能力を身に付けていくことができるよう，特別活動を要としつつ各教科・科目等の特質に応じて，キャリア教育の充実を図ること。その中で，生徒が自己の在り方生き方を主体的に進路を選択することができるよう，学校の教育活動全体を通じ，組織的かつ計画的な進路指導を行うこと。
(4) 学校の教育活動全体を通じて，個々の生徒の特性等の的確な把握に努め，その伸長を図ること。また，生徒が適切な各教科・科目や類型を選択し学校やホームルームでの生活によりよく適応するとともに，現在及び将来の生き方を考え行動する態度や能力を育成することができるようにすること。
(5) 生徒が，基礎的・基本的な知識及び技能の習得も含め，学習内容を確実に身に付けることができるよう，生徒や学校の実態に応じ，個別学習やグループ別学習，繰り返し学習，学習内容の習熟の程度に応じた学習，生徒の興味・関心等に応じた課題学習，補充的な学習や発展的な学習などの学習活動を取り入れることや，教師間の協力による指導体制を確保することなど，指導方法や指導体制の工夫改善により，個に応じた指導の充実を図ること。その際，第3款の1の(3)に示す情報手段や教材・教具の活用を図ること。
(6) 学習の遅れがちな生徒などについては，各教科・科目など の選択，その内容の取扱いなどについて必要な配慮を行い，生徒の実態に応じ，例えば義務教育段階の学習内容の確実な定着を図るための指導を適宜取り入れるなど，指導内容や指導方法を工夫すること。
2 特別な配慮を必要とする生徒への指導
(1) 障害のある生徒などへの指導
ア 障害のある生徒などについては，特別支援学校等の助言又は援助を活用しつつ，個々の生徒の障害の状態等に応じた指導内容や指導方法の工夫を組織的かつ計画的に行うものとする。
イ 障害のある生徒に対して，学校教育法施行規則第140条の規定に基づき，特別の教育課程を編成し，障害に応じた特別の指導（以下「通級による指導」という。）を行う場合には，学校教育法施行規則第129条の規定により定める現行の特別支

203

援学校高等部学習指導要領第6章に示す自立活動の内容を参考とし、具体的な目標や内容を定め、指導を行うものとする。その際、通級による指導が効果的に行われるよう、各教科・科目等と通級による指導との関連を図るなど、教師間の連携に努めるものとする。

なお、通級による指導における単位の修得の認定については、次のとおりとする。

(ｱ) 学校においては、生徒が学校の定める個別の指導計画に従って通級による指導を履修し、その成果が個別に設定された指導目標からみて満足できると認められる場合には、当該学校の単位を修得したことを認定しなければならない。

(ｲ) 学校においては、生徒が通級による指導を2以上の年次にわたって履修したときは、各年次ごとに当該学校の単位を修得したことを認定することを原則とする。ただし、年度途中から通級による指導を開始するなど、特定の年度における授業時数が、1単位として計算する標準の単位時間に満たない場合は、次年度以降に通級による指導の時間を設定し、2以上の年次にわたる授業時数を合算して単位の修得の認定を行うことができる。また、単位の修得の認定を学期の区分ごとに行うことができる。

ｳ 障害のある生徒などについては、家庭、地域及び医療や福祉、保健、労働等の業務を行う関係機関との連携を図り、長期的な視点で生徒への教育的支援を行うために、個別の教育支援計画を作成し活用することに努めるとともに、各教科・科目等の指導に当たって、個々の生徒の実態を的確に把握し、個別の指導計画を作成し活用することに努めるものとする。特に、通級による指導を受ける生徒については、個々の生徒の障害の状態等の実態を的確に把握し、個別の教育支援計画や個別の指導計画を作成し、効果的に活用するものとする。

(2) 海外から帰国した生徒などの学校生活への適応や、日本語の習得に困難のある生徒に対する日本語指導

ｱ 海外から帰国した生徒などについては、学校生活への適応を図るとともに、外国における生活経験を生かすなどの適切な指導を行うものとする。

ｲ 日本語の習得に困難のある生徒については、個々の生徒の実態に応じた指導内容や指導方法の工夫を組織的かつ計画的に行うものとする。

(3) 不登校生徒への配慮

ｱ 不登校生徒については、保護者や関係機関と連携を図り、心理や福祉の専門家の助言又は援助を得ながら、社会的自立を目指す観点から、個々の生徒の実態に応じた情報の提供その他の必要な支援を行うものとする。

ｲ 相当の期間高等学校を欠席し引き続き欠席すると認められる生徒等を対象として、文部科学大臣が認める特別の教育課程を編成する場合には、生徒の実態に配慮した教育課程を編成するとともに、個別学習やグループ別学習など指導方法や指導体制の工夫改善に努めるものとする。

第6款　学校運営上の留意事項

1 教育課程の改善と学校評価、教育課程外の活動

との連携等

ｱ 各学校においては、校長の方針の下に、校務分掌に基づき教職員が適切に役割を分担しつつ、相互に連携しながら、各学校の特色を生かしたカリキュラム・マネジメントを行うよう努めるものとする。また、各学校が行う学校評価については、教育課程の編成、実施、改善が教育活動や学校運営の中核となることを踏まえ、カリキュラム・マネジメントと関連付けながら実施するよう留意するものとする。

ｲ 教育課程の編成及び実施に当たっては、学校保健計画、学校安全計画、食に関する指導の全体計画、いじめの防止等のための対策に関する基本的な方針など、各分野における学校の全体計画等と関連付けながら、効果的な指導が行われるように留意するものとする。

ｳ 教育課程外の学校教育活動と教育課程の関連が図られるように留意するものとする。特に、生徒の自主的、自発的な参加により行われる部活動については、スポーツや文化、科学等に親しませ、学習意欲の向上や責任感、連帯感の涵養等、学校教育が目指す資質・能力の育成に資するものであり、学校教育の一環として、教育課程との関連が図られるよう留意すること。その際、学校や地域の実態に応じ、地域の人々の協力、社会教育施設や社会教育関係団体等の各種団体との連携などの運営上の工夫を行い、持続可能な運営体制が整えられるようにするものとする。

2 家庭や地域社会との連携及び協働と学校間の連携

教育課程の編成及び実施に当たっては、次の事項に配慮するものとする。

ｱ 学校がその目的を達成するため、学校や地域の実態等に応じ、教育活動の実施に必要な人的又は物的な体制を家庭や地域の人々の協力を得ながら整えるなど、家庭や地域社会との連携及び協働を深めること。また、高齢者や異年齢の子供など、地域における世代を越えた交流の機会を設けること。

ｲ 他の高等学校や、幼稚園、認定こども園、保育所、小学校、中学校、特別支援学校及び大学などとの間の連携や交流を図るとともに、障害のある幼児児童生徒との交流及び共同学習の機会を設け、共に尊重し合いながら協働して生活していく態度を育むようにすること。

第7款　道徳教育に関する配慮事項

道徳教育を進めるに当たっては、道徳教育の特質を踏まえ、第6款までに示す事項に加え、次の事項に配慮するものとする。

1 各学校においては、第1款の2の(2)に示す道徳教育の目標を踏まえ、道徳教育の全体計画を作成し、校長の方針の下に、道徳教育の推進を主に担当する教師（「道徳教育推進教師」という。）を中心に、全教師が協力して道徳教育を展開すること。なお、道徳教育の全体計画の作成に当たっては、生徒や学校の実態に応じ、指導の方針や重点を明らかにして、各教科・科目等との関係を明らかにすること。その際、公民科の「公共」及び「倫理」並びに特別活動が、人間としての在り方生き方に関する中核的な指

導の場面であることに配慮すること。
2　道徳教育を進めるに当たっては，中学校までの特別の教科である道徳の学習等を通じて深めた，主として自分自身，人との関わり，集団や社会との関わり，生命や自然，崇高なものとの関わりに関する道徳的諸価値についての理解を基にしながら，様々な体験や思索の機会等を通して，人間としての在り方生き方についての考えを深めるよう留意すること。また，自立心や自律性を高め，規律ある生活をすること，生命を尊重する心を育てること，社会連帯の自覚を高め，主体的に社会の形成に参画する意欲と態度を養うこと，義務を果たし責任を重んずる態度及び人権を尊重し差別のないよりよい社会を実現しようとする態度を養うこと，伝統と文化を尊重し，それらを育んできた我が国と郷土を愛するとともに，他国を尊重すること，国際社会に生きる日本人としての自覚を身に付けることに関する指導が適切に行われるよう配慮すること。
3　学校やホームルーム内の人間関係や環境を整えるとともに，就業体験活動やボランティア活動，自然体験活動，地域の行事への参加などの豊かな体験を充実すること。また，道徳教育の指導が，生徒の日常生活に生かされるようにすること。その際，いじめの防止や安全の確保等にも資することとなるように留意すること。
4　学校の道徳教育の全体計画や道徳教育に関する諸活動などの情報を積極的に公表したり，道徳教育の充実のために家庭や地域の人々の積極的な参加や協力を得たりするなど，家庭や地域社会との共通理解を深めること。

第4章　総合的な探究の時間

第1　目　標
　探究の見方・考え方を働かせ，横断的・総合的な学習を行うことを通して，自己の在り方生き方を考えながら，よりよく課題を発見し解決していくための資質・能力を次のとおり育成することを目指す。
(1) 探究の過程において，課題の発見と解決に必要な知識及び技能を身に付け，課題に関わる概念を形成し，探究の意義や価値を理解するようにする。
(2) 実社会や実生活と自己との関わりから問いを見いだし，自分で課題を立て，情報を集め，整理・分析して，まとめ・表現することができるようにする。
(3) 探究に主体的・協働的に取り組むとともに，互いのよさを生かしながら，新たな価値を創造し，よりよい社会を実現しようとする態度を養う。

第2　各学校において定める目標及び内容
1　目　標
　各学校においては，第1の目標を踏まえ，各学校の総合的な探究の時間の目標を定める。
2　内　容
　各学校においては，第1の目標を踏まえ，各学校の総合的な探究の時間の内容を定める。
3　各学校において定める目標及び内容の取扱い
　各学校において定める目標及び内容の設定に当たっては，次の事項に配慮するものとする。
(1) 各学校において定める目標については，各学校における教育目標を踏まえ，総合的な探究の時間を通して育成を目指す資質・能力を示すこと。

(2) 各学校において定める目標及び内容については，他教科等の目標及び内容との違いに留意しつつ，他教科等で育成を目指す資質・能力との関連を重視すること。
(3) 各学校において定める目標及び内容については，地域や社会との関わりを重視すること。
(4) 各学校において定める内容については，目標を実現するにふさわしい探究課題，探究課題の解決を通して育成を目指す具体的な資質・能力を示すこと。
(5) 目標を実現するにふさわしい探究課題については，地域や学校の実態，生徒の特性等に応じて，例えば，国際理解，情報，環境，福祉・健康などの現代的な諸課題に対応する横断的・総合的な課題，地域や学校の特色に応じた課題，生徒の興味・関心に基づく課題，職業や自己の進路に関する課題などを踏まえて設定すること。
(6) 探究課題の解決を通して育成を目指す具体的な資質・能力については，次の事項に配慮すること。
ア　知識及び技能については，他教科等及び総合的な探究の時間で習得する知識及び技能が相互に関連付けられ，社会の中で生きて働くものとして形成されるようにすること。
イ　思考力，判断力，表現力等については，課題の設定，情報の収集，整理・分析，まとめ・表現などの探究の過程において発揮され，未知の状況において活用できるものとして身に付けられるようにすること。
ウ　学びに向かう力，人間性等については，自分自身に関すること及び他者や社会との関わりに関することの両方の視点を踏まえること。
(7) 目標を実現するにふさわしい探究課題及び探究課題の解決を通して育成を目指す具体的な資質・能力については，教科・科目等を越えた全ての学習の基盤となる資質・能力が育まれ，活用されるものとなるよう配慮すること。

第3　指導計画の作成と内容の取扱い
1　指導計画の作成に当たっては，次の事項に配慮するものとする。
(1) 年間や，単元など内容や時間のまとまりを見通して，その中で育む資質・能力の育成に向けて，生徒の主体的・対話的で深い学びの実現を図るようにすること。その際，生徒や学校，地域の実態等に応じて，生徒が探究の見方・考え方を働かせ，教科・科目等の枠を超えた横断的・総合的な学習や生徒の興味・関心等に基づく学習を行うなど創意工夫を生かした教育活動の充実を図ること。
(2) 全体計画及び年間指導計画の作成に当たっては，学校における全教育活動との関連の下に，目標及び内容，学習活動，指導方法や指導体制，学習の評価の計画などを示すこと。
(3) 目標を実現するにふさわしい探究課題を設定するに当たっては，生徒の多様な課題に対する意識を生かすことができるよう配慮すること。
(4) 他教科等及び総合的な探究の時間で身に付けた資質・能力を相互に関連付け，学習や生活において生かし，それらが総合的に働くようにすること。その際，言語能力，情報活用能力など全ての学習の基盤となる資質・能力を重視すること。
(5) 他教科等の目標及び内容との違いに留意しつつ，

第1の目標並びに第2の各学校において定める目標及び内容を踏まえた適切な学習活動を行うこと。
(6) 各学校における総合的な探究の時間の名称については，各学校において適切に定めること。
(7) 障害のある生徒などについては，学習活動を行う場合に生じる困難さに応じた指導内容や指導方法の工夫を計画的，組織的に行うこと。
(8) 総合学科においては，総合的な探究の時間の学習活動として，原則として生徒が興味・関心，進路等に応じて設定した課題について知識や技能の深化，総合化を図る学習活動を含むこと。
2　内容の取扱いに当たっては，次の事項に配慮するものとする。
(1) 第2の各学校において定める目標及び内容に基づき，生徒の学習状況に応じて教師が適切な指導を行うこと。
(2) 課題の設定においては，生徒が自分で課題を発見する過程を重視すること。
(3) 第2の③の(6)のウにおける両方の視点を踏まえた学習を行う際には，これらの視点を生徒が自覚し，内省的に捉えられるよう配慮すること。
(4) 探究の過程においては，他者と協働して課題を解決しようとする学習活動や，言語により分析し，まとめたり表現したりするなどの学習活動が行われるようにすること。その際，例えば，比較する，分類する，関連付けるなどの考えるための技法が自在に活用されるようにすること。
(5) 探究の過程においては，コンピュータや情報通信ネットワークなどを適切かつ効果的に活用して，情報を収集・整理・発信するなどの学習活動が行われるよう工夫をすること。その際，情報や情報手段を主体的に選択し活用できるよう配慮すること。
(6) 自然体験や就業体験活動，ボランティア活動などの社会体験，ものづくり，生産活動などの体験活動，観察・実験・実習，調査・研究，発表や討論などの学習活動を積極的に取り入れること。
(7) 体験活動については，第1の目標並びに第2の各学校において定める目標及び内容を踏まえ，探究の過程に適切に位置付けること。
(8) グループ学習や個人研究などの多様な学習形態，地域の人々の協力も得つつ，全教師が一体となって指導に当たるなどの指導体制について工夫を行うこと。
(9) 学校図書館の活用，他の学校との連携，公民館，図書館，博物館等の社会教育施設や社会教育関係団体等の各種団体との連携，地域の教材や学習環境の積極的な活用などの工夫を行うこと。
(10) 職業や自己の進路に関する学習を行う際には，探究に取り組むことを通して，自己を理解し，将来の在り方生き方を考えるなどの学習活動が行われるようにすること。

第5章　特別活動

第1　目　標
集団や社会の形成者としての見方・考え方を働かせ，様々な集団活動に自主的，実践的に取り組み，互いのよさや可能性を発揮しながら集団や自己の生活上の課題を解決することを通して，次のとおり資質・能力を育成することを目指す。

(1) 多様な他者と協働する様々な集団活動の意義や活動を行う上で必要となることについて理解し，行動の仕方を身に付けるようにする。
(2) 集団や自己の生活，人間関係の課題を見いだし，解決するために話し合い，合意形成を図ったり，意思決定したりすることができるようにする。
(3) 自主的，実践的な集団活動を通して身に付けたことを生かして，主体的に集団や社会に参画し，生活及び人間関係をよりよく形成するとともに，人間としての在り方生き方についての自覚を深め，自己実現を図ろうとする態度を養う。

第2　各活動・学校行事の目標及び内容
〔ホームルーム活動〕
1　目　標
ホームルームや学校での生活をよりよくするための課題を見いだし，解決するために話し合い，合意形成し，役割を分担して協力して実践したり，ホームルームでの話合いを生かして自己の課題の解決及び将来の生き方を描くために意思決定して実践したりすることに，自主的，実践的に取り組むことを通して，第1の目標に掲げる資質・能力を育成することを目指す。
2　内　容
1の資質・能力を育成するため，全ての学年において，次の各活動を通して，それぞれの活動の意義及び活動を行う上で必要となることについて理解し，主体的に考えて実践できるよう指導する。
(1) ホームルームや学校における生活づくりへの参画
ア　ホームルームや学校における生活上の諸問題の解決
ホームルームや学校における生活を向上・充実させるための課題を見いだし，解決するために話し合い，合意形成を図り，実践すること。
イ　ホームルーム内の組織づくりや役割の自覚
ホームルーム生活の充実や向上のため，生徒が主体的に組織をつくり，役割を自覚しながら仕事を分担して，協力し合い実践すること。
ウ　学校における多様な集団の生活の向上
生徒会などホームルームの枠を超えた多様な集団における活動や学校行事を通して学校生活の向上を図るため，ホームルームとしての提案や取組を話し合って決めること。
(2) 日常の生活や学習への適応と自己の成長及び健康安全
ア　自他の個性の理解と尊重，よりよい人間関係の形成
自他の個性を理解して尊重し，互いのよさや可能性を発揮し，コミュニケーションを図りながらよりよい集団生活をつくること。
イ　男女相互の理解と協力
男女相互について理解するとともに，共に協力し尊重し合い，充実した生活づくりに参画すること。
ウ　国際理解と国際交流の推進
我が国と他国の文化や生活習慣などについて理解し，よりよい交流の在り方を考えるなど，共に尊重し合い，主体的に国際社会に生きる日本人としての在り方生き方を探求しようとすること。

エ　青年期の悩みや課題とその解決
　　心や体に関する正しい理解を基に，適切な行動をとり，悩みや不安に向き合い乗り越えようとすること。
オ　生命の尊重と心身ともに健康で安全な生活態度や規律ある習慣の確立
　　節度ある健全な生活を送るなど現在及び生涯にわたって心身の健康を保持増進することや，事件や事故，災害等から身を守り安全に行動すること。
(3)　一人一人のキャリア形成と自己実現
ア　学校生活と社会的・職業的自立の意義の理解
　　現在及び将来の生活や学習と自己実現とのつながりを考えたり，社会的・職業的自立の意義を意識したりしながら，学習の見通しを立て，振り返ること。
イ　主体的な学習態度の確立と学校図書館等の活用
　　自主的に学習する場としての学校図書館等を活用し，自分にふさわしい学習方法や学習習慣を身に付けること。
ウ　社会参画意識の醸成や勤労観・職業観の形成
　　社会の一員としての自覚や責任をもち，社会生活を営む上で必要なマナーやルール，働くことや社会に貢献することについて考えて行動すること。
エ　主体的な進路の選択決定と将来設計
　　適性やキャリア形成などを踏まえた教科・科目を選択することなどについて，目標をもって，在り方生き方や進路に関する適切な情報を収集・整理し，自己の個性や興味・関心と照らして考えること。
3　内容の取扱い
(1)　内容の(1)の指導に当たっては，集団としての意見をまとめる話合い活動など中学校の積み重ねや経験を生かし，それらを発展させることができるよう工夫すること。
(2)　内容の(3)の指導に当たっては，学校，家庭及び地域における学習や生活の見通しを立て，学んだことを振り返りながら，新たな学習や生活への意欲につなげたり，将来の在り方生き方を考えたりする活動を行うこと。その際，生徒が活動を記録し蓄積する教材等を活用すること。

〔生徒会活動〕
1　目　標
　　異年齢の生徒同士で協力し，学校生活の充実と向上を図るための諸問題の解決に向けて，計画を立て役割を分担し，協力して運営することに自主的，実践的に取り組むことを通して，第1の目標に掲げる資質・能力を育成することを目指す。
2　内　容
　　1の資質・能力を育成するため，学校の全生徒をもって組織する生徒会において，次の各活動を通して，それぞれの活動の意義及び活動を行う上で必要となることについて理解し，主体的に考えて実践できるよう指導する。
(1)　生徒会の組織づくりと生徒会活動の計画や運営
　　生徒が主体的に組織をつくり，役割を分担し，計画を立て，学校生活の課題を見いだし解決するために話し合い，合意形成を図り実践すること。
(2)　学校行事への協力
　　学校行事の特質に応じて，生徒会の組織を活用し

て，計画の一部を担当したり，運営に主体的に協力したりすること。
(3)　ボランティア活動などの社会参画
　　地域や社会の課題を見いだし，具体的な対策を考え，実践し，地域や社会に参画できるようにすること。

〔学校行事〕
1　目　標
　　全校若しくは学年又はそれらに準ずる集団で協力し，よりよい学校生活を築くための体験的な活動を通して，集団への所属感や連帯感を深め，公共の精神を養いながら，第1の目標に掲げる資質・能力を育成することを目指す。
2　内　容
　　1の資質・能力を育成するため，全校若しくは学年又はそれらに準ずる集団を単位として，次の各行事において，学校生活に秩序と変化を与え，学校生活の充実と発展に資する体験的な活動を行うことを通して，それぞれの学校行事の意義及び活動を行う上で必要となることについて理解し，主体的に考えて実践できるよう指導する。
(1)　儀式的行事
　　学校生活に有意義な変化や折り目を付け，厳粛で清新な気分を味わい，新しい生活の展開への動機付けとなるようにすること。
(2)　文化的行事
　　平素の学習活動の成果を発表し，自己の向上の意欲を一層高めたり，文化や芸術に親しんだりするようにすること。
(3)　健康安全・体育的行事
　　心身の健全な発達や健康の保持増進，事件や事故，災害から身を守る安全な行動や規律ある集団行動の体得，運動に親しむ態度の育成，責任感や連帯感の涵養，体力の向上などに資するようにすること。
(4)　旅行・集団宿泊的行事
　　平素と異なる生活環境にあって，見聞を広め，自然や文化などに親しむとともに，よりよい人間関係を築くなどの集団生活の在り方や公衆道徳などについての体験を積むことができるようにすること。
(5)　勤労生産・奉仕的行事
　　勤労の尊さや創造することの喜びを体得し，就業体験活動などの勤労観・職業観の形成や進路の選択決定などに資する体験が得られるようにするとともに，共に助け合って生きることの喜びを体得し，ボランティア活動などの社会奉仕の精神を養う体験が得られるようにすること。
3　内容の取扱い
(1)　生徒や学校，地域の実態に応じて，内容に示す行事の種類ごとに，行事及びその内容を重点化するとともに，各行事の趣旨を生かした上で，行事間の関連や統合を図るなど精選して実施すること。また，実施に当たっては，自然体験や社会体験などの体験活動を充実するとともに，体験活動を通して気付いたことなどを振り返り，まとめたり，発表し合ったりするなどの事後の活動を充実すること。

第3　指導計画の作成と内容の取扱い
1　指導計画の作成に当たっては，次の事項に配慮するものとする。
(1)　特別活動の各活動及び学校行事を見通して，そ

の中で育む資質・能力の育成に向けて，生徒の主体
的・対話的で深い学びの実現を図るようにすること。
その際，よりよい人間関係の形成，よりよい集団生
活の構築や社会への参画及び自己実現に資するよう，
生徒が集団や社会の形成者としての見方・考え方を
働かせ，様々な集団活動に自主的，実践的に取り組
む中で，互いのよさや個性，多様な考えを認め合い，
等しく合意形成に関わり役割を担うようにすること
を重視すること。
(2) 各学校においては，次の事項を踏まえて特別活
動の全体計画や各活動及び学校行事の年間指導計画
を作成すること。
ア 学校の創意工夫を生かし，ホームルームや学校，
地域の実態，生徒の発達の段階などを考慮するこ
と。
イ 第2に示す内容相互及び各教科・科目，総合的
な探究の時間などの指導との関連を図り，生徒に
よる自主的，実践的な活動が助長されるようにす
ること。特に社会において自立的に生きることが
できるようにするため，社会の一員としての自己
の生き方を探求するなど，人間としての在り方生
き方の指導が行われるようにすること。
ウ 家庭や地域の人々との連携，社会教育施設等の
活用などを工夫すること。その際，ボランティア
活動などの社会奉仕の精神を養う体験的な活動や
就業体験活動などの勤労に関わる体験的な活動の
機会をできるだけ取り入れること。
(3) ホームルーム活動における生徒の自発的，自治
的な活動を中心として，各活動と学校行事を相互に
関連付けながら，個々の生徒についての理解を深め，
教師と生徒，生徒相互の信頼関係を育み，ホーム
ルーム経営の充実を図ること。その際，特に，いじ
めの未然防止等を含めた生徒指導との関連を図るよ
うにすること。
(4) 障害のある生徒などについては，学習活動を行
う場合に生じる困難さに応じた指導内容や指導方法
の工夫を計画的，組織的に行うこと。
(5) 第1章第1款の2の(2)に示す道徳教育の目標に
基づき，特別活動の特質に応じて適切な指導をする
こと。
(6) ホームルーム活動については，主としてホーム
ルームごとにホームルーム担任の教師が指導するこ
とを原則とし，活動の内容によっては他の教師など
の協力を得ること。
 2 内容の取扱いに当たっては，次の事項に配慮す
るものとする。
(1) ホームルーム活動及び生徒会活動の指導につい
ては，指導内容の特質に応じて，教師の適切な指導
の下に，生徒の自発的，自治的な活動が効果的に展
開されるようにすること。その際，よりよい生活を
築くために自分たちできまりをつくって守る活動な
どを充実するよう工夫すること。
(2) 生徒及び学校の実態並びに第1章第7款の1に
示す道徳教育の重点などを踏まえ，各学年において
取り上げる指導内容の重点化を図るとともに，必要
に応じて，内容間の関連や統合を図ったり，他の内
容を加えたりすることができること。
(3) 学校生活への適応や人間関係の形成，教科・科
目や進路の選択などについては，主に集団の場面で

必要な指導や援助を行うガイダンスと，個々の生徒
の多様な実態を踏まえ，一人一人が抱える課題に個
別に対応した指導を行うカウンセリング（教育相談
を含む。）の双方の趣旨を踏まえて指導を行うこと。
特に入学当初においては，個々の生徒が学校生活に
適応するとともに，希望や目標をもって生活をでき
るよう工夫すること。あわせて，生徒の家庭との連
絡を密にすること。
(4) 異年齢集団による交流を重視するとともに，幼
児，高齢者，障害のある人々などとの交流や対話，
障害のある幼児児童生徒との交流及び共同学習の機
会を通して，協働することや，他者の役に立ったり
社会に貢献したりすることの喜びを得られる活動を
充実すること。
(5) 特別活動の一環として学校給食を実施する場合
には，食育の観点を踏まえた適切な指導を行うこと。
 3 入学式や卒業式などにおいては，その意義を踏
まえ，国旗を掲揚するとともに，国歌を斉唱するよ
う指導するものとする。
　 附 則
　この告示は，平成34年4月1日から施行する。た
だし，改正後の高等学校学習指導要領は，同日以降
高等学校の第1学年に入学した生徒（単位制による
課程にあっては，同日以降入学した生徒（学校教育
法施行規則第91条の規定により入学した生徒で同日
前に入学した生徒に係る教育課程により履修するも
のを除く。））に係る教育課程及び全課程の修了の認
定から適用する。

◆特別支援学校小学部・
　　　　中学部学習指導要領（抄）

　教育は，教育基本法第1条に定めるとおり，人格
の完成を目指し，平和で民主的な国家及び社会の形
成者として必要な資質を備えた心身ともに健康な国
民の育成を期すという目的のもと，同法第2条に掲
げる次の目標を達成するよう行われなければならな
い。
1　幅広い知識と教養を身に付け，真理を求める態
度を養い，豊かな情操と道徳心を培うとともに，健
やかな身体を養うこと。
2　個人の価値を尊重して，その能力を伸ばし，創
造性を培い，自主及び自律の精神を養うとともに，
職業及び生活との関連を重視し，勤労を重んずる態
度を養うこと。
3　正義と責任，男女の平等，自他の敬愛と協力を
重んずるとともに，公共の精神に基づき，主体的に
社会の形成に参画し，その発展に寄与する態度を養
うこと。
4　生命を尊び，自然を大切にし，環境の保全に寄
与する態度を養うこと。
5　伝統と文化を尊重し，それらをはぐくんできた
我が国と郷土を愛するとともに，他国を尊重し，国
際社会の平和と発展に寄与する態度を養うこと。
　これからの学校では，こうした教育の目的及び目
標の達成を目指しつつ，一人一人の児童又は生徒が，
自分のよさや可能性を認識するとともに，あらゆる
他者を価値のある存在として尊重し，多様な人々と

資 料 編

協働しながら様々な社会的変化を乗り越え，豊かな人生を切り拓き，持続可能な社会の創り手となることができるようにすることが求められる。このために必要な教育の在り方を具体化するのが，各学校において教育の内容等を組織的かつ計画的に組み立てた教育課程である。

教育課程を通して，これからの時代に求められる教育を実現していくためには，よりよい学校教育を通してよりよい社会を創るという理念を学校と社会とが共有し，それぞれの学校において，必要な学習内容をどのように学び，どのような資質・能力を身に付けられるようにするのかを教育課程において明確にしながら，社会との連携及び協働によりその実現を図っていくという，社会に開かれた教育課程の実現が重要となる。

学習指導要領とは，こうした理念の実現に向けて必要となる教育課程の基準を大綱的に定めるものである。学習指導要領が果たす役割の一つは，公の性質を有する学校における教育水準を全国的に確保することである。また，各学校がその特色を生かして創意工夫を重ね，長年にわたり積み重ねられてきた教育実践や学術研究の蓄積を生かしながら，児童又は生徒や地域の現状や課題を捉え，家庭や地域社会と協力し，学習指導要領を踏まえた教育活動の更なる充実を図っていくことも重要である。

児童又は生徒が学ぶことの意義を実感できる環境を整え，一人一人の資質・能力を伸ばせるようにしていくことは，教職員をはじめとする学校関係者はもとより，家庭や地域の人々も含め，様々な立場から児童又は生徒や学校に関わる全ての大人に期待される役割である。幼稚部における教育及び小学部における教育又は中学校教育及び高等部における教育又は高等学校教育以降の生涯にわたる学習とのつながりを見通しながら，児童又は生徒の学習の在り方を展望していくために広く活用されるものとなることを期待して，ここに特別支援学校小学部・中学部学習指導要領を定める。

第1章 総 則

第1節　教育目標

小学部及び中学部における教育については，学校教育法第72条に定める目的を実現するために，児童及び生徒の障害の状態や特性及び心身の発達の段階等を十分考慮して，次に掲げる目標の達成に努めなければならない。

1　小学部においては，学校教育法第30条第1項に規定する小学校教育の目標

2　中学部においては，学校教育法第46条に規定する中学校教育の目標

3　小学部及び中学部を通じ，児童及び生徒の障害による学習上又は生活上の困難を改善・克服し自立を図るために必要な知識，技能，態度及び習慣を養うこと。

第2節　小学部及び中学部における教育の基本と教育課程の役割

1　各学校においては，教育基本法及び学校教育法その他の法令並びにこの章以下に示すところに従い，児童又は生徒の人間として調和のとれた育成を目指

し，児童又は生徒の障害の状態や特性及び心身の発達の段階等並びに学校や地域の実態を十分考慮して，適切な教育課程を編成するものとし，これらに掲げる目標を達成するよう教育を行うものとする。

2　学校の教育活動を進めるに当たっては，各学校において，第4節の1に示す主体的・対話的で深い学びの実現に向けた授業改善を通して，創意工夫を生かした特色ある教育活動を展開する中で，次の(1)から(4)までに掲げる事項の実現を図り，児童又は生徒に生きる力を育むことを目指すものとする。

(1)　基礎的・基本的な知識及び技能を確実に習得させ，これらを活用して課題を解決するために必要な思考力，判断力，表現力等を育むとともに，主体的に学習に取り組む態度を養い，個性を生かし多様な人々との協働を促す教育の充実に努めること。その際，児童又は生徒の発達の段階を考慮して，児童又は生徒の言語活動など，学習の基盤をつくる活動を充実するとともに，家庭との連携を図りながら，児童又は生徒の学習習慣が確立するよう配慮すること。

(2)　道徳教育や体験活動，多様な表現や鑑賞の活動等を通して，豊かな心や創造性の涵養を目指した教育の充実に努めること。

学校における道徳教育は，特別の教科である道徳（以下「道徳科」という。）を要として学校の教育活動全体を通じて行うものであり，道徳科はもとより，各教科，外国語活動，総合的な学習の時間，特別活動及び自立活動のそれぞれの特質に応じて，児童又は生徒の発達の段階を考慮して，適切な指導を行うこと。

道徳教育は，教育基本法及び学校教育法に定められた教育の根本精神に基づき，小学部においては，自己の生き方を考え，中学部においては，人間としての生き方を考え，主体的な判断の下に行動し，自立した人間として他者と共によりよく生きるための基盤となる道徳性を養うことを目標とすること。

道徳教育を進めるに当たっては，人間尊重の精神と生命に対する畏敬の念を家庭，学校，その他社会における具体的な生活の中に生かし，豊かな心をもち，伝統と文化を尊重し，それらを育んできた我が国と郷土を愛し，個性豊かな文化の創造を図るとともに，平和で民主的な国家及び社会の形成者として，公共の精神を尊び，社会及び国家の発展に努め，他国を尊重し，国際社会の平和と発展や環境の保全に貢献し未来を拓く主体性のある日本人の育成に資することとなるよう特に留意すること。

(3)　学校における体育・健康に関する指導を，児童又は生徒の発達の段階を考慮して，学校の教育活動全体を通じて適切に行うことにより，健康で安全な生活と豊かなスポーツライフの実現を目指した教育の充実に努めること。特に，学校における食育の推進並びに体力の向上に関する指導，安全に関する指導及び心身の健康の保持増進に関する指導については，小学部の体育科や家庭科（知的障害者である児童に対する教育を行う特別支援学校においては生活科），中学部の保健体育科や技術・家庭科（知的障害者である生徒に対する教育を行う特別支援学校においては職業・家庭科）及び特別活動の時間はもとより，各教科，道徳科，外国語活動，総合的な学習の時間及び自立活動などにおいてもそれぞれの特質

209

に応じて適切に行うよう努めること。また，それらの指導を通して，家庭や地域社会との連携を図りながら，日常生活における適切な体育・健康に関する活動の実践を促し，生涯を通じて健康・安全で活力ある生活を送るための基礎が培われるよう配慮すること。

(4) 学校における自立活動の指導は，障害による学習上又は生活上の困難を改善・克服し，自立し社会参加する資質を養うため，自立活動の時間はもとより，学校の教育活動全体を通じて適切に行うものとする。特に，自立活動の時間における指導は，各教科，道徳科，外国語活動，総合的な学習の時間及び特別活動と密接な関連を保ち，個々の児童又は生徒の障害の状態や特性及び心身の発達の段階等を的確に把握して，適切な指導計画の下に行うよう配慮すること。

3　2の(1)から(4)までに掲げる事項の実現を図り，豊かな創造性を備え持続可能な社会の創り手となることが期待される児童又は生徒に，生きる力を育むことを目指すに当たっては，学校教育全体並びに各教科，道徳科，外国語活動，総合的な学習の時間，特別活動（ただし，第3節の3の(2)のイ及びカにおいて，特別活動については学級活動（学校給食に係るものを除く。）に限る。）及び自立活動の指導を通してどのような資質・能力の育成を目指すのかを明確にしながら，教育活動の充実を図るものとする。その際，児童又は生徒の障害の状態や特性及び心身の発達の段階等を踏まえつつ，次に掲げることが偏りなく実現できるようにするものとする。

(1) 知識及び技能が習得されるようにすること。
(2) 思考力，判断力，表現力等を育成すること。
(3) 学びに向かう力，人間性等を涵養すること。

4　各学校においては，児童又は生徒や学校，地域の実態を適切に把握し，教育の目的や目標の実現に必要な教育の内容等を教科等横断的な視点で組み立てていくこと，教育課程の実施状況を評価してその改善を図っていくこと，教育課程の実施に必要な人的又は物的な体制を確保するとともにその改善を図っていくことなどを通して，教育課程に基づき組織的かつ計画的に各学校の教育活動の質の向上を図っていくこと（以下「カリキュラム・マネジメント」という。）に努めるものとする。その際，児童又は生徒に何が身に付いたかという学習の成果を的確に捉え，第3節の3の(3)のイに示す個別の指導計画の実施状況の評価と改善を，教育課程の評価と改善につなげていくよう工夫すること。

第3節　教育課程の編成

1　各学校の教育目標と教育課程の編成

教育課程の編成に当たっては，学校教育全体や各教科等における指導を通して育成を目指す資質・能力を踏まえつつ，各学校の教育目標を明確にするとともに，教育課程の編成についての基本的な方針が家庭や地域とも共有されるよう努めるものとする。その際，小学部は小学校学習指導要領の第5章総合的な学習の時間の第2の1，中学部は中学校学習指導要領の第4章総合的な学習の時間の第2の1に基づき定められる目標との関連を図るものとする。

2　教科等横断的な視点に立った資質・能力の育成

(1) 各学校においては，児童又は生徒の障害の状態や特性及び心身の発達の段階等を考慮し，言語能力，情報活用能力（情報モラルを含む。），問題発見・解決能力等の学習の基盤となる資質・能力を育成していくことができるよう，各教科等の特質を生かし，教科等横断的な視点から教育課程の編成を図るものとする。

(2) 各学校においては，児童又は生徒や学校，地域の実態並びに児童又は生徒の障害の状態や特性及び心身の発達の段階等を考慮し，豊かな人生の実現や災害等を乗り越えて次代の社会を形成することに向けた現代的な諸課題に対応して求められる資質・能力を，教科等横断的な視点で育成していくことができるよう，各学校の特色を生かした教育課程の編成を図るものとする。

3　教育課程の編成における共通的事項

(1) 内容等の取扱い

ア　第2章以下に示す各教科，道徳科，外国語活動，特別活動及び自立活動の内容に関する事項は，特に示す場合を除き，いずれの学校においても取り扱わなければならない。

イ　学校において特に必要がある場合には，第2章以下に示していない内容を加えて指導することができる。また，第2章以下に示す内容の取扱いのうち内容の範囲や程度等を示す事項は，全ての児童又は生徒に対して指導するものとする内容の範囲や程度等を示したものであり，学校において特に必要がある場合には，この事項にかかわらず加えて指導することができる。ただし，これらの場合には，第2章以下に示す各教科，道徳科，外国語活動，特別活動及び自立活動の目標や内容並びに各学年や各段階，各分野又は各言語の目標や内容（知的障害者である児童又は生徒に対する教育を行う特別支援学校においては，外国語科及び外国語活動の各言語の内容）の趣旨を逸脱したり，児童又は生徒の負担過重となったりすることのないようにしなければならない。

ウ　第2章以下に示す各教科，道徳科，外国語活動，特別活動及び自立活動の内容並びに各学年，各段階，各分野又は各言語の内容に掲げる事項の順序は，特に示す場合を除き，指導の順序を示すものではないので，学校においては，その取扱いについて適切な工夫を加えるものとする。

エ　視覚障害者，聴覚障害者，肢体不自由者又は病弱者である児童に対する教育を行う特別支援学校の小学部において，学年の内容を2学年まとめて示した教科及び外国語活動の内容は，2学年間かけて指導する事項を示したものである。各学校においては，これらの事項を児童や学校，地域の実態に応じ，2学年間を見通して計画的に指導することとし，特に示す場合を除き，いずれかの学年に分けて，又はいずれの学年においても指導するものとする。

オ　視覚障害者，聴覚障害者，肢体不自由者又は病弱者である生徒に対する教育を行う特別支援学校の中学部において，生徒や学校，地域の実態を考慮して，生徒の特性等に応じた多様な学習活動が行えるよう，第2章に示す各教科や，特に必要な教科を，選択教科として開設し生徒に履修させることができる。その場合にあっては，全ての生

資料編

徒に指導すべき内容との関連を図りつつ，選択教科の授業時数及び内容を適切に定め選択教科の指導計画を作成し，生徒の負担過重となることのないようにしなければならない。また，特に必要な教科の名称，目標，内容などについては，各学校が適切に定めるものとする。

カ　知的障害者である児童に対する教育を行う特別支援学校の小学部においては，生活，国語，算数，音楽，図画工作及び体育の各教科，道徳科，特別活動並びに自立活動については，特に示す場合を除き，全ての児童に履修させるものとする。また，外国語活動については，児童や学校の実態を考慮し，必要に応じて設けることができる。

キ　知的障害者である生徒に対する教育を行う特別支援学校の中学部においては，国語，社会，数学，理科，音楽，美術，保健体育及び職業・家庭の各教科，道徳科，総合的な学習の時間，特別活動並びに自立活動については，特に示す場合を除き，全ての生徒に履修させるものとする。また，外国語科については，生徒や学校の実態を考慮し，必要に応じて設けることができる。

ク　知的障害者である児童又は生徒に対する教育を行う特別支援学校において，各教科の指導に当たっては，各教科の段階に示す内容を基に，児童又は生徒の知的障害の状態や経験等に応じて，具体的に指導内容を設定するものとする。その際，小学部は6年間，中学部は3年間を見通して計画的に指導するものとする。

ケ　知的障害者である生徒に対する教育を行う特別支援学校の中学部においては，生徒や学校，地域の実態を考慮して，特に必要がある場合には，その他特に必要な教科を選択教科として設けることができる。その他特に必要な教科の名称，目標，内容などについては，各学校が適切に定めるものとする。その際，第2章第2節第2款の第2に示す事項に配慮するとともに，生徒の負担過重となることのないようにしなければならない。

コ　道徳科を要として学校の教育活動全体を通じて行う道徳教育の内容は，小学部においては第3章特別の教科道徳において準ずるものとしている小学校学習指導要領第3章特別の教科道徳の第2に示す内容，中学部においては第3章特別の教科道徳において準ずるものとしている中学校学習指導要領第3章特別の教科道徳の第2に示す内容とし，その実施に当たっては，第7節に示す道徳教育に関する配慮事項を踏まえるものとする。

(2) 授業時数等の取扱い

ア　小学部又は中学部の各学年における第2章以下に示す各教科（知的障害者である生徒に対する教育を行う特別支援学校の中学部において，外国語科を設ける場合を含む。以下同じ。），道徳科，外国語活動（知的障害者である児童に対する教育を行う特別支援学校の小学部において，外国語活動を設ける場合を含む。以下同じ。），総合的な学習の時間，特別活動（学級活動（学校給食に係る時間を除く。）に限る。以下，イ及びカにおいて同じ。）及び自立活動（以下「各教科等」という。）の総授業時数は，小学校又は中学校の各学年における総授業時数に準ずるものとする。

この場合，各教科等の目標及び内容を考慮し，それぞれの年間の授業時数を適切に定めるものとする。

イ　小学部又は中学部の各教科等の授業は，年間35週（小学部第1学年については34週）以上にわたって行うよう計画し，週当たりの授業時数が児童又は生徒の負担過重にならないようにするものとする。ただし，各教科等（中学部においては，特別活動を除く。）や学習活動の特質に応じ効果的な場合には，夏季，冬季，学年末等の休業日の期間に授業を設定する場合を含め，これらの授業を特定の期間に行うことができる。

ウ　小学部又は中学部の各学年の総合的な学習の時間に充てる授業時数は，児童又は生徒の障害の状態や特性及び心身の発達の段階等を考慮して，視覚障害者，聴覚障害者，肢体不自由者又は病弱者である児童又は生徒に対する教育を行う特別支援学校については，小学部第3学年以上及び中学部の各学年において，知的障害者である生徒に対する教育を行う特別支援学校については，中学部の各学年において，それぞれ適切に定めるものとする。

エ　特別活動の授業のうち，小学部の児童会活動，クラブ活動及び学校行事並びに中学部の生徒会活動及び学校行事については，それらの内容に応じ，年間，学期ごと，月ごとなどに適切な授業時数を充てるものとする。

オ　小学部又は中学部の各学年の自立活動の時間に充てる授業時数は，児童又は生徒の障害の状態や特性及び心身の発達の段階等に応じて，適切に定めるものとする。

カ　各学校の時間割については，次の事項を踏まえ適切に編成するものとする。

(ｱ)　小学部又は中学部の各教科等のそれぞれの授業の1単位時間は，各学校において，各教科等の年間授業時数を確保しつつ，児童又は生徒の障害の状態や特性及び心身の発達の段階等並びに各教科等や学習活動の特質を考慮して適切に定めること。

(ｲ)　各教科等の特質に応じ，10分から15分程度の短い時間を活用して特定の教科等の指導を行う場合において，当該教科等を担当する教師が，単元や題材など内容や時間のまとまりを見通した中で，その指導内容の決定や指導の成果の把握と活用等を責任をもって行う体制が整備されているときは，その時間を当該教科等の年間授業時数に含めることができること。

(ｳ)　給食，休憩などの時間については，各学校において工夫を加え，適切に定めること。

(ｴ)　各学校において，児童又は生徒や学校，地域の実態及び各教科等や学習活動の特質等に応じて，創意工夫を生かした時間割を弾力的に編成できること。

キ　総合的な学習の時間における学習活動により，特別活動の学校行事に掲げる各行事の実施と同様の成果が期待できる場合においては，総合的な学習の時間における学習活動をもって相当する特別活動の学校行事に掲げる各行事の実施に替えることができる。

211

⑶ 指導計画の作成等に当たっての配慮事項
ア　各学校においては，次の事項に配慮しながら，学校の創意工夫を生かし，全体として，調和のとれた具体的な指導計画を作成するものとする。
　⑺　各教科等の各学年，各段階，各分野又は各言語の指導内容については，⑴のアを踏まえつつ，単元や題材など内容や時間のまとまりを見通しながら，そのまとめ方や重点の置き方に適切な工夫を加え，第4節の1に示す主体的・対話的で深い学びの実現に向けた授業改善を通して資質・能力を育む効果的な指導ができるようにすること。
　⑷　各教科等及び各学年相互間の関連を図り，系統的，発展的な指導ができるようにすること。
　⑼　視覚障害者，聴覚障害者，肢体不自由者又は病弱者である児童に対する教育を行う特別支援学校の小学部において，学年の内容を2学年まとめて示した教科及び外国語活動については，当該学年間を見通して，児童や学校，地域の実態に応じ，児童の障害の状態や特性及び心身の発達の段階等を考慮しつつ，効果的，段階的に指導するようにすること。
　⑴　小学部においては，児童の実態等を考慮し，指導の効果を高めるため，児童の障害の状態や特性及び心身の発達の段階等並びに指導内容の関連性等を踏まえつつ，合科的・関連的な指導を進めること。
　　　知的障害者である児童又は生徒に対する教育を行う特別支援学校において，各教科，道徳科，外国語活動，特別活動及び自立活動の一部又は全部を合わせて指導を行う場合，各教科，道徳科，外国語活動，特別活動及び自立活動に示す内容を基に，児童又は生徒の知的障害の状態や経験等に応じて，具体的に指導内容を設定するものとする。また，各教科等の内容の一部又は全部を合わせて指導を行う場合には，授業時数を適切に定めること。
イ　各教科等の指導に当たっては，個々の児童又は生徒の実態を的確に把握し，次の事項に配慮しながら，個別の指導計画を作成すること。
　⑺　児童又は生徒の障害の状態や特性及び心身の発達の段階等並びに学習の進度等を考慮して，基礎的・基本的な事項に重点を置くこと。
　⑷　児童又は生徒が，基礎的・基本的な知識及び技能の習得も含め，学習内容を確実に身に付けることができるよう，それぞれの児童又は生徒に作成した個別の指導計画や学校の実態に応じて，指導方法や指導体制の工夫改善に努めること。その際，児童又は生徒の障害の状態や特性及び心身の発達の段階等並びに学習の進度等を考慮して，個別指導を重視するとともに，グループ別指導，繰り返し指導，学習内容の習熟の程度に応じた学習，児童又は生徒の興味・関心等に応じた課題学習，補充的な学習や発展的な学習などの学習活動を取り入れることや，教師間の協力による指導体制を確保することなど，指導方法や指導体制の工夫改善により，個に応じた指導の充実を図ること。その際，第4節の1の⑶に示す情報手段や教材・教具の活用を図

ること。
4　学部段階間及び学校段階等間の接続
　教育課程の編成に当たっては，次の事項に配慮しながら，学部段階間及び学校段階等間の接続を図るものとする。
⑴　小学部においては，幼児期の終わりまでに育ってほしい姿を踏まえた指導を工夫することにより，特別支援学校幼稚部教育要領及び幼稚園教育要領等に基づく幼児期の教育を通して育まれた資質・能力を踏まえて教育活動を実施し，児童が主体的に自己を発揮しながら学びに向かうことが可能となるようにすること。
　　また，低学年における教育全体において，例えば生活科において育成する自立し生活を豊かにしていくための資質・能力が，他教科等の学習においても生かされるようにするなど，教科等間の関連を積極的に図り，幼児期の教育及び中学年以降の教育との円滑な接続が図られるよう工夫すること。特に，小学部入学当初においては，幼児期において自発的な活動としての遊びを通して育まれてきたことが，各教科等における学習に円滑に接続されるよう，生活科を中心に，合科的・関連的な指導や弾力的な時間割の設定など，指導の工夫や指導計画の作成を行うこと。
⑵　小学部においては，特別支援学校小学部・中学部学習指導要領又は中学校学習指導要領及び特別支援学校高等部学習指導要領又は高等学校学習指導要領を踏まえ，中学部における教育又は中学校教育及びその後の教育との円滑な接続が図られるよう工夫すること。
⑶　中学部においては，特別支援学校小学部・中学部学習指導要領又は小学校学習指導要領を踏まえ，小学部における教育又は小学校教育までの学習の成果が中学部における教育に円滑に接続され，義務教育段階の終わりまでに育成することを目指す資質・能力を，生徒が確実に身に付けることができるよう工夫すること。
⑷　中学部においては，特別支援学校高等部学習指導要領又は高等学校学習指導要領を踏まえ，高等部における教育又は高等学校教育及びその後の教育との円滑な接続が図られるよう工夫すること。

第4節　教育課程の実施と学習評価
1　主体的・対話的で深い学びの実現に向けた授業改善
　各教科等の指導に当たっては，次の事項に配慮するものとする。
⑴　第2節の3の⑴から⑶までに示すことが偏りなく実現されるよう，単元や題材など内容や時間のまとまりを見通しながら，児童又は生徒の主体的・対話的で深い学びの実現に向けた授業改善を行うこと。
　　特に，各教科等において身に付けた知識及び技能を活用したり，思考力，判断力，表現力等や学びに向かう力，人間性等を発揮させたりして，学習の対象となる物事を捉え思考することにより，各教科等の特質に応じた物事を捉える視点や考え方（以下「見方・考え方」という。）が鍛えられていくことに留意し，児童又は生徒が各教科等の特質に応じた見方・考え方を働かせながら，知識を相互に関連付けてより深く理解したり，情報を精査して考えを形成

資 料 編

したり，問題を見いだして解決策を考えたり，思い
や考えを基に創造したりすることに向かう過程を重
視した学習の充実を図ること。
(2) 第3節の2の(1)に示す言語能力の育成を図るた
め，各学校において必要な言語環境を整えるととも
に，国語科を要としつつ各教科等の特質に応じて，
児童又は生徒の言語活動を充実すること。あわせて，
(7)に示すとおり読書活動を充実すること。
(3) 第3節の2の(1)に示す情報活用能力の育成を図
るため，各学校において，コンピュータや情報通信
ネットワークなどの情報手段を活用するために必要
な環境を整え，これらを適切に活用した学習活動の
充実を図ること。また，各種の統計資料や新聞，視
聴覚教材や教育機器などの教材・教具の適切な活用
を図ること。
　あわせて，小学部においては，各教科等の特質に
応じて，次の学習活動を計画的に実施すること。
ア　児童がコンピュータで文字を入力するなどの学
　習の基盤として必要となる情報手段の基本的な操
　作を習得するための学習活動
イ　児童がプログラミングを体験しながら，コン
　ピュータに意図した処理を行わせるために必要な
　論理的思考力を身に付けるための学習活動
(4) 児童又は生徒が学習の見通しを立て学習し
たことを振り返ったりする活動を，計画的に取り入
れるよう工夫すること。
(5) 児童又は生徒が生命の有限性や自然の大切さ，
主体的に挑戦してみることや多様な他者と協働する
ことの重要性などを実感しながら理解することがで
きるよう，各教科等の特質に応じた体験活動を重視
し，家庭や地域社会と連携しつつ体系的・継続的に
実施できるよう工夫すること。
(6) 児童又は生徒が自ら学習課題や学習活動を選択
する機会を設けるなど，児童又は生徒の興味・関心
を生かした自主的，自発的な学習が促されるよう工
夫すること。
(7) 学校図書館を計画的に利用しその機能の活用を
図り，児童又は生徒の主体的・対話的で深い学びの
実現に向けた授業改善に生かすとともに，児童又は
生徒の自主的，自発的な学習活動や読書活動を充実
すること。また，地域の図書館や博物館，美術館，
劇場，音楽堂等の施設の活用を積極的に図り，資料
を活用した情報の収集や鑑賞等の学習活動を充実す
ること。
2　障害のため通学して教育を受けることが困難な
児童又は生徒に対して，教員を派遣して教育を行う
場合については，障害の状態や学習環境等に応じて，
指導方法や指導体制を工夫し，学習活動が効果的に
行われるようにすること。
3　学習評価の充実
　学習評価の実施に当たっては，次の事項に配慮す
るものとする。
(1) 児童又は生徒のよい点や可能性，進歩の状況な
どを積極的に評価し，学習したことの意義や価値を
実感できるようにすること。また，各教科等の目標
の実現に向けた学習状況を把握する観点から，単元
や題材など内容や時間のまとまりを見通しながら評
価の場面や方法を工夫して，学習の過程や成果を評
価し，指導の改善や学習意欲の向上を図り，資質・

能力の育成に生かすようにすること。
(2) 各教科等の指導に当たっては，個別の指導計画
に基づいて行われた学習状況や結果を適切に評価し，
指導目標や指導内容，指導方法の改善に努め，より
効果的な指導ができるようにすること。
(3) 創意工夫の中で学習評価の妥当性や信頼性が高
められるよう，組織的かつ計画的な取組を推進する
とともに，学年や学校段階を越えて児童又は生徒の
学習の成果が円滑に接続されるよう工夫すること。

第5節　児童又は生徒の調和的な発達の支援
1　児童又は生徒の調和的な発達を支える指導の充
実
　教育課程の編成及び実施に当たっては，次の事項
に配慮するものとする。
(1) 学習や生活の基盤として，教師と児童又は生徒
との信頼関係及び児童又は生徒相互のよりよい人間
関係を育てるため，日頃から学級経営の充実を図る
こと。また，主に集団の場面で必要な指導や援助を
行うガイダンスと，個々の児童又は生徒の多様な実
態を踏まえ，一人一人が抱える課題に個別に対応し
た指導を行うカウンセリングの双方により，児童又
は生徒の発達を支援すること。
　あわせて，小学部の低学年，中学年，高学年の学
年の時期の特長を生かした指導の工夫を行うこと。
(2) 児童又は生徒が，自己の存在感を実感しながら，
よりよい人間関係を形成し，有意義で充実した学校
生活を送る中で，現在及び将来における自己実現を
図っていくことができるよう，児童理解や生徒理
解を深め，学習指導と関連付けながら，生徒指導の
充実を図ること。
(3) 児童又は生徒が，学ぶことと自己の将来との
つながりを見通しながら，社会的・職業的自立に向け
て必要な基盤となる資質・能力を身に付けていくこ
とができるよう，特別活動を要としつつ各教科等の
特質に応じて，キャリア教育の充実を図ること。そ
の中で，中学部においては，生徒が自らの生き方を
考え主体的に進路を選択することができるよう，学
校の教育活動全体を通じ，組織的かつ計画的な進路
指導を行うこと。
(4) 児童又は生徒が，学校教育を通じて身に付けた
知識及び技能を活用し，もてる能力を最大限伸ばす
ことができるよう，生涯学習への意欲を高めるとと
もに，社会教育その他様々な学習機会に関する情報
の提供に努めること。生涯を通じてスポーツ
や芸術文化活動に親しみ，豊かな生活を営むことが
できるよう，地域のスポーツ団体，文化芸術団体及
び障害者福祉団体等と連携し，多様なスポーツや文
化芸術活動を体験することができるよう配慮するこ
と。
(5) 家庭及び地域並びに医療，福祉，保健，労働等
の業務を行う関係機関との連携を図り，長期的な視
点で児童又は生徒への教育的支援を行うために，個
別の教育支援計画を作成すること。
(6) 複数の種類の障害を併せ有する児童又は生徒
(以下「重複障害者」という。)については，専門的
な知識，技能を有する教師や特別支援学校間の協力
の下に指導を行ったり，必要に応じて専門の医師や
その他の専門家の指導・助言を求めたりするなどし
て，学習効果を一層高めるようにすること。

213

(7) 学校医等との連絡を密にし，児童又は生徒の障害の状態等に応じた保健及び安全に十分留意すること。

2　海外から帰国した児童又は生徒などの学校生活への適応や，日本語の習得に困難のある児童又は生徒に対する日本語指導

(1) 海外から帰国した児童又は生徒などについては，学校生活への適応を図るとともに，外国における生活経験を生かすなどの適切な指導を行うものとする。

(2) 日本語の習得に困難のある児童又は生徒については，個々の児童又は生徒の実態に応じた指導内容や指導方法の工夫を組織的かつ計画的に行うものとする。特に，通級による日本語指導については，教師間の連携に努め，指導についての計画を個別に作成することなどにより，効果的な指導に努めるものとする。

3　学齢を経過した者への配慮

(1) 中学部において，夜間その他の特別の時間に授業を行う課程において学齢を経過した者を対象として特別の教育課程を編成する場合には，学齢を経過した者の年齢，経験又は勤労状況その他の実情を踏まえ，中学部における教育の目的及び目標並びに第2章第2節以下に示す各教科等の目標に照らして，中学部における教育を通じて育成を目指す資質・能力を身に付けることができるようにするものとする。

(2) 学齢を経過した者を教育する場合には，個別学習やグループ別学習など指導方法や指導体制の工夫改善に努めるものとする。

第6節　学校運営上の留意事項

1　教育課程の改善と学校評価等，教育課程外の活動との連携等

(1) 各学校においては，校長の方針の下に，校務分掌に基づき教職員が適切に役割を分担しつつ，相互に連携しながら，各学校の特色を生かしたカリキュラム・マネジメントを行うよう努めるものとする。また，各学校が行う学校評価については，教育課程の編成，実施，改善が教育活動や学校運営の中核となることを踏まえ，カリキュラム・マネジメントと関連付けながら実施するよう留意するものとする。

(2) 教育課程の編成及び実施に当たっては，学校保健計画，学校安全計画，食に関する指導の全体計画，いじめの防止等のための対策に関する基本的な方針など，各分野における学校の全体計画等と関連付けながら，効果的な指導が行われるよう留意するものとする。

(3) 中学部において，教育課程外の学校教育活動と教育課程との関連が図られるよう留意するものとする。特に，生徒の自主的，自発的な参加により行われる部活動については，スポーツや文化，科学等に親しませ，学習意欲の向上や責任感，連帯感の涵養等，学校教育が目指す資質・能力の育成に資するものであり，学校教育の一環として，教育課程との関連が図られるよう留意すること。その際，学校や地域の実態に応じ，地域の人々の協力，社会教育施設や社会教育関係団体等の各種団体との連携などの運営上の工夫を行い，持続可能な運営体制が整えられるようにするものとする。

2　家庭や地域社会との連携及び協働と学校間の連携

教育課程の編成及び実施に当たっては，次の事項に配慮するものとする。

(1) 学校がその目的を達成するため，学校や地域の実態等に応じ，教育活動の実施に必要な人的又は物的な体制を家庭や地域の人々の協力を得ながら整えるなど，家庭や地域社会との連携及び協働を深めること。また，高齢者や異年齢の子供など，地域における世代を越えた交流の機会を設けること。

(2) 他の特別支援学校や，幼稚園，認定こども園，保育所，小学校，中学校，高等学校などとの間の連携や交流を図るとともに，障害のある幼児児童生徒との交流及び共同学習の機会を設け，共に尊重し合いながら協働して生活していく態度を育むようにすること。

特に，小学部の児童又は中学部の生徒の経験を広げて積極的な態度を養い，社会性や豊かな人間性を育むために，学校の教育活動全体を通じて，小学校の児童又は中学校の生徒などと交流及び共同学習を計画的，組織的に行うとともに，地域の人々などと活動を共にする機会を積極的に設けること。

3　小学校又は中学校等の要請により，障害のある児童若しくは生徒又は当該児童若しくは生徒の教育を担当する教師に対して必要な助言又は援助を行ったり，地域の実態や家庭の要請等により保護者等に対して教育相談を行ったりするなど，各学校の教師の専門性や施設・設備を生かした地域における特別支援教育のセンターとしての役割を果たすよう努めること。その際，学校として組織的に取り組むことができるよう校内体制を整備するとともに，他の特別支援学校や地域の小学校又は中学校等との連携を図ること。

第7節　道徳教育に関する配慮事項

道徳教育を進めるに当たっては，道徳教育の特質を踏まえ，前項までに示す事項に加え，次の事項に配慮するものとする。

1　各学校においては，第2節の2の(2)に示す道徳教育の目標を踏まえ，道徳教育の全体計画を作成し，校長の方針の下に，道徳教育の推進を主に担当する教師（以下「道徳教育推進教師」という。）を中心に，全教師が協力して道徳教育を展開すること。なお，道徳教育の全体計画の作成に当たっては，児童又は生徒や学校，地域の実態を考慮して，学校の道徳教育の重点目標を設定するとともに，道徳科の指導方針，第3章特別の教科道徳に示す内容との関連を踏まえた各教科，外国語活動，総合的な学習の時間，特別活動及び自立活動における指導の内容及び時期並びに家庭や地域社会との連携の方法を示すこと。

2　小学部においては，児童の障害の状態や特性及び心身の発達の段階等を踏まえ，指導内容の重点化を図ること。その際，各学年を通じて，自立心や自律性，生命を尊重する心や他者を思いやる心を育てることに留意すること。また，各学年段階においては，次の事項に留意すること。

(1) 第1学年及び第2学年においては，挨拶などの基本的な生活習慣を身に付けること，善悪を判断し，してはならないことをしないこと，社会生活上のきまりを守ること。

(2) 第3学年及び第4学年においては，善悪を判断

資料編

し，正しいと判断したことを行うこと，身近な人々と協力し助け合うこと，集団や社会のきまりを守ること。
(3) 第5学年及び第6学年においては，相手の考え方や立場を理解して支え合うこと，法やきまりの意義を理解して進んで守ること，集団生活の充実に努めること，伝統と文化を尊重し，それらを育んできた我が国と郷土を愛するとともに，他国を尊重すること。
3　小学部においては，学校や学級内の人間関係や環境を整えるとともに，集団宿泊活動やボランティア活動，自然体験活動，地域の行事への参加などの豊かな体験を充実すること。また，道徳教育の指導内容が，児童の日常生活に生かされるようにすること。その際，いじめの防止や安全の確保等にも資することとなるよう留意すること。
4　中学部においては，生徒の障害の状態や特性及び心身の発達の段階等を踏まえ，指導内容の重点化を図ること。その際，小学部における道徳教育の指導内容を更に発展させ，自立心や自律性を高め，規律ある生活をすること，生命を尊重する心や自らの弱さを克服して気高く生きようとする心を育てること，法やきまりの意義に関する理解を深めること，自らの将来の生き方を考え主体的に社会の形成に参画する意欲と態度を養うこと，伝統と文化を尊重し，それらを育んできた我が国と郷土を愛するとともに，他国を尊重すること，国際社会に生きる日本人としての自覚を身に付けることに留意すること。
5　中学部においては，学校や学級内の人間関係や環境を整えるとともに，職場体験活動やボランティア活動，自然体験活動，地域の行事への参加などの豊かな体験を充実すること。また，道徳教育の指導内容が，生徒の日常生活に生かされるようにすること。その際，いじめの防止や安全の確保等にも資することとなるよう留意すること。
6　学校の道徳教育の全体計画や道徳教育に関する諸活動などの情報を積極的に公表したり，道徳教育の充実のために家庭や地域の人々の積極的な参加や協力を得たりするなど，家庭や地域社会との共通理解を深め，相互の連携を図ること。

第8節　重複障害者等に関する教育課程の取扱い

1　児童又は生徒の障害の状態により特に必要がある場合には，次に示すところによるものとする。その際，各教科，道徳科，外国語活動及び特別活動の当該各学年より後の各学年（知的障害者である児童又は生徒に対する教育を行う特別支援学校においては，各教科の当該各段階より後の段階）又は当該各学部より後の各学部の目標の系統性や内容の関連に留意しなければならない。
(1) 各教科及び外国語活動の目標及び内容に関する事項の一部を取り扱わないことができること。
(2) 各教科の各学年の目標及び内容の一部又は全部を，当該各学年より前の各学年の目標及び内容の一部又は全部によって，替えることができること。また，道徳科の各学年の内容の一部又は全部を，当該各学年より前の学年の内容の一部又は全部によって，替えることができること。
(3) 視覚障害者，聴覚障害者，肢体不自由者又は病弱者である児童に対する教育を行う特別支援学校の

小学部の外国語科については，外国語活動の目標及び内容の一部を取り入れることができること。
(4) 中学部の各教科及び道徳科の目標及び内容に関する事項の一部又は全部を，当該各教科に相当する小学部の各教科及び道徳科の目標及び内容に関する事項の一部又は全部によって，替えることができること。
(5) 中学部の外国語科については，小学部の外国語活動の目標及び内容の一部を取り入れることができること。
(6) 幼稚園教育要領に示す各領域のねらい及び内容の一部を取り入れることができること。
2　知的障害者である児童に対する教育を行う特別支援学校の小学部に就学する児童のうち，小学部の3段階に示す各教科又は外国語活動の内容を習得し目標を達成している者については，小学校学習指導要領第2章に示す各教科及び第4章に示す外国語活動の目標及び内容の一部を取り入れることができるものとする。
　また，知的障害者である生徒に対する教育を行う特別支援学校の中学部の2段階に示す各教科の内容を習得し目標を達成している者については，中学校学習指導要領第2章に示す各教科の内容並びに小学校学習指導要領第2章に示す各教科及び第4章に示す外国語活動の目標及び内容の一部を取り入れることができるものとする。
3　視覚障害者，聴覚障害者，肢体不自由者又は病弱者である児童又は生徒に対する教育を行う特別支援学校に就学する児童又は生徒のうち，知的障害を併せ有する者については，各教科の目標及び内容に関する事項の一部又は全部を，当該各教科に相当する第2章第1節第2款若しくは第2節第2款に示す知的障害者である児童又は生徒に対する教育を行う特別支援学校の各教科の目標及び内容の一部又は全部によって，替えることができるものとする。また，小学部の児童については，外国語活動の目標及び内容の一部又は全部を第4章第2款に示す知的障害者である児童に対する教育を行う特別支援学校の外国語活動の目標及び内容の一部又は全部によって，替えることができるものとする。したがって，この場合，小学部の児童については，外国語科及び総合的な学習の時間を，中学部の生徒については，外国語科を設けないことができるものとする。
4　重複障害者のうち，障害の状態により特に必要がある場合には，各教科，道徳科，外国語活動若しくは特別活動の目標及び内容に関する事項の一部又は各教科，外国語活動若しくは総合的な学習の時間に替えて，自立活動を主として指導を行うことができるものとする。
5　障害のため通学して教育を受けることが困難な児童又は生徒に対して，教員を派遣して教育を行う場合については，上記1から4に示すところによることができるものとする。
6　重複障害者，療養中の児童若しくは生徒又は障害のため通学して教育を受けることが困難な児童若しくは生徒に対して教員を派遣して教育を行う場合について，特に必要があるときは，実情に応じた授業時数を適切に定めるものとする。

215

第3章 特別の教科 道徳

小学部又は中学部の道徳科の目標，内容及び指導計画の作成と内容の取扱いについては，それぞれ小学校学習指導要領第3章又は中学校学習指導要領第3章に示すものに準ずるほか，次に示すところによるものとする。

1 児童又は生徒の障害による学習上又は生活上の困難を改善・克服して，強く生きようとする意欲を高め，明るい生活態度を養うとともに，健全な人生観の育成を図る必要があること。

2 各教科，外国語活動，総合的な学習の時間，特別活動及び自立活動との関連を密にしながら，経験の拡充を図り，豊かな道徳的心情を育て，広い視野に立って道徳的判断や行動ができるように指導する必要があること。

3 知的障害者である児童又は生徒に対する教育を行う特別支援学校において，内容の指導に当たっては，個々の児童又は生徒の知的障害の状態，生活年齢，学習状況及び経験等に応じて，適切に指導の重点を定め，指導内容を具体化し，体験的な活動を取り入れるなどの工夫を行うこと。

第4章 外国語活動

第1款 視覚障害者，聴覚障害者，肢体不自由者又は病弱者である児童に対する教育を行う特別支援学校

小学部における外国語活動の目標，内容及び指導計画の作成と内容の取扱いについては，小学校学習指導要領第4章に示すものに準ずるほか，次の事項に配慮するものとする。

1 児童の障害の状態や特性及び心身の発達の段階等に応じて，指導内容を適切に精選するとともに，その重点の置き方等を工夫すること。

2 指導に当たっては，自立活動における指導との密接な関連を保ち，学習効果を一層高めるようにすること。

第2款 知的障害者である児童に対する教育を行う特別支援学校

1 目標

外国語によるコミュニケーションにおける見方・考え方を働かせ，外国語や外国の文化に触れることを通して，コミュニケーションを図る素地となる資質・能力を次のとおり育成することを目指す。

(1) 外国語を用いた体験的な活動を通して，日本語と外国語の音声の違いなどに気付き，外国語の音声に慣れ親しむようにする。

(2) 身近で簡単な事柄について，外国語に触れ，自分の気持ちを伝え合う力の素地を養う。

(3) 外国語を通して，外国の文化などに触れながら，言語への関心を高め，進んでコミュニケーションを図ろうとする態度を養う。

2 内容

〔英語〕

〔知識及び技能〕

(1) 英語の特徴等に関する事項

具体的な言語の使用場面や具体的な状況における言語活動を通して，次の事項を身に付けることができるよう指導する。

ア 言語を用いてコミュニケーションを図ることの楽しさを知ること。

イ 日本と外国の言語や文化について，以下の体験を通して慣れ親しむこと。

(ｱ) 英語の歌や日常生活になじみのある語などを聞き，音声やリズムに親しむこと。

(ｲ) 外国の生活や行事などに触れ，日本と外国の生活や違いを知ること。

〔思考力，判断力，表現力等〕

(2) 自分の考えや気持ちなどを表現したり，伝えたりする力の素地に関する事項

具体的な課題等を設定し，コミュニケーションを行う目的や場面などに応じて表現することを通して，次の事項を身に付けることができるよう指導する。

ア 身近で簡単な事柄について，注目して見聞きしようとすること。

イ 身近で簡単な事柄について，相手の働きかけに応じようとすること。

(3) 言語活動及び言語の働きに関する事項

① 言語活動に関する事項

(2)に示す事項については，(1)に示す事項を活用して，例えば，次のような言語活動を取り上げるようにする。

ア 聞くこと

(ｱ) 既に経験している活動や場面で，英語の挨拶や語などを聞き取る活動。

(ｲ) 既に知っている物や事柄に関する語などを聞き，それが表す内容を実物や写真などと結び付ける活動。

イ 話すこと

(ｱ) 既に経験している活動や場面で，実物や写真などを示しながら自分の名前や好きなものなどを簡単な語などを用いて伝える活動。

(ｲ) 既に知っている歌やダンス，ゲームで，簡単な語や身振りなどを使って表現する活動。

② 言語の働きに関する事項

言語活動を行うに当たり，主として次に示すような言語の使用場面や言語の働きを取り上げるようにする。

ア 言語の使用場面の例

(ｱ) 児童の遊びや身近な暮らしに関わる場面

(㋐) 歌やダンスを含む遊び

(㋑) 家庭での生活

(㋒) 学校での学習や活動 など

(ｲ) 特有の表現がよく使われる場面

(㋐) 挨拶

(㋑) 自己紹介 など

イ 言語の働きの例

(ｱ) コミュニケーションを円滑にする

(㋐) 挨拶をする

(ｲ) 気持ちを伝える

(㋐) 礼を言う など

3 指導計画の作成と内容の取扱い

(1) 外国語活動においては，言語やその背景にある文化に対する関心をもつよう指導するとともに，外国語による聞くこと，話すことの言語活動を行う際には，英語を取り扱うことを原則とすること。

(2) 指導計画の作成に当たっては，次の事項に配慮するものとする。

ア　単元や題材など，内容や時間のまとまりを見通して，その中で育む資質・能力の育成に向けて，児童の主体的・対話的で深い学びの実現を図るようにすること。その際，具体的な課題等を設定し，児童が外国語によるコミュニケーションにおける見方・考え方を働かせ，英語の音声や語などの知識を，二つの領域における実際のコミュニケーションにおいて活用する学習の充実を図ること。

イ　外国語活動の指導を行う場合は，第3学年以降の児童を対象とし，国語科の3段階の目標及び内容との関連を図ること。

ウ　2の内容のうち，主として言語や文化に関する内容の指導については，コミュニケーションに関する内容との関連を図るようにすること。その際，言語や文化については体験的な理解を図ることとし，指導内容が必要以上に細部にわたったり，形式的になったりしないようにすること。

エ　指導内容や活動については，児童の興味や関心に合ったものとし，国語科や音楽科，図画工作科などの他教科等で児童が学習したことを活用するなどの工夫により，指導の効果を高めるようにすること。

オ　授業を実施するに当たっては，ネイティブ・スピーカーや英語が堪能な地域人材などの協力を得る等，指導体制の充実を図るとともに，指導方法を工夫すること。

カ　音声を取り扱う場合には，視聴覚教材を積極的に活用すること。その際，使用する視聴覚教材は，児童，学校及び地域の実態を考慮して適切なものとすること。

キ　第1章総則の第2節の2の(2)に示す道徳教育の目標に基づき，道徳科などとの関連を考慮しながら，第3章特別の教科道徳に示す内容について，外国語活動の特質に応じて適切な指導をすること。

(3)　2の内容の取扱いについては，次の事項に配慮するものとする。

ア　外国語でのコミュニケーションにおいては，児童の発達の段階を考慮した表現を用い，児童にとって身近なコミュニケーションの場を設定すること。

イ　外国語でのコミュニケーションにおいては，聞くこと，話すことに関する言語活動を中心とし，文字については，児童の学習負担に配慮しつつ，音声によるコミュニケーションを補助するものとして取り扱うこと。

ウ　言葉によらないコミュニケーションの手段もコミュニケーションを支えるものであることを踏まえ，ジェスチャーなどを取り上げ，その役割を理解することができるようにすること。

エ　外国語活動を通して，外国語や外国の文化のみならず，国語や我が国の文化についても併せて理解を深めることができるようにすること。

第5章　総合的な学習の時間

　小学部又は中学部における総合的な学習の時間の目標，各学校において定める目標及び内容並びに指導計画の作成と内容の取扱いについては，それぞれ小学校学習指導要領第5章又は中学校学習指導要領第4章に示すものに準ずるほか，次に示すところによるものとする。

1　児童又は生徒の障害の状態や発達の段階等を十分考慮し，学習活動が効果的に行われるよう配慮すること。

2　体験活動に当たっては，安全と保健に留意するとともに，学習活動に応じて，小学校の児童又は中学校の生徒などと交流及び共同学習を行うよう配慮すること。

3　知的障害者である生徒に対する教育を行う特別支援学校中学部において，探究的な学習を行う場合には，知的障害のある生徒の学習上の特性として，学習によって得た種々の知識や技能が断片的になりやすいことなどを踏まえ，各教科等の学習で培われた資質・能力を総合的に関連付けながら，具体的に指導内容を設定し，生徒が自らの課題を解決できるように配慮すること。

第6章　特別活動

　小学部又は中学部の特別活動の目標，各活動・学校行事の目標及び内容並びに指導計画の作成と内容の取扱いについては，それぞれ小学校学習指導要領第6章又は中学校学習指導要領第5章に示すものに準ずるほか，次に示すところによるものとする。

1　学級活動においては，適宜他の学級や学年と合同で行うなどして，少人数からくる種々の制約を解消し，活発な集団活動が行われるようにする必要があること。

2　児童又は生徒の経験を広めて積極的な態度を養い，社会性や豊かな人間性を育むために，集団活動を通して小学校の児童又は中学校の生徒などと交流及び共同学習を行ったり，地域の人々などと活動を共にしたりする機会を積極的に設ける必要があること。その際，児童又は生徒の障害の状態や特性等を考慮して，活動の種類や時期，実施方法等を適切に定めること。

3　知的障害者である児童又は生徒に対する教育を行う特別支援学校において，内容の指導に当たっては，個々の児童又は生徒の知的障害の状態，生活年齢，学習状況及び経験等に応じて，適切に指導の重点を定め，具体的に指導する必要があること。

第7章　自立活動

第1　目　標

　個々の児童又は生徒が自立を目指し，障害による学習上又は生活上の困難を主体的に改善・克服するために必要な知識，技能，態度及び習慣を養い，もって心身の調和的発達の基盤を培う。

第2　内　容

1　健康の保持

(1)　生活のリズムや生活習慣の形成に関すること。

(2)　病気の状態の理解と生活管理に関すること。

(3)　身体各部の状態の理解と養護に関すること。

(4)　障害の特性の理解と生活環境の調整に関すること。

(5)　健康状態の維持・改善に関すること。

2　心理的な安定

(1)　情緒の安定に関すること。

(2) 状況の理解と変化への対応に関すること。
(3) 障害による学習上又は生活上の困難を改善・克服する意欲に関すること。
3　人間関係の形成
(1) 他者とのかかわりの基礎に関すること。
(2) 他者の意図や感情の理解に関すること。
(3) 自己の理解と行動の調整に関すること。
(4) 集団への参加の基礎に関すること。
4　環境の把握
(1) 保有する感覚の活用に関すること。
(2) 感覚や認知の特性についての理解と対応に関すること。
(3) 感覚の補助及び代行手段の活用に関すること。
(4) 感覚を総合的に活用した周囲の状況についての把握と状況に応じた行動に関すること。
(5) 認知や行動の手掛かりとなる概念の形成に関すること。
5　身体の動き
(1) 姿勢と運動・動作の基本的技能に関すること。
(2) 姿勢保持と運動・動作の補助的手段の活用に関すること。
(3) 日常生活に必要な基本動作に関すること。
(4) 身体の移動能力に関すること。
(5) 作業に必要な動作と円滑な遂行に関すること。
6　コミュニケーション
(1) コミュニケーションの基礎的能力に関すること。
(2) 言語の受容と表出に関すること。
(3) 言語の形成と活用に関すること。
(4) コミュニケーション手段の選択と活用に関すること。
(5) 状況に応じたコミュニケーションに関すること。

第3　個別の指導計画の作成と内容の取扱い
1　自立活動の指導に当たっては，個々の児童又は生徒の障害の状態や特性及び心身の発達の段階等の的確な把握に基づき，指導すべき課題を明確にすることによって，指導目標及び指導内容を設定し，個別の指導計画を作成するものとする。その際，第2に示す内容の中からそれぞれに必要とする項目を選定し，それらを相互に関連付け，具体的に指導内容を設定するものとする。
2　個別の指導計画の作成に当たっては，次の事項に配慮するものとする。
(1) 個々の児童又は生徒について，障害の状態，発達や経験の程度，興味・関心，生活や学習環境などの実態を的確に把握すること。
(2) 児童又は生徒の実態把握に基づいて得られた指導すべき課題相互の関連を検討すること。その際，これまでの学習状況や将来の可能性を見通しながら，長期的及び短期的な観点から指導目標を設定し，それらを達成するために必要な指導内容を段階的に取り上げること。
(3) 具体的な指導内容を設定する際には，以下の点を考慮すること。
ア　児童又は生徒が，興味をもって主体的に取り組み，成就感を味わうとともに自己を肯定的に捉えることができるような指導内容を取り上げること。
イ　児童又は生徒が，障害による学習上又は生活上の困難を改善・克服しようとする意欲を高めることができるような指導内容を重点的に取り上げること。

こと。
ウ　個々の児童又は生徒が，発達の遅れている側面を補うために，発達の進んでいる側面を更に伸ばすような指導内容を取り上げること。
エ　個々の児童又は生徒が，活動しやすいように自ら環境を整えたり，必要に応じて周囲の人に支援を求めたりすることができるような指導内容を計画的に取り上げること。
オ　個々の児童又は生徒に対し，自己選択・自己決定する機会を設けることによって，思考・判断・表現する力を高めることができるような指導内容を取り上げること。
カ　個々の児童又は生徒が，自立活動における学習の意味を将来の自立や社会参加に必要な資質・能力との関係において理解し，取り組めるような指導内容を取り上げること。
(4) 児童又は生徒の学習状況や結果を適切に評価し，個別の指導計画や具体的な指導の改善に生かすよう努めること。
(5) 各教科，道徳科，外国語活動，総合的な学習の時間及び特別活動の指導と密接な関連を保つようにし，計画的，組織的に指導が行われるようにするものとする。
3　個々の児童又は生徒の実態に応じた具体的な指導方法を創意工夫し，意欲的な活動を促すようにするものとする。
4　重複障害者のうち自立活動を主として指導を行うものについては，全人的な発達を促すために必要な基本的な指導内容を，個々の児童又は生徒の実態に応じて設定し，系統的な指導が展開できるようにするものとする。その際，個々の児童又は生徒の人間として調和のとれた育成を目指すように努めるものとする。
5　自立活動の指導は，専門的な知識や技能を有する教師を中心として，全教師の協力の下に効果的に行われるようにするものとする。
6　児童又は生徒の障害の状態等により，必要に応じて，専門の医師及びその他の専門家の指導・助言を求めるなどして，適切な指導ができるようにするものとする。
7　自立活動の指導の成果が進学先等でも生かされるように，個別の教育支援計画等を活用して関係機関等との連携を図るものとする。

人名索引

ア行
赤井米吉　92
芦田恵之助　96
板倉聖宣　120
イリイチ，I．　27
及川平治　92
小田内通敏　97
尾高豊作　97

カ行
苅谷剛彦　11
木下竹次　92

サ行
小砂丘忠義　96
沢柳政太郎　92,93
シルバーマン，C．E．　27
鈴木三重吉　96
ストッダート，G．D．　108

タ行
タイラー，R．W．　14

（右段）
竹内利美　98
田中耕治　7
手塚岸衛　92,94
デューイ，J．　21
東井義雄　58
遠山啓　120

ハ行
羽仁もと子　92
バーンスタイン，B．　11
福澤諭吉　89
ブルーナー，J．S．　120
ブルデュー，P．　11

マ行
マッカーサー，D．　108
宮本常一　98
無着成恭　115
森有礼　90

事項索引

A-Z

GHQ　104

PDCA サイクル　7,58

ア行

新しい学力観（新学力観）　128

『新しい歴史教科書』　81

家永教科書訴訟　77

生きる力　129,134,142

ヴァージニア・プラン　15

『うれうべき教科書の問題』　77

往来物　64

カ行

外国語科　146,148

外国語活動　134,146,148

開申・認可制　73

学習指導案　52

学習指導要領　6,10,32,34,41,49,68,112,116,
　121

　　昭和33年版　116

　　昭和43年版　121

　　昭和52年版　10,126

　　平成元年版　125

　　平成10年版　130

　　平成20年版　134

　　平成29年版　7

学習指導要領一般編（試案）昭和22年版　6,
　42,112

学習指導要領一般編（試案）昭和26年版　6,
　42,114

学習到達度調査　138

学制　73,85

学制改革　103

学制序文　85

学問中心カリキュラム　26,120,126

学力　5,123

学力調査（学テ）事件　42

学力低下　131

学力の3要素　134

学力問題　10-12

かくれたカリキュラム　9

仮説実験授業　120

課題主義　96

学級王国　96

学校教育法　34,37,49,76,133

学校教育法施行規則　34,38

学校劇　93

学校設定科目　131

学校設定教科　131

学校病理　127

学校要覧　48

家庭科　128

課程主義　88

カリキュラム　6,14

カリキュラム改革運動　116

カリキュラムマネジメント　7,45,144

考え，議論する道徳　152

完全学校週5日制　129

キー・コンピテンシー　138

基礎学力論争　10,116

義務教育　35

義務教育教科書無償給与制度　73

義務教育諸学校の教科用図書の無償措置に関す
　る法律　70,73,82

義務教育諸学校の教科用図書の無償に関する法
　律　73

教育委員会制度　103

教育課程　14,31,34

教育課程行政　31

教育課程特例校制度　40

教育基本法　5,35,44,49,133

教育荒廃　127,128

教育勅語（教育ニ関スル勅語）　90

教育内容行政　31

教育内容の現代化　25,103,119,126

220

索　引

教育二法　78
『教育の過程』　120
教育の自由化・多様化　124
教育の四大指令　107
教育評価　56
教育目標　48
教科カリキュラム　17,18
教科書　63,73
教科書疑獄事件　75
教科書行政　32
教科書検定　69,77
教科書誤報事件　80
教科書裁判　77,78
教科書使用の特例　66
教科書中心主義　68
教科書調査官　68
教科書の使用義務　66
教科書の発行に関する臨時措置法　65
教科書無償措置法　→義務教育諸学校の教科用
　図書の無償措置に関する法律
教科書無償法　→義務教育諸学校の教科用図書
　の無償に関する法律
教科用図書検定基準　68,81
教科用図書検定規則　66,74,76
教科用図書検定調査審議会　68
郷土教育　96
近隣諸国条項　81
経験カリキュラム　17,21
経済発展における人的能力開発の課題と対策
　119
形成的評価　57
系統主義教育　17
研究開発学校制度　40
言語活動　134
顕在的カリキュラム　9,10
検定制　73
コア・カリキュラム　20,115
コア・カリキュラム連盟　115
合科学習　92
工学的アプローチ　22,60
公式的カリキュラム　9,10
合理的な指導　40

ゴール・フリー評価　60
告示　42,117
国定教科書　97
国定制　73
国民学校令　99
御真影　90
個に応じた指導　133

サ行

試案　114
シークエンス　15
思考力・判断力・表現力　38,134,138
資質・能力の育成　142
自治　95
七自由科　18
自治集会　95
指導行政　32
指導主事　33
児童中心主義　92,113
指導要録　59
社会化　2
社会科　113,128
社会機能法　16
社会に開かれた教育課程　44,141
自由画　93
自由学園　92
宗教　40
自由教育　92,94
宗教教育　37
修身，日本歴史及ビ地理停止ニ関スル件（三教
　科停止指令）　76,107
集団に準拠した評価　59
自由発行・自由採択制　73
主体的・対話的で深い学び　45,143
『小学読本』　86
小学校教員心得　90
小学校令　90
情報　131
新教育　10,116
新教育指針　111
新日本建設ノ教育方針　104
『新編日本史』　81

221

随意選題 96
杉本判決 79
スコープ 15
スタートカリキュラム 147
スプートニク・ショック 120
墨塗り教科書 76,104
生活科 125
生活綴方 96
政治教育 37
成城小学校 92,93
『世界国尽』 89
『世界図絵』 64
絶対評価 60
戦後教育改革 103,110,119
潜在的カリキュラム 9,10
総括的評価 57
相関カリキュラム 19
総合的な学習の時間 46,129
相対評価 59

タ行
第一次米国教育使節団 108
『第一次米国教育使節団報告書』 108
第三の教育改革 123
大衆教育社会 11
大正自由教育（大正新教育） 91
タイラーの原理 15
確かな学力 10,132
知識基盤社会 136
地方教育行政の組織及び運営に関する法律
　34,40
中央教育審議会 41,123
中核カリキュラム 21
著作権法 67
通知表（通信簿） 59
『綴方生活』 96
手習塾（寺子屋） 85
伝習館高校事件 42
到達度評価 60
道徳の時間 118
特別活動 46,96
特別の教科　道徳 44,136,147,152

ナ行
日教組　→日本教職員組合
日本教職員組合 118
日本国憲法 35,49
認可制 74
人間中心カリキュラム 27,126
年間行事計画 51
年齢主義 88

ハ行
八大教育主張講演会 92
発見学習 26
パフォーマンス評価 155
藩校 85
評価と指導の一体化 58
広領域カリキュラム 20
福祉 131
文化的再生産 11
分団式教育 92
法的拘束力 42
ポートフォリオ 61,155
補助教材 67
『北方教育』 96
本郷プラン 115
翻訳型教科書 87

マ行
「学びのすすめ」 44,132
学びの地図 142
明星学園 92
メリトクラシー 11
目標に準拠した評価 60
問題解決学習論争 10
文部省設置法 6
文部省対日教組 119

ヤ行
八重山教科書問題 82
山口日記事件 78
『やまびこ学校』 115
融合カリキュラム 20
ゆとり教育 131,132

索　引

ゆとりと充実　126
四六答申　123

ラ行
羅生門的アプローチ　24,61

臨時教育審議会　124
歴史教科書論争　81
連合国軍最高司令官総司令部　→GHQ

〈執筆者紹介〉（執筆担当）

山田恵吾（やまだ・けいご）　はじめに，第4章・第6章
　　筑波大学大学院博士課程教育学研究科単位取得退学
　　現在　埼玉大学教授，博士（教育学）
　　専攻　日本教育史
　　主著
　『近代日本教員統制の展開──地方学務当局と小学校教員社会の関係史』（学術出版会，
　2010年）
　『日本の教育文化史を学ぶ──時代・生活・学校』（共編著，ミネルヴァ書房，2014年）
　『近・現代日本教育会史研究』（共著，不二出版，2018年）

藤田祐介（ふじた・ゆうすけ）　第3章・第5章・第8章・資料編
　　筑波大学大学院博士課程教育学研究科単位取得退学
　　現在　武蔵野大学教授，博士（教育学）
　　専攻　教育行政学，教育政策史
　　主著
　『教育における「政治的中立」の誕生──「教育二法」成立過程の研究』（共著，ミネ
　ルヴァ書房，2011年）
　『若手教師の成長をどう支援するか──養成・研修に活かす教職の基礎』（編著，教育
　開発研究所，2017年）
　『学校の制度と経営』（編著，ミネルヴァ書房，2021年）

貝塚茂樹（かいづか・しげき）　第1章・第7章
　　筑波大学大学院博士課程教育学研究科単位取得退学
　　現在　武蔵野大学教授，放送大学客員教授，博士（教育学）
　　専攻　日本教育史，道徳教育
　　主著
　『天野貞祐──道理を信じ，道理に生きる』（ミネルヴァ書房，2017年）
　『戦後日本と道徳教育──教科化・教育勅語・愛国心』（ミネルヴァ書房，2020年）
　『新時代の道徳教育──「考え，議論する」ための15章』（ミネルヴァ書房，2020年）

関根明伸（せきね・あきのぶ）　第2章・第9章
　　東北大学大学院教育学研究科博士課程修了
　　現在　国士舘大学教授，博士（教育学）
　　専攻　韓国の教育，道徳教育
　　主著
　『道徳教育を学ぶための重要項目100』（共編著，教育出版，2016年）
　『韓国道徳科教育の研究──教科原理とカリキュラム』（東北大学出版会，2018年）
　『自ら学ぶ道徳教育』（共著，保育社，2011年）

教育課程を学ぶ

| 2019年1月20日 初版第1刷発行 | 〈検印省略〉 |
| 2024年1月20日 初版第4刷発行 | |

定価はカバーに
表示しています

著　者　　山　田　恵　吾
　　　　　藤　田　祐　介
　　　　　貝　塚　茂　樹
　　　　　関　根　明　伸

発　行　者　　杉　田　啓　三

印　刷　者　　藤　森　英　夫

発行所　株式会社　ミネルヴァ書房

607-8494　京都市山科区日ノ岡堤谷町1
電話代表　（075）581－5191
振替口座　01020－0－8076

© 山田，藤田，貝塚，関根　　　　　　　亜細亜印刷・坂井製本

ISBN978-4-623-08381-7

Printed in Japan

すぐ実践できる情報スキル50 学校図書館を活用して育む基礎力

――――――――塩谷京子編著　B 5 判　212頁　本体2200円

●小・中学校 9 年間を見通した各教科等に埋め込まれている情報スキル50を考案。学校図書館を活用することを通して育成したいスキルの内容を，読んで理解し，授業のすすめ方もイメージできる。子どもが主体的に学ぶための現場ですぐに役立つ一冊。

教育実践研究の方法――SPSS と Amos を用いた統計分析入門

――――――――篠原正典編著　B 5 判 220頁　本体2800円

●分析したい内容項目と分析手法のマッチングについて，知りたい内容や結果から，それを導き出すための分統計析方法がわかるように構成した。統計に関する基礎知識がない人，SPSS や Amos を使ったことがない人でも理解できるよう，その考え方と手順を平易に解説した。

事例で学ぶ学校の安全と事故防止

――――――――添田久美子・石井拓児編著　B 5 判　156頁　本体2400円

●「事故は起こるもの」と考えるべき。授業中，登下校時，部活の最中，給食で…，児童・生徒が巻き込まれる事故が起こったとき，あなたは――。学校の内外での多様な事故について，何をどのように考えるのか，防止のためのポイントは何か，指導者が配慮すべき点は何か，を具体的にわかりやすく，裁判例も用いながら解説する。学校関係者必携の一冊。

なぜ学校での体罰はなくならないのか――教育倫理学的アプローチで体罰概念を質す

――――――――竹田敏彦編著　A 5 判　192頁　本体3200円

●教員たちは，なぜ「愛のむち」「スキンシップ」等といった「法的に許容される体罰行為」が存在しうると考えてしまうのか。本書では，学校現場での暴力性を応用倫理学的アプローチ（教育倫理学的アプローチ）によって検証し，学校教育法第11条但書（体罰の禁止）の意味と意義を再確認する。体罰論をめぐる教育論と法理論の接点を求めるべく，「体罰概念の混乱」を克服，「体罰概念」を明確にする。

―――――――― ミネルヴァ書房 ――――――――

https://www.minervashobo.co.jp/